儿童研究译丛

张斌贤 祝贺 主编

Children and Childhood
in Western Society Since 1500

观念与生活

1500年以来西方社会的儿童与童年

[英]休·坎宁安 著
Hugh Cunningham

王慧敏 译

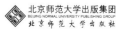
北京师范大学出版集团
BEIJING NORMAL UNIVERSITY PUBLISHING GROUP
北京师范大学出版社

插图 1

凯撒·范·埃弗丁根(Caesar van Everingden)的画作《拿着苹果的男孩》(*Child Holding an Apple*),藏于英国加农庄园博物馆(Cannon Hall Museum)。

画中男孩手上的苹果和鸟儿喻意驯化和教育,但这层道德隐喻并未掩盖画中流露出的对儿童的喜爱。

插图 2

约书亚·雷诺兹(Joshua Reynolds)的画作《纯真年代》(*The Age of Innocence*),藏于英国普利茅斯城市博物馆和艺术画廊(Plymouth City Museum and Art Gallery)。

画家 6 岁的曾侄女奥菲坐在乡间,沐浴在阳光下,但远景却是昏暗的,提醒人们纯真的童年时光珍贵却易逝。

插图 3

托马斯·戈奇(Thomas Gotch)的画作《孩童登基》(*The Child Enthroned*，约 1894 年)，私人收藏(www. bridgeman. co. uk)。

在 19 世纪，人们更可能将浪漫主义的儿童想象为女孩，在这幅宗教象征意味浓厚的画作中，童年化身为女孩形象的耶稣。

插图 4

"皇家委员会对英国矿场童工工作条件与待遇的调查"(The Royal Commission on the Condition and Treatment of Children Employed in the Mines of the United Kingdom，1842)报告插图，藏于玛丽·埃文斯图库(Mary Evans Picture Library)。

这些童工劳作的画面震撼了世人，成为工业革命中童工境况的写照。

插图 5

"调查体质退化跨部门委员会"(Interdepartmental Committee on Physical Deterioration)报告插图，见《英国议会档案》1904 年第 32 卷(大英图书馆架号 BS. REF. 1)，版权为大英图书馆所有。

由艾尔弗雷德·艾霍尔茨(Alfred Eicholz)医生向跨部门委员会提交的这组照片，摄于伦敦南部一所学校，反映了学校中儿童体质的改善。

插图 6

爱德华·库珀（Edward H. Cooper）所著《20 世纪的儿童》（*The Twentieth Century Child*，1905）的卷首插画（大英图书馆架号 012630. dd. 5.），版权为大英图书馆所有。

画中的赤脚女孩手握百合，象征着纯洁，但她的前路则布满青年期和成年期的荆棘。

主编序

　　20世纪八九十年代，曾有学者尖锐批评教育研究中"见物不见人"的现象。在这些学者看来，受凯洛夫和苏联教育思想传统的影响，传统教育学只关注课程、教学等"物"的因素，而完全忽视对儿童、青少年的研究，实际上是一种"无人教育学"。时至今日，这种状况似乎也没有从根本上改观的迹象。近二十年来，教育学界的"兴奋点"层出不穷，但大多与"物"（如课程改革、互联网、人工智能等）相关，而与"人"（确切地讲就是儿童）的关联不大。虽说研究主题的确定通常主要是研究者个人的选择结果，但如果"目中无人"成为学界的一种普遍倾向，那么，这实际上反映了教育研究者共同价值观念的偏差，反映了教育研究活动背后所深藏的文化局限。

　　从一方面看，媒介、技术手段和方法等"物"的变化确实曾对人类的教育活动发挥了具有革命性意义的巨大影响。文字的产生，印刷术的推广，特别是网络信息技术的广泛运用等，对教育活动的方方面面产生了深刻的作用，不仅极大改变了教育活动的外在样式，而且不断重构了教育活动的内在意义。但是，从另一方面看，如果没有儿童观念的革新，如果我们仍停留在将儿童视作"小大人"、将活生生的儿童当作知识和观念的"容器"上，如果仍然忽视儿童与生俱来的基本权利，那么，任何新的媒介、技术和方法的引入或者不能充分发挥其应有的积极作用，或者在更坏的情况下很有可能产生相反的结果。因此，我们既要以巨大的热情和超凡的勇气主动应对各种新媒介、新技术对人类教育所产生的影响和挑战，又要对运用科学技术的社会结果保持足够清醒的认识。而尤为重要的是，在"科学至上""技术崇拜"观念大行其道的年代，我们更应以前所未有的自觉高度关注教育中的"人"、关注儿童，充分借鉴科学技术以及各相关学科的研究方法和研究成果，不断拓展和深化对儿童的认识，并以此为基础，进一步探索教育教学的改革，切实促进儿童的全面、均衡和可持续发展。

近年来，哲学、历史学、人类学、社会学、法学、心理学、文学和医学等学科领域均有学者从自身学科的角度涉足儿童研究，并已产出了一系列科研成果。在教育学界，华东师范大学刘晓东教授、东北师范大学于伟教授、杭州师范大学张华教授和高振宇博士等学者不断倡导儿童哲学研究，先后举办多次学术论坛，出版《儿童学研究丛书》《新儿童研究》等。他们的开创性研究对于丰富关于儿童的认识，推动儿童研究在我国的开展无疑具有探索意义。但是，客观地说，由于儿童研究的长期缺失，更主要的是因为价值观的偏差，儿童研究要真正引起学界和业界的广泛重视，并将研究的成果真正应用到教育研究和教育实践中，还有很长的路要走。

要进一步推动中国的儿童研究，除了汲取中国传统的资源，运用当代人的智慧，还应采"他山之石"，广泛吸取世界各国一切有利于推动儿童研究的学术成果。在这方面，国内多个学科已经走在教育学界前面，相继推出了大量译著，产生了积极的影响。美中不足的是，由于种种原因，诸多译介工作缺乏系统性。就此而言，北京师范大学出版社组织翻译出版的"儿童研究译丛"具有重要的探索意义。

"儿童研究译丛"精选国外不同学科领域有关儿童研究的重要成果，试图在一个较为广阔的"图景"下呈现儿童研究的进展。这不仅充分反映了儿童研究本身所具有的综合性、跨学科的基本特点，同时也有利于教育学者更多地关注其他学科领域独特的研究方法和治学路径，从而进一步开阔视野。

在译丛出版之际，首先应当感谢北京师范大学出版社和周益群老师在译丛的选题确定、译者的组织和质量把关等方面所作出的重要贡献，同时也要感谢参与翻译、校对的各位学者。正是他们不计功利地无私付出，才使得中国读者又能近距离接触到一批好书。

张斌贤

2020 年 9 月 15 日于北京师范大学

目　录

致　谢

感谢以下机构准许转载受版权保护的材料：

插图 1 来自 Canon Hall Museum（Barnsley Metropolitan Borough Council）

插图 2 来自 Plymouth City Museum and Art Gallery

插图 3 来自 The Bridgeman Art Library /www. bridgeman. co. uk

插图 4 来自 Mary Evans Picture Library

插图 5 和 6 来自 The British Library

在有些情况下，我们未能找到受版权保护材料的所有者，我们将对能提供有用信息者表示感谢。

前　言

　　在本书首次出版(1995 年)后的十年间，西方世界有关童年的焦虑在原先的高水平基础上持续攀升。人们所担忧的事涉及范围很广，包括贫困儿童、家庭和收容机构对儿童的虐待、新媒体对儿童的影响，以及儿童在(不再安全的)家庭和学校以外面临的危险。各国政府对这些忧虑作出了回应，比如，英国首次设置了儿童大臣(Minister for Children)一职。从更广泛的角度看，人们日渐意识到儿童的意见可能与成人的一样重要，甚至更为重要，这也反映出 1989 年联合国《儿童权利公约》(Convention on the Rights of the Child)的主旨。

　　历史学家们的议题从很多方面反映了这些担忧与革新，他们旨在为当代的关切与发展提供历史背景。儿童是否一直在贫困人口数据中占很大比例？儿童遭受的性侵是一种新现象还是一直都存在？成年公众怎样应对更早时期的媒介革新及其对儿童的影响？儿童权利的观念是如何一步步发展起来的？在筹备本书的第二版时，我试图兼顾这些新的问题。这些新研究所涉及的大部分是如下一些儿童及家庭，他们处于国家或志愿机构占据的公共领域与个人隐私的交会处。也就是说，研究主要关注的对象是被遗弃、被寄养或是与执法机构存在冲突的儿童。其中官方采取的各种举措是一大主题，但还有另一大主题，即人们试图重现特定时期与情境下儿童自身的经历。这种对儿童经历的强调得到了进一步发展，人们尝试运用自传和其他证据来分析童年从何时开始、以何种方式被视为自我认同建构中有着决定性影响的因素，而不再视其为一个存在多方面不足的人生阶段。

在对西方社会的儿童与童年的研究中，上述新的侧重点带来了如下问题，对此本书只是略微触及："西方社会"的边界在哪里？西方的观念与实践在多大程度上是其社会独有的？诚然，我们可能会在其他社会中发现与西方社会非常相似的童年观念，但西方的独特性在于：有关童年的核心观念在该社会形成的时期——18世纪，恰好也是西方对全球其他地区的影响不断扩张的时期。如果说世界在某种程度上（但绝非完全）是西方童年观念的传承者，那正是因为西方所输出的童年观念及其时而输出的儿童都是帝国主义时代不可分割的一部分。

第一章

导言

1992 年 6 月，11 岁的兹拉塔（Zlata）身陷萨拉热窝围城战役（the siege of Sarajevo）①，她在日记中写道：

"烦闷！！！ 枪击！！！ 炮轰！！！ 人们正在被杀害！！！ 绝望！！！ 饥饿！！！ 痛苦！！！ 恐惧！！！ 这便是我的生活！一个 11 岁天真无辜的女生的生活！！一个无学可上的女生，不能享受学校里的欢乐与兴奋。一个没有游戏，没有朋友，没有阳光，没有鸟鸣，没有自然，没有水果，没有巧克力或糖果的孩子，有的只是一点点奶粉。总之，我就是一个没有童年的儿童。"

兹拉塔对于构成童年的各种要素有着清晰的认识：天真、学校、欢乐、游戏、朋友、自然、糖果。当这些要素被剥夺，她与她的朋友们便"不可能是儿童"。[1]对于兹拉塔来说，儿童不仅仅意味着任何一个年龄在 0 到 14 岁之间的人。只有当其享有"童年"的时候，这个人才可算得上一个真正的儿童。

---

① 在波黑战争中，波黑（The Republic of Bosnia and Herzegovina）首都萨拉热窝从 1992 年 4 月至 1996 年 2 月遭到南斯拉夫人民军与塞族共和国军围困，共计 1425 天，这是现代战争史上最长的围城战役。

本书旨在追溯上述这种 20 世纪末的理念的发展历程，该理念认为，只有当儿童的生活经历与一套特定的童年观念相符合，他们才是真正意义上的儿童。我们能否在 1800 年或者是在 1500 年找到像兹拉塔这样的孩子？他们是否会因为现实生活有悖于自己所知晓的童年理想而感到懊恼？历史上的"童年"所传达的观念是否有别于兹拉塔阐述的观念？

同时，本书旨在探索儿童的生活。"儿童"(children)与"童年"(childhood)之所以共同出现在我的标题中，是因为我们有必要区分这两者："儿童"指的是人，而"童年"指的是一系列不断变化的观念。自 1500 年以来的五百年里，儿童的经历是否存在显著的变化？如果有，它们是何时发生的？如此直白的问法可能会立即迎来以下反驳：这个问题的答案取决于不同的国家、社会阶层和性别。这当然没错，但我认为在欧洲与北美，儿童经历的变迁中存在某些大体相似的模式，并且这些模式最终涵盖了所有的社会阶层和性别。

书写一部童年的历史从许多角度看都比书写一部儿童的历史要简单得多。对于前者而言，我们能够获得大量文学作品与图像信息，如育儿指导手册、小说、肖像技法，这些材料使厘清特定时期、特定社会群体中盛行的童年观念变得可能，也有助于进一步审视童年观念在特定社会对整个世界的理解中起到了什么作用。比如，过去普遍存在一种将整个人类的历史等同于个体生命周期的观念，一些社会将这一进程看成从野蛮状态（童年）到文明状态（成年）的上升之路，另一些社会则将其视为从原初的纯真（童年）到腐化败坏（成年）的堕落之途。可见，人们的世界观里蕴含着关于童年本质的看法。[2]

历史上有关童年的观念随处可见，但想要了解过往儿童的实际生活却没那么容易。我们可以从一些材料中得知儿童与成人的人数比例、儿童的平均寿命、可能在什么岁数离家并开始工作，等等，但是想要重构过往儿童生活中的情感特征则障碍重重。利用家长的书信与日记或许是跨越障碍的一种方式，但这些材料通常来自文化与经济水平较高的人群，况且，我们在书信与日记中读到的从一定程度上说是成人眼中的儿童形象。当然，儿童自己有时也会留下书面材料，但他们在日记里写下的内容反映的往往是日记写作这种文体的特质以及成年读者对此的期望，而非儿童本身的经历。[3]

近年来贯穿许多儿童史著作的议题，实际上更多地涉及父母而非儿童本身。比如，人们会问，在历史上父母爱他们的孩子吗？至于孩子是否爱他们的父母则显然不是问题。这类问题其实是无法回答的，部分原因在于，我们根本不知道也不可能知道父母与子女亲密关系的很多信息。还有部分原因在于，这类问题假定爱是一种只要我们遇上就能识别出来，只要我们没找到便可认定其不存在的东西，就好像爱是和桌子一样的实体物件。可实际上在不同的社会，爱的表达方式可能是千差万别的。[4]

那么，对于儿童与童年史学家来说就存在这样一个问题——比起写好儿童的历史，人们更有把握写好童年的历史。这里的挑战在于厘清童年的观念与儿童的经历的关系，以及这种关系随时代变迁所发生的改变。如何探索二者的关系呢？答案是，童年的观念会以两种不同的方式对儿童的经历产生影响。首先，面向父母的育儿指导手册给我们提供了过去的一些育儿理念。虽然我们知道读者几乎从不可能逐字逐句地遵循这些理念，甚至时常完全忽略它们，但我们也知道，有时候人们的确会严肃对待这些理念，而育儿指导手册中侧重点的变化既可能揭示了实践中的弊病，也可能反映出实践的变化。[5] 其次，童年的观念会渗透到慈善人士和政府的言论与行动中，本书的一大主题便是：在我们所涉及的几个世纪里，公共行动如何影响无数儿童的生活。

有人认为，我们只要努力探索儿童与童年的关系，便能写就某种差强人意的历史。这种想法是错误的，我们不能脱离整个社会来研究童年。无论童年意味着一系列观念还是一个人生阶段，可以说对其影响最大的因素首先是经济和人口结构，其次是政治。西方世界的经济发展既促成了童年经历由工作向学校的转变，也推动了童年应是依附性的人生阶段这一观念的兴起。同时，人们对国家当前的安全与长远需求的关注，往往为涉及儿童的公共行动提供了动力。如果说儿童与童年史上存在的一个理论是，儿童与童年越来越和成人与成年期分隔开来（详见下文），那我们实际上就更有必要在更为广阔的经济、社会与政治发展中考察儿童与童年史。

儿童史研究回顾

在最近四十年相关出版物激增以前，想要获取过往的儿童与童年信息，要么得依赖一些基本上属于博古学（antiquarian）路子

的书①，如 R. 拜恩-鲍威尔（R. Bayne-Powell）1939 年的著作《18
世纪英国儿童》（*The English Child in the Eighteenth Century*），要
么就得依赖社会政策史研究著作，其中许多作品试图通过研究过
去来论证有关当下的观点。在后一类书中，有部分研究依然具有
学术价值，比如 L. 拉勒芒（L. Lallemand）出版于 1885 年的《遗弃
儿童史：不同文明时代的儿童保护研究》（*Histoire des Enfants
Abandonnés Et Délaissés：Études sur la Protection de l'Enfance
aux Diverses Époques de la Civilisation*），该书试图为罗马天主教
廷与遗弃儿童相关的政策辩护。又如 O.J. 邓洛普（O. J. Dunlop）
和 R.D. 登曼（R. D. Denman）出版于 1912 年的《英国学徒与童
工》（*English Apprenticeship and Child Labour*），同 20 世纪早期英
国出版的许多同类研究著作一样，这本书也受到了比阿特丽斯·
韦伯和悉尼·韦伯夫妇（Beatrice and Sidney Webb）对济贫法
（Poor Laws）的开创性研究②的启发。这类研究有助于勾勒出儿童
与公共权威间的关系变迁，以及儿童经济地位的变化。1926 年，
R.H. 托尼（R. H. Tawney）还曾着重指出这类研究的潜在意义，
他写道，一个社会"对待童年的方式"比其他任何事物更能清楚揭
露其"社会哲学的真正面目"。[6]

4

---

① 博古学研究偏重对某一历史时期的各种古物（如钱币、器物、工艺品）与古籍的
发掘、收集、考订、辨伪等。
② 韦伯夫妇是英国费边社会主义理论家、社会活动家，二人从 19 世纪末起长期
从事英国工人阶级、工会运动、社会贫困等问题的研究。比阿特丽斯·韦伯于 1905 年
加入调查济贫法问题的王室调查委员会，济贫法是英国自 17 世纪以来形成的一系列法
案，由政府提供部分贫困补助。1909 年，由于与委员会大多数人产生意见分歧，比阿
特丽斯·韦伯带头起草了著名的"少数派报告"，建议取消济贫法，建立更为广泛的社会
保障制度。此后，韦伯夫妇陆续出版了一系列关于济贫法历史的开创性研究著作。

在过去的四十年里，历史学家们对儿童与童年的兴趣急剧增长，但却极少达成共识。在此期间，学者们对一些核心问题的看法还曾发生逆转。在20世纪70年代末，大多数人认为儿童史是一部进步史，儿童自身的生活经历以及人们对童年本质的理解都随时代发展而进步。然而十年后，公认的权威性观点变成了：虽然儿童生活的物质条件有明显的变化，但过往的绝大多数儿童都是在核心家庭中长大的，他们得到了父母的关爱，连续性取代了变化性，成为儿童史的主旋律。

菲利普·阿里耶斯（Philippe Ariès）在1960年出版了《旧制度下的儿童与家庭生活》（*L'Enfant et la vie familiale sous l'Ancien Régime*），此书英文版名为《儿童的世纪》（*Centuries of Childhood*），在1962年出版，开启了儿童与童年史中延续至今的种种争论。不过，阿里耶斯此书的核心主题在诺贝特·埃利亚斯（Norbert Elias）那里已有端倪。埃利亚斯的著作《文明的进程》（*The Civilizing Process*）于1939年在瑞士首次出版，但它直到20世纪70年代才得到英语读者的关注。埃利亚斯在书中提出，"在文明的进程中，儿童与成人在行为与整体心理结构上的差异不断扩大"。这也正是阿里耶斯在书中的基本观点。对于埃利亚斯来说，"文明的进程"涉及人们对本能的控制，而这种情况在中世纪几乎不存在，因而在中世纪，"以今天的标准来看，成人与儿童的差异甚小"[7]。现代早期出现了大量的指导手册，教导成人应当如何行事，成人与儿童的差异这才开始显现。例如，一本1714年的法文指南敦促读者："注意不要像小孩一样用手指或袖子擤鼻涕，要用你的手帕，且事后不许看它。"当然，儿童们也受到了劝诫，被要求控制他们的本能，如一本 1774 年的法文指导手册提醒道："孩子们喜欢用手去摸衣服和其他称心的东西。这种冲动必须被纠正，必须教会他们只用双眼去感受一切所见。"[8] 到了 18 世纪末，人们假定，在可能读到指导手册的社会阶层中，成年人已经掌握了较好的礼仪，但是儿童还需要得到进一步教导。也就是说，成人与儿童的世界的差距正在逐步拉大。在 20 世纪，人们则认识到，应当允许儿童以适合他们的节奏来培养成人世界的礼仪，但这一认识并未缩小两个世界的差距。[9] 对埃利亚斯来说，"文明的进程"离不开人们对童年与成人世界进行的区分。

阿里耶斯的书对埃利亚斯的看法作出了进一步阐释。阿里耶斯并不是一个职业历史学家，他所利用的证据以及呈现这些证据的方式既带有博古学的传统色彩，又反映了社会政策史以古喻今的倾向。阿里耶斯的书与其他博古学家作品的区别既在于其时间跨度——该书涵盖了从中世纪到当代的历史，同时也在于阿里耶斯有意指出该时间段内符合埃利亚斯论点的变迁。阿里耶斯提出了童年史中的数个假设，而这些假设已经是后来所有学者绕不开的话题。

阿里耶斯并不掩饰他借助与过去的比较来理解当下某种特殊性的意图，他对当下的印象是：社会生活与情感都是以家庭为核心展开的。从 18 世纪开始，首先是在中产阶级中间，"家庭与社会之间"竖起了"私人生活的围墙"。昔日社区共同体中的社会交往性不复存在，家庭变成一个私有化的世界，儿童处在家庭的中心，成人则"执着于童年期的身体、道德和性问题"[10]。也就是说，阿里耶斯的出发点是他对所目睹的现代家庭生活中压抑而偏执的本质的反感。[11]为了理解这一切是如何发生的，他选择聚焦在童年观念上，因为在他看来，童年观念的变迁对现代家庭的形成起到了核心作用。而童年观念的变迁的关键在于儿童应当受教育这一观念，阿里耶斯认为这是16、17世纪改革者们所宣扬的"社会道德化"(moralization of society)主张的一部分，儿童在被允许加入成人社会前要接受"一定的隔离"，父母则被告知他们有责任确保把孩子送去学校。[12]在阿里耶斯对中世纪极具浪漫色彩的描绘中(见下一章)，他指出中世纪儿童从7岁起就自然而然地融入成人社 6 会，他们与家庭只维持较为松散的联系。当教育以及父母对此的责任使儿童处于家庭的中心时，家庭才逐渐开始与社会其他部分隔离开来。

鉴于阿里耶斯在现代童年观念形成过程中赋予教育的重要性，他选择用将近半本书的篇幅来研究"学校生活"(Scholastic Life)的变化也就不足为奇了。他认为关键的变化在于学校教育仅针对儿童而非各年龄段的人这一思想的发展，由此，童年期与成年期被分隔开来。而一旦学校教育仅限于儿童，就有可能对其施加包括体罚在内的秩序与规训，它们的存在同时也将"受此规约的儿童与不受约束的成人"区分开来。[13]此外，随着学校教育的普及与延长，童年期本身也变长了。阿里耶斯承认这些改变需要很长时间，并且改变发生的时间根据性别、阶级与国家的不同而有所差别，但他毫不怀疑的一点是，道德主义者(moralists)在传播学校教育思想与实践方面的影响对现代童年观念的兴起至关重要。

我们之所以有必要强调这一点，是因为针对阿里耶斯著作的评论大多把精力放在了该书第一部分"童年的观念"所包含的章节。

这些章节的结论是探索性、暂时性的，阿里耶斯依次考察了年龄概念的变化，绘画中的儿童肖像，儿童的服饰、游戏与娱乐的历史，以及一种特定观念的发展——儿童天性纯真，应保护他们免受任何可能破坏其朴实天性的因素侵扰。他的总体结论是：在17世纪的法国，两种不同的童年概念已经形成。第一种存在于家庭中，父母开始"意识到看着孩童嬉戏和'娇惯'孩子所带来的乐趣"[14]。第二种则是在家庭之外的道德主义者所推崇的，他们认为儿童是上帝的脆弱造物，需要被保护、被改造。这些道德主义者们逐渐开始主张，学校必须与家庭一起承担这种责任。

阿里耶斯曾强调说："与其说我们的主题是实际的家庭……不如说是作为一种观念的家庭。"[15]他对童年的历史比对儿童的历史更感兴趣。阿里耶斯展示了童年观念发展的历程，地点主要在法国，但也涉及欧洲其他国家。我们将在下一章看到，阿里耶斯的许多论点受到了广泛的批评。可即便如此，少有人会质疑，在该领域缺乏已有学术研究基础的情况下，他选择探讨的主题是合理的：童年的观念或概念并非一成不变，它们确实有自己的历史。在探索这一主题时，阿里耶斯不可避免地引用了过往童年生活的实例，如学校教育的实际情况。当然，他也暗示了童年观念的变迁从根本上影响了儿童生活的实际经历。紧随其后的儿童史研究者们倾向于扭转上述侧重点。相比于童年观念的发展，阿里耶斯之后的学者更加强调儿童的实际生活经历。

阿里耶斯的书在出版之初并未马上出名和引起关注，针对该书发表书评的史学期刊寥寥无几。不过，在社会科学领域，它逐渐被视为重要且权威的作品，这种地位延续至今。[16]此外，社会史领域在20世纪60年代末和70年代初迎来了繁盛期，当时《儿童的世纪》是唯一涉及儿童这个主题的研究作品，这一局面很快发生了改变。有三本书现在常常被放在一起，作为20世纪70年代特有的儿童与童年史研究取向的代表，它们是：劳埃德·德·莫斯（Lloyd de Mause）主编的《童年的历史》（*The History of Childhood*，1974），爱德华·肖特（Edward Shorter）的《现代家庭的形成》（*The Making of the Modern Family*，1976），劳伦斯·斯通（Lawrence Stone）的《1500—1800年英格兰的家庭、性与婚姻》（*The Family, Sex and Marriage in England 1500-1800*，1977）。这三本书也常常被和《儿童的世纪》放在一起讨论。不过，相比于后世给这些书冠上的共性，当时这些书的作者之间存在的分歧反而更加显著。

德·莫斯主编的《童年的历史》一书副标题是"亲子关系这一历史要素的演变"（The evolution of parent-child relationships as a factor in history），这个副标题精准地反映了德·莫斯所撰写的70页长文的主题。至于该书收录的其他文章，人们常反映它们并不能被轻易纳入德·莫斯所构思的框架中，因此最好把它们当成相对独立的儿童与童年史案例研究。不过，就德·莫斯所谓的"心因性"（psychogenic）历史阐释方法而言，亲子关系的演变的确是核心要素。由于德·莫斯将亲子关系的性质视为历史演变的动力，这一阐释方法的影响远远超出了儿童史，正如他所言，"历史演变的核心动力既不是技术也不是经济，而是由连续几代亲子互动所引发的'心因性'人格转变"。德·莫斯指出了成人对待儿童的三种方式。第一种是投射回应（projective reaction），成人把儿童当成投射自身潜意识的工具，于是，儿童承载了成人所有下意识的不良情绪与对自身的恐惧。德·莫斯认为，正是投射回应支撑了原罪论。第二种是反向回应（reversal reaction），成人把儿童视为自己童年时期某个重要成人的替代品，于是，在这种关系里，父母变成了孩子，孩子变成了父母，父母在孩子那里寻求爱。最后一种是移情回应（empathic reaction），在这种关系中，父母对子女的需求感同身受并试图满足。当然，一个家长也很可能集投射回应与反向回应于一身，这使父母眼中的儿童有着既顽劣又可爱的双重形象，这恰恰"是造成过往童年经历存在许多异常的原因"。对于德·莫斯来说，成功育儿的关键在于父母能够回归到子女所处的心理年龄，同时他也认为，在这方面，每一代的父母都可能比前一代做得更好。尽管还不清楚是什么机制在推动这种进步，但在此基础上，人们可以用一种粗略而现成的方式给亲子关系的演进划分阶段。德·莫斯认为，历史上的亲子关系先后经历了六种模式：弑婴（the infanticidal）模式，遗弃（the abandonment）模式，混沌（the ambivalent）模式，干涉（the intrusive）模式，社会化（the socialisation）模式，以及最终在 20 世纪中期迎来的帮扶（the helping）模式。总之，情况在稳步改善，或如德·莫斯在其章节开篇所说："童年的历史就像一场噩梦，我们只不过刚开始从中苏醒。越往前追溯历史，儿童养育的水平就越低，儿童也更有可能惨遭杀害、遗弃、毒打、恐吓、性侵。"[17]

　　历史发展的"心因性"理论从未在历史学家那里取得很大反响，从某种程度来说，这无疑是因为历史学家对不熟悉的概念本能地产生抵触。但还有一个原因：这样一种企图通过探索亲子互动来框定和解释整个人类历史进程的理论，其本身的自洽性令人生疑，毕竟它试图解释的范围过于宏大了。[18]不管怎么说，德·莫斯承认他的理论假设"有待通过经验性的历史证据来证实或是证伪"，历史学家们也正是选择在这个层面评价他的作品。一般来说，人们认为他的论述证据不足。[19]

　　如果说德·莫斯主要关注的是亲子互动，那么肖特则回归到了阿里耶斯的核心问题——现代家庭的兴起。与阿里耶斯不同的是，肖特并不认为儿童在现代家庭的形成过程中被赋予了新的身份，他更关注青年与成人的性行为对现代家庭兴起的影响。实际上，除了婴儿之外，肖特在书中甚至很少提及儿童。肖特有志于脱离对社会精英阶层历史证据的依赖，去"找寻普通人的代表性经验"。他认为，所谓"传统"向"现代"家庭的转型与三个领域的"情感迸发"有关，其中与我们的主题直接相关的领域是母婴关系。①从根本上看，肖特认同阿里耶斯的观点，即当代家庭从内部关系和私密性上看都是一种新近产生的现象。但肖特并不认同阿里耶斯的时间分期，阿里耶斯把17、18世纪视为转折点，而由于肖特着重关注普通民众，他认为该历史转型发生的时间要更晚。在一段引用量和恶名堪比德·莫斯那句"童年的历史就像一场噩梦"的言论中，肖特声称："良好的母育是现代化的产物。在传统社会，母亲对两岁以下婴儿的成长与福祉并不关心。在现代社会，人们才将幼儿的福利看得比什么都重要。"在肖特看来，这一转变直到

---

　　① 肖特提到的另两个"情感迸发"的领域是求偶以及家庭和周边社区界限。"传统"向"现代"家庭的转型过程中，在求偶方面，浪漫之爱和个人的幸福与发展取代了物质上的考虑，成为夫妻选择结合的原因；在家庭和周边社区界限方面，家庭成为情感单元，不再像传统家庭主要是生产和生育单元，同时传统社区监控与羞辱家庭成员异常行为的效力也不复存在。

18 世纪最后二十五年才开始在普通民众中间出现，在一些特定地区和阶层还要来得更晚。肖特使用的主要是法国的证据，并承认法国的情况可能与欧洲其他国家存在差异。他从 18 世纪中叶的中产阶级家庭中发现了"情感迸发"的迹象，比如母乳喂养，以及把孩子送给乳母抚养这一俗制的中止。其他迹象还包括弃用襁褓，这使得母亲与婴儿能够更自如地互动。不过，尽管普通民众在情感上的变革大约在 19 世纪 60 年代萌芽，这一转型却到 20 世纪初才最终完成。[20]

　　肖特倾向于将这些领域"情感迸发"的原因归结为资本主义的兴起使传统社会分裂并瓦解。在浪漫之爱与性行为的变革方面，他认为无产阶级起到了开启和引领风潮的作用。不过，他同时指出，母婴关系的发展并不符合上述模式。相反，他认为资本主义对母婴关系的影响在于富裕的中产阶级母亲开始有时间按照一种"现代"的方式来抚养她们的幼儿。随着资本主义的发展，更多社会阶层的家庭收入增加。渐渐地，"女性得以从家庭生产的严峻压力中解放出来，转而承担照料婴儿的工作"[21]。也就是说，良好的母育是从富裕阶层逐渐渗透到一般家庭的，这一解释与肖特对资本主义影响的总体评估(即资本主义瓦解传统社会，无产阶级带动变革潮流)大相径庭。可见，他关于母婴关系的论述放在全书的整体框架里看还是相对传统的。

　　肖特主要关注的是 18 世纪末与 19 世纪，而斯通在他的书中与阿里耶斯一样将家庭史的关键转变定位于 1500—1800 年。斯通与肖特在时代定位上的差异主要是由于斯通关注的是社会中上层阶级，他区分了三种类型的家庭：1450—1630 年的"开放的世系家庭"(open lineage family)，1550—1700 年的"有限的父权核心家庭"(restricted patriarchal nuclear family)，1640—1800 年的"封闭的核心家庭"(closed domesticated nuclear family)。他认为，现代家庭的核心特征之一是"以牺牲邻里和亲属关系为代价，强化核心家庭内部的情感纽带"，该特征在 18 世纪中期便已出现在"英国社会主要的中上层阶级"。但在他看来，直到 19 世纪末，该特征以及其他现代家庭的特征才传播到王室贵族以及体面的工人阶级家庭中。

相比于肖特，斯通更重视亲子关系的变化，并将此视为反映家庭总体特质变化的一个重要指标。不过，在斯通那里，无论是儿童还是童年都没有占据它们在阿里耶斯的阐释中所占据的核心地位。斯通认为，在"开放的世系家庭"中，父母与儿童的关系"通常是比较疏远的"，主要表现为上流社会的家庭把婴儿交给乳母照看，以及中产阶级上层和职业精英的家庭在孩子快满 10 岁时把他们打发到寄宿学校。在"有限的父权核心家庭"中，情况也好不了多少，斯通发现这些家庭"以坚定的决心来打破儿童的意愿，使其完全臣服于他的长辈、上级特别是父母的权威"，清教家庭尤其如此。无论在学校还是家里，严酷的体罚是一种常态，16 世纪末、17 世纪初还因此得名"大鞭打时代"(the great flogging age)。人们教导儿童要在父母面前举止得体，并始终服从管教。[22] 这种情形在 1660 年左右开始改变，在接下来的一个半世纪里，"公认的育儿理论、常规的育儿实践，以及父母与儿童的情感联系都发生了显著的变化"，英格兰转向"一种儿童本位的(child-oriented)家庭模式"。斯通并不认为这种改变波及整个社会，事实上，他指出了当时存在的六种不同育儿模式，但只有存在于"中产阶级上层与地主阶级"家庭中的"以儿童为本，富于情感与包容的模式"才是完全现代的。而且即使在该社会阶层，也同时存在着另一种"儿童本位但充满专制的模式"。[23]

斯通与肖特都致力于寻求针对"情感变革，而非结构、经济、社会组织变革"的历史解释。与肖特不同的是，斯通认为这种变革与工业资本主义的兴起并无关联，而是将原因归结为个人主义（individualism）的兴起，它的兴起得益于贵族社会的衰落，以及"一个庞大、独立而自信的中产阶级的崛起"。这一点恰好解释了为什么对待儿童的新态度会在英格兰和新英格兰地区率先出现。[24]

虽然斯通在描述家庭的变化时使用了"演进"（evolution）一词，但他同时也声明，"假设历史上存在简单的线性发展是完全错误的"。相较于将历史发展视为一条直线，斯通更倾向于将之视为"不同利益、观念之间永恒的对话"和周期性的发展。不过还存在一个重要例外："在过去四百年间唯一呈线性发展的，是对于儿童关注的日益增长，哪怕人们对待儿童的实际方式在包容与专制之间呈现周期性的摇摆。"此外，他还指出，情感个人主义（affective individualism）的兴起给社会带来的益处与损失一样多。[25]

阿里耶斯、德·莫斯、肖特、斯通这几位作者存在一个共同点，那便是他们都相信随着时间的推移，历史上人们对待儿童的态度与方式发生了重大的变革。其他一些所涉时间范围更小的研究也得出了类似的结论，这些研究通常聚焦于 18 世纪，并将其视为变革的关键世纪。[26]以上作者的分歧在于他们对变革本身的评估与解释，如变革发生的时间段及其与社会阶级的关系，而这些分歧是巨大的。比如，阿里耶斯认为成人与儿童之间的差距不断扩大，而德·莫斯认为二者日渐趋同，后者也精准地点明"阿里耶斯的中心论点与我的正好相反"[27]。然而，到了20世纪80年代，人们为了突出以往研究的共性而非分歧，着重突出了他们对情感变革的普遍关注，这一点也构成了人们对以往所有研究进行批评的基础。

迈克尔·安德森(Michael Anderson)出版于1980年的《1500—1914年的西方家庭史研究方法》(*Approaches to the History of the Western Family 1500—1914*)可能是最早将上述研究归为一类的，他称之为家庭史中的"情感研究方法"，以区别于"人口学方法"和"家庭经济学方法"。虽然安德森认可这类研究所提出的一系列问题的合理性，但他也指出它们在找到证据来回应问题上存在困难。他还指出，这类研究"在写法上会把猜想甚或纯粹的幻想粉饰为既成事实"。另外，安德森认为这些研究者在解释他们笔下的变革时也存在困难，他们使用的方法极易纵容其在描述文化现象时忽视语境，缺乏对经济结构的细致考察。[28]

琳达·波洛克(Linda Pollock)出版于1983年的著作《被遗忘的儿童：1500—1900年的亲子关系》(*Forgotten Children：Parent-Child Relations from 1500 to 1900*)掀起了对过往儿童与童年史研究的全面批判。当时，中世纪研究专家们已经明确驳斥了阿里耶斯所谓"中世纪社会不存在童年观念"的论断[29]，英国史学家们对斯通所总结的17世纪亲子关系特征也极不认同。一股批评的势头开始涌现，人们纷纷指责20世纪70年代的几本核心著作使用的方法欠妥，分析的手段拙劣，得出的结论完全错误。[30]波洛克在20

12

世纪 80 年代开创了一种新的模式。从根本上讲，这一新模式聚焦于亲子关系的真实状况，而不再是童年的观念。正如波洛克所述，其基本论点是历史上亲子关系的最重要特征是连续性而非变革。在此之前，斯通曾提出，由于过去婴儿死亡率很高，父母减少了"在任何个体身上可审慎投入的情感资本，对婴儿这种无常的生命尤其如此"。但波洛克却发现，"在过往世纪里，父母因孩子过世而悲痛的程度并无变化，没有任何证据表明 18 世纪以前的父母对幼儿的夭折表示冷漠，而在 18 世纪以后父母就开始对此沉痛哀悼"。同样，在惩罚孩子方面，波洛克的结论是"已有的证据与阿里耶斯、德·莫斯或斯通等人的论断不同，他们认为在过去儿童遭受了严厉的甚至是残酷的体罚，但证据表明这种残酷的体罚并非常态，而是特例"[31]。

那么，波洛克是基于什么证据得出这些结论的呢？她借助于社会学、灵长类动物研究与人类学研究的证据，从而论证"儿童的正常发展需要一定程度的保护、关爱与训练"，各地的父母都会努力满足这些需求。[32]不过，她的大部分证据还是来自对 1500—1900 年英国与北美留存下来的日记和自传中有关儿童养育内容的系统分析。当然，波洛克不得不承认"日记的作者们在整个社会中可能是特殊群体，并不具有代表性"，她也清楚自己通过这类证据至多能了解识字群体的情况。她试图通过简要列举其他类型的证据来克服这个不足，以此证明社会下层阶级的儿童养育方式与更高的阶级并没有本质的不同。但总体来说，她还是认为日记有助于揭示"有关童年的现实，而非人们对此的态度"。这种追求表明，自阿里耶斯宣称他希望了解家庭的观念史以来，儿童与童年史领

域已经发生了转向。波洛克进一步指出，"态度与行为之间几乎没有关联"。在她看来，当历史学家把时间花在研读指导手册、布道或有关儿童意志的一般论述时，关于儿童养育的实际情况或儿童的真实生活，他们得不到什么有用的信息。童年观念的历史与儿童的历史就这样被截然区分开来。[33]

13

波洛克只是众多驳斥 20 世纪 60 年代和 70 年代研究的学者之一。除她之外，基思·赖特森（Keith Wrightson）出版于 1982 年的被广泛阅读的《1580—1680 年的英国社会》（*English Society 1580—1680*）有 15 页涉及儿童，他使用了包括遗嘱在内的多种证据，得出的结论与斯通完全相反，认为"似乎没有理由相信，父母对儿童的态度或期望在 17 世纪发生了根本变化"[34]。拉尔夫·霍尔布鲁克（Ralph Houlbrooke）在其出版于 1984 年的著作《1450—1700 年的英国家庭》（*The English Family 1450—1700*）中提供了冷静的思考，他一方面对不同社会阶层经历的多样性保持机警，另一方面也指出，"有不少证据直接表明，在相当多的家庭中，父母对于子女的关爱以及在失去孩子时所经历的悲痛是真实存在的"[35]。

阿里耶斯、德·莫斯、肖特与斯通的书将儿童与童年史牢牢置于情感史（history of sentiment）的总体框架下，而后世对于他们的批评也总体沿袭了这一框架。但是，正如安德森所说，儿童与童年史的研究还存在其他可能的路径。其中，人口学（demographic）的方法在某种程度上为上述所有研究都提供了参考。自 20 世纪 60 年代起，剑桥人口与社会结构史研究小组（Cambridge Group for the History of Population and Social Structure）就已提出，在英格兰乃至其他地区（至少包括北欧），家庭的规模一直较小，通

常以核心家庭为主要模式。这一研究打破了传统社会学关于家庭规模变迁的假设，该假设认为随着工业化进程的发展，传统的大家庭(extended families)开始向核心家庭转变，而后者直到现在仍是主流的家庭模式。这一假设被打破后，人们才可能论证核心家庭中的情感联结在历史上具有持续性，并且能抵御教会、国家、经济变革的冲击和干预。[36] 从更普遍的角度来看，人口学家的研究提供了有关成婚年龄、出生与存活儿童人数、生育时间间隔、儿童离家年龄等因素的关键数据，这些数据为儿童与童年史的书写勾勒了基本的轮廓。不过正如人们常说的，有关这些因素的"事实"并不能完全说明问题，我们仍需努力搞清人们究竟赋予这些"事实"什么样的意义。

要做到这一点，其中一个办法是在特定的经济与社会结构中审视家庭，这便是安德森所述的"家庭经济学"(household economics)方法，与更广泛的"家庭策略"(family strategy)研究相关。这类研究的基本假设是，家庭会针对所面临的情形作出理性的回应。例如，根据社会经济条件的差异，不同家庭生的孩子数量可能存在显著区别。因此有研究提出，在我们俗称为原始工业化(proto-industrialisation)的阶段，由于包括儿童在内的所有家庭成员就业机会增多，人们的成婚年龄下降，家庭生育水平提高。同样，从19世纪末起，家庭生育水平无疑开始下降，而在同一时期，养育儿童也日渐成为父母的一项开支。

可见，"家庭策略"或"家庭经济学"方法强调儿童的经济价值甚于其情感价值。这类研究中影响最为深远的著作是阿兰·麦克法兰(Alan Macfarlane)出版于1986年的《1300—1840年英格兰的婚姻与爱情》(*Marriage and Love in England 1300—1840*)，该书旨在结合上述两种方法。麦克法兰对比了两种类型的社会：第一种是人类学家一贯的研究对象，这类社会毫无保留地把儿童视为财富，无论是从经济角度看他们对家庭的贡献，还是从情感角度考量他们为父母带来的支撑与身份象征；第二种是像英格兰这样的社会(也包括欧洲其他一些地方)，养育儿童自中世纪以来便成为父母的一项开支，因此在英格兰，才会有人通过晚婚、不婚以及婚后拉长生育时间间隔来限制生育。

麦克法兰讨论的是深植于心的习惯与信念，它们促成了延绵数个世纪而相对稳定的行为模式。其他一些关注更短时段的研究者则认为"家庭策略"能够对不断变化的情势作出快速反应，这是许多新近的研究针对童年史过去的核心问题——工业革命中的童工雇佣——所采用的方法。其中一项研究指出，家庭在子女进入劳动力市场的决定中起了关键作用，等到日后家庭经济条件改善了，也是因为父母认为此时投资孩子的教育更合理，就会决定让孩子撤出劳动力市场。也就是说，相比于"家庭策略"，无论是立志拯救儿童的慈善人士还是禁止雇佣童工的法律，充其量都只在减少童工方面起了次要作用。[37]

以上论断表明，是时候更加深入地考察慈善团体与政府在儿童事业中起到的作用了。人口学、情感史、"家庭经济学"方法都更强调对家庭内部童年经历的研究，这导致人们忽视了能够影响童年经历的更广泛的政治与社会结构。以往许多研究的一个共同出发点是假设社会机构尤其是世俗机构要到19、20世纪才开始对儿童生活产生关键性影响，本书的第四章和第五章将证明这种假设是错误的。在绝大多数穷苦家庭里，人们对政府运行的设施、服务与制裁的认知形塑了他们的家庭策略。同时，各国一般从 19 世纪末开始施行的义务教育，无疑比五个世纪以来的任何其他因素都更有力地改变了童年的经历与意义。义务教育在原则上乃至实际上把儿童从劳动力市场移除，从此劳动力市场只留给不再是儿童的人。正是这一点，最终导致人们在 20 世纪赋予儿童的情感价值远远超出了此前几个世纪。[38]

本书将聚焦三个相互关联的核心主题：童年的观念，亲子关系的实际状况，慈善人士和政府对童年所起的作用。本书的基本假设是：只有将这些主题与更为广阔的西方社会发展史相联系，我们才可能真正理解它们。尽管在实际情况下，几乎每个社会对童年截止年龄的想法都大相径庭，但作为操作性的概念，本书中的"儿童"指的是所有 15 岁以下的人。当然，我不希望也并不佯装能够囊括西方世界每个国家儿童与童年的历史。我之所以选择研究这么大的地理区域，是因为这些地方存在一个重要而普遍的发展模式。虽然我也时常指出西方不同地区的情况差异，但只关注这些细节差异可能会遮蔽其共性。本书第二章将首先关注从古典时代与基督教传统中流传下来的一些观念与实践，接着我将考察阿里耶斯引发的有关中世纪童年的争论，中世纪童年也是人们衡量现代早期童年观念的参照。第三章将指出在 1500—1900 年形成的一系列童年观念，这些观念具有较强的连贯性，可称之为一种思想体系。在第四章中，我将考察欧洲与北美普通民众的童年经历以及人们对待童年的态度。在我看来，1500—1900 年发生的主要转变，是儿童从较早开始为家庭经济做贡献转变为进入学校接受义务教育。第五章和第六章将关注家庭、儿童与慈善人士、政府之间的关系，特别是政府如何涉足各种收容机构的建立，从而防止儿童死亡或贫困，虽然这类事业往往会造成与其意图相反的后果。第七章则关注 20 世纪，人们将其誉为"儿童的世纪"。最后，在本书的结论部分，我将盘点所有证据，并指出童年的历史与儿童的历史在何种意义上是相互关联的。

注　释

［1］Z. Filipovic，*Zlata's Diary*：*A Child's Life in Sarajevo*（London，1994），pp. 60，122.

［2］G. Boas，*The Cult of Childhood*（London，1966）.

［3］C. Steedman，*The Tidy House*：*Little Girls Writing*（London，1982），pp. 61~84.

［4］A. Farge，*Fragile Lives*：*Violence*，*Power and Solidarity in Eighteenth-Century Paris*（Cambridge，1993），pp. 46~51；L. Jordanova，'New worlds for children in the eighteenth century：problems of historical interpretation'，*History of the Human Sciences*，3（1990），esp. p. 82.

［5］J. Mechling，'Advice to historians on advice to mothers'，*Journal of Social History*，9（1975-1976），pp. 44~64. 此文或许已使得历史学家在利用这类文献时格外谨慎。

［6］R. H. Tawney，*Religion and the Rise of Capitalism*（1926；Harmondsworth，1937），p. 239.

［7］N. Elias，*The History of Manners*：*The Civilizing Process*，*Vol . 1*（1939；New York，1978），pp. xiii，141.

［8］Ibid., pp. 146，203.

［9］Ibid., p. 168.

［10］P. Ariès，*Centuries of Childhood*（London，1962），pp. 397，395.

［11］Ibid., pp. 395，399.

［12］Ibid., pp. 396～397.

［13］Ibid., pp. 320～321.

［14］Ibid., p. 127.

［15］Ibid., p. 7.

［16］R. T. Vann，'The Youth of Centuries of Childhood'，*History and Theory*，XXI（1982），pp. 279～297.

［17］L. de Mause（ed.），*The History of Childhood*（1974；London，1976），pp. 1，3，21.

17　［18］M. Anderson，*Approaches to the History of the Western Family 1500－1914*（London，1980），p. 15.

［19］De Mause，*History of Childhood*，p. 3；对德·莫斯运用证据情况的批评，参见 L. A. Pollock，*Forgotten Children：Parent-Child Relations from 1500 to 1900*（Cambridge，1983），pp. 57～58。

［20］E. Shorter，*The Making of the Modern Family*（London，1976），pp. 11，170，192～196.

［21］Ibid., p. 259.

［22］L. Stone，*The Family，Sex and Marriage in England 1500-1800*（London，1977），pp. 105～107，161～174.

［23］Ibid., pp. 405，411，449～478.

［24］Ibid., pp. 658，665～666.

［25］Ibid., pp. 682，683～687.

［26］J. H. Plumb，'The New World of Children in Eighteenth-Century England'，*Past and Present*，67（1975），pp. 64～93；R. Trumbach，*The Rise of the Egalitarian Family: Aristocratic Kinship and Domestic Relations in Eighteenth — Century England* (New York, San Francisco and London, 1978).

[27] De Mause, *History of Childhood*, p. 5.

[28] Anderson, *Approaches to the History of the Western Family*, pp. 41, 61~64.

[29] Ariès, *Centuries of Childhood*, p. 125.

[30] A. Macfarlane, ' "The Family, Sex and Marriage in England 1500-1800" by Lawrence Stone', *History and Theory*, 18 (1979), pp. 103 — 126; A. Wilson, 'The Infancy of the History of Childhood: An Appraisal of Philippe Ariès', *History and Theory*, 19 (1980), pp. 132~154; E. P. Thompson, 'Happy Families', *Radical History Review*, 20 (1979), pp. 42~50.

[31] Pollock, *Forgotten Children*, pp. 141~142, 199.

[32] Ibid., pp. 33~43.

[33] Ibid., pp. 71~73, 88, 270.

[34] K. Wrightson, *English Society 1580-1680* (London, 1982), p. 118.

[35] R. A. Houlbrooke, *The English Family 1450-1700* (London, 1984), p. 156.

[36] F. Mount, *The Subversive Family* (London, 1982).

[37] C. Nardinelli, *Child Labor and the Industrial Revolution* (Bloomington and Indianapolis, 1990).

[38] 参见 V. A. Zelizer, *Pricing the Priceless Child: The Changing Social Value of Children* (New York, 1985)。

第二章

古代与中世纪欧洲的儿童和童年

　　　在欧洲现代早期与现代时期这几个世纪里，童年和育儿的观念似乎有两方面来源：古典遗产与基督教。人们的育儿实践很可能受到中世纪社会育儿方式的影响。本章的目的在于阐述古典时期与基督教的传统，并评估中世纪有关儿童的思想与实践。

古典时代的遗产

在文艺复兴时期，人们对古代世界重新燃起兴趣，这意味着审视古希腊与古罗马时期的思想和实践尤为重要。首先，我们需要评估当时社会上的杀婴、买卖儿童、遗弃儿童，以及乳母喂养（wet-nursing）等情况。一些学者把以上行为视为古代世界育儿方式的标志，认为它们反映了当时人们对待所有儿童的态度，并传给了后世。其次，在我们的语言中，许多与儿童、童年相关的词汇是从希腊语或拉丁语中继承而来的，因而可能也带有其古典时代原意的思想遗迹。再次，中世纪与现代早期的一些法制结构承袭自古罗马，我们尤其需要注意的是父权制（*patria potestas*）——父亲的绝对权威——在多大程度上仍是现代早期社会需要考虑的因素。最后，古代世界思考童年的方式，以及针对儿童养育与教育的建议，至少在 1900 年以前都具有一定的权威性与影响力。

　　德·莫斯认为"杀婴模式"(infanticidal mode)是公元 4 世纪以前儿童养育的主导模式。不仅仅因为有许多儿童被杀死，而且"当父母惯常地采用杀婴来解除抚养孩子的压力，这种行为也对幸存的孩子产生了深刻影响"[1]。有关杀婴的证据难以核实[2]，但毫无疑问的是，当时有许多孩子被遗弃，且女孩比男孩更容易遭受这种命运。德·莫斯假设遗弃孩子就相当于杀婴，被遗弃的孩子都难逃一死，这种假设表面上看似乎有道理。[3]但约翰·博斯韦尔(John Boswell)挑战了德·莫斯的理论，在其 1988 年出版的著作《陌生人的善意：从古代晚期到文艺复兴时期西欧的儿童遗弃》(*The Kindness of Strangers*：*The Abandonment of Children in Western Europe from Late Antiquity to the Renaissance*)中，博斯韦尔指出，罗马男性在逛妓院时的一种顾虑，是他找的妓女有可能是自己的女儿，她可能小时候被遗弃了，但被养父母救起来养大。博斯韦尔并不否认当时遗弃儿童的普遍程度，据他估计，在公元 1—3 世纪，大多数抚养了不止一个孩子的女性，每人也至少抛弃过一个孩子，这期间所有出生的儿童中有 20%～40% 被遗弃了。[4]尽管没有提供具体数据，但他认为，这些孩子中有许多都活了下来。而父母抛弃孩子时也知道他们有可能活下来，不然父亲便没有理由在逛妓院时害怕乱伦，许多人也不至于为生下来是自由身的孩子可能被捡去当奴隶养而感到忧虑。这一时期不同于中世纪、现代早期和现代的一点是：并不存在像弃婴收容院(foundling hospitals)①这样的机构来安置弃儿，被遗弃的孩子依靠"陌生人的善意"而幸存下来。这些陌生人捡起被遗弃的孩子，并把他们养大。

为什么这些陌生人会这样做呢？博斯韦尔承认，"被丢弃或卖掉的儿童中无疑有很大比例的人成为奴隶"，在古罗马法律中没有任何条例防止遗弃或出售儿童，而售卖儿童"不仅在古罗马，在希腊化时期的地中海地区也十分普遍"，人们有时会卖掉孩子来抵债。同时，男孩和女孩明显都曾被大量用来提供性服务。不过，除此之外，博斯韦尔进而指出"许多更美好的可能性"。[5]弃婴可能会被或无法生育，或诞下死胎，或孩子夭折的女性捡来当成婚生子女。古罗马人强调婚姻和性关系的目的在于繁衍后代与延续家族，因此，无法成功孕育后代的夫妻可能会对收养弃婴的机会表示欢迎。但是，想要找继承人的家庭通常会选择收养成人而非婴儿，因为后者长大成人的可能性总是存疑的。[6]大部分被其他家庭收养的孩子会获得"养子"（alumni）身份，有了这个身份，养父母很可能会把他们当作自己的孩子看待，帮他们摆脱奴隶身份，并给他们留下遗赠。古罗马铭文表明，这些"养子"与养父母的关系通常较为紧密。[7]

乳母喂养是另一种在古代世界十分普遍的做法，现代早期与现代有关童年的作品也对此多有评论。古代世界被丢弃的婴儿若真能存活下来，那也只可能是通过乳母喂养实现的。此外，使用乳母喂养在上层阶级家庭非常普遍，在奴隶的子女中间也可能十

---

① 弃婴收容院是接收、照看被遗弃婴儿或儿童的机构，一般由教会或慈善人士与团体资助，从 16 世纪开始在天主教国家尤为流行。

分常见。后一种情况是为了让母亲马上恢复工作，或是使她们能马上再度怀孕，生下新的奴隶。因为众所周知，哺乳期对母亲来说有避孕效果。[8]用奶瓶喂养直到 20 世纪才变得安全，在此之前，乳母喂养无疑是母乳的最佳替代品。在许多情况下，比如生母逝世或是无法出奶时，乳母喂养是明显的解决方案。但同样明显的是，许多母亲本可以亲自哺乳，却还是选择使用乳母喂养。这种情况在上层阶级尤为多见，较为稳定地持续到了 19 世纪，这期间人们雇佣乳母时所看重的特性也存在很大的连续性。[9]

在现代早期与现代，欧洲人从古代世界沿袭了遗弃儿童的行为，同时也沿袭了对这类行为不加指摘的态度。博斯韦尔总结道："古代大多数道德作家对遗弃儿童的行为要么表示接受，要么漠不关心。"柏拉图和亚里士多德似乎都对此表示容忍。虽然人们谴责对自由身的儿童进行买卖，但也主要是因为这会使他们沦为奴隶。[10]从现代读者的角度来看，很难不据此判断古代世界对儿童和童年较为冷漠，也很难不像德·莫斯一样把古代世界当作现代的反面。然而，近期关于古代家庭的研究却强调，当时父母与子女之间紧密而慈爱的关系才是常态，许多这类研究也兼顾对现代早期的讨论。正如马克·戈尔登（Mark Golden）在论及古希腊人时所言，"种种证据似乎压倒性地支持这样一种论点——雅典人爱他们的孩子，也对孩子的死深感悲痛"。戈尔登类比现代的堕胎行为，并佐以人类学证据，指出古代父母遗弃一个孩子的行为并不意味着他们对留下来的其他孩子就漠不关心。[11]贝丽尔·罗森（Beryl Rawson）的论点则更为谨慎，她认为"有证据表明当时的亲子关系可能通常是亲密而感性的"，而苏珊·狄克逊（Suzanne Dixon）得

21

出的结论是，在古罗马时期"肯定存在对于儿童的情感需求，还有一些父母因幼儿的夭折而感到苦痛"[12]。在学者用以支持这类论点的证据中，一个典型的例子是在西西里南部的阿格里真托（Agrigento）发现的儿童石棺（sarcophagus）。这口石棺可以追溯到公元1世纪或2世纪，它的表面刻有孩子玩耍、识字以及临终前的画面。在画面里，父母与祖父母都明显为这个孩子的逝去感到悲伤。[13]

正是出于这样的证据，古典学家们不得不重构人们对童年的态度与对待儿童方式的历史，可这类证据往往不限于一种解释。在阿格里真托发现的石棺固然给了我们一些古罗马时期理想化的童年的信息，可是我们也无法确定，这个死去的孩子生前的实际生活是不是真如石雕上所表现的那样。因此，古典学家们难免会借用从更晚近的历史中得出的一些看似证据充分的结论，以此类推古代世界的情况。然而，如前所述，关于现代早期世界的儿童与童年史也存在激烈论争。问题就在于，古典学家们对古代世界作出的论断可能符合对更晚近时代的主流历史论述，可这些论断本身却无法在古代证据中得到证实。[14]

与童年相关语汇的模糊性使古典学家面临的问题更加复杂。理查德·莱曼（Richard Lyman）写道："'儿童'一词，根据情境和语言习惯的不同，似乎可以指涉从婴儿期到老年的任何人。"[15]对此有人可能要问了，他究竟说的是哪个表示"儿童"的词？无论希腊语还是拉丁语都没有与"婴儿"（baby）相对应的词汇，但这两种语言中都存在许多可以表示儿童的用语，可它们一般不会仅仅指涉儿童。[16]现代欧洲语言吸收了一个希腊语词根和两个拉丁语词根：希腊语中的"*pais*"进入了英语词汇，如"儿科"（paediatrics）、"恋童癖"（pederasty）；拉丁语中的"*infans*"——字面意思是"不说话"——变成了英语中的"infant"和法语中的"enfant"，意思都是婴儿；拉丁语中的"*puer*"变为英语中的"puerile"，意为幼稚。上面这几个词根在其原始形式中的含义并不明确。"*puer*"有时被认为是源于"*puri*"，意为纯洁。但在古罗马人那里，纯洁并没有在性方面缺乏经验的意思，而是指脸颊上毛发稀少。[17]要弄清这些词源究竟是与年龄还是与身份相关尤为困难。正如在现代的帝国主义时期，一个非洲的成年人有可能被叫作"男孩"（boy），在古代世界，奴隶或仆人无论年龄大小都有可能是"*pais*"或"*puer*"。那么，这是否意味着儿童的地位低下？还是说，这只不过反映了"在权力与法律地位方面"奴隶、仆人与儿童处在同等地位？[18]在家庭中，奴隶与儿童无疑是有区别的，奴隶对鞭笞的恐惧被主人视为维持其权威的基本手段，而在惩罚儿童方面则是以节制为主。[19]不过，在家庭以外，无人质疑教师用棍棒来维持对学生的权威，拉丁语中用来表示教学的词"*disciplina*"同样带有惩罚的意思。[20]奴隶与儿童在语言上的关联性意味着，这些指代童年的词汇的多义性和模糊性遗留到了中世纪与现代世界。[21]

从罗马法中流传下来的一个语汇"*patria potestas*"即"父权"的含义明显更为清晰。罗马法规定家庭里年纪最大的男性对所有的子孙享有重大权力，不论子孙的年龄与居所。这些权力不仅仅包括对其产业的支配权，还包括决定其生死的权力。由他来决定是否丢弃一个婴儿，他还可以判决并杀死自己的孩子。有人提出父权制"是古罗马体制的基本制度"，私人生活的制度为公共生活提供了样板。[22]正如亚里士多德所言，父亲"统治他的孩子就像国王统治他的臣民"[23]。现代早期的学者们熟知父权制，也把它用作论证绝对政府的主要支撑。[24]不过在古罗马世界，父权制在实践中并没有在理论上那么具有权威性，行使生杀大权的情况极为少见。人们较晚的结婚年龄与较短的寿命意味着，成年的儿子们一旦成婚，便很少受到父亲原则上拥有的权力的管辖。此外，父亲将儿子的居所和家用与自己的分开，也有助于消除代际关系紧张的源头。[25]但即使在实践中父权的绝对性有所减弱，后世还是继承了父亲是家庭中的绝对权威这一观念。我们后面将看到，这一观念在现代早期极具影响力。

近来有关古代世界儿童与童年研究的要旨，已经与德·莫斯的观点相去甚远。杀婴现象被边缘化，"陌生人的善意"为遗弃儿童的恶行提供了辩解。父权制也仅仅是理论上的，无论在实践中还是在指导文学中，它都不妨碍父亲与孩子们建立情感联结，家庭也通常被描绘为富有情感的港湾。然而，倘若以上论点强化了"连续性是儿童与童年史的关键"这一论断，那么有几点需要提起注意。从古代文献中得到的首要印象是童年之所以重要并不是由于它本身的价值，而是由于它被作为培养良好公民过程的一部分。在此过程中，大约从青春期开始到 21 岁的青年时期（youth）才是关键阶段。[26]此外，当时的人们通常并不把子女看作个体的人，而是考虑他们能够满足父母的哪些需要，这些需要部分是为了延续血脉，但同时也包括为父母养老、送终等。在欧里庇得斯（Euripi-des）的《美狄亚》（*Medea*）中，美狄亚把她的两个孩子杀死，并哭喊道："这下我一无所有了——我曾对你们寄予厚望。我想象着你们将来会在我老时照顾我，在我死后亲手处理好我的尸体并为我下葬。"[27]有些证据似乎引向了与此相反的结论。儿童通常被认为有着神圣的能力，他们在各种仪式中起到重要作用。人们认为，儿童离神的世界很近。但是，也有人提出，"古典社会之所以特别将儿童与神的世界联系起来，是因为人们觉得儿童不重要"。儿童在各种宗教仪式中的作用并不能证明他们地位很高，儿童与女人、奴隶一样处于社会的边缘地位，并不完全是社会的一分子，因而才比成人更接近另一个世界——神的世界。从某种程度来说，这种边缘地位源于他们在长大成人变为社会的一分子之前就死去的可能性。当然，如果儿童在幼年死去，他们的丧葬习俗与年纪更大的人有很大不同：他们会被葬在城墙内，有时是在建筑物的地基中，且一般在晚上下葬。[28]

因此，与我们接下来要讨论的一些材料相比，关注幼儿的材料相对较少。人们在提及幼儿时往往涉及他们的不足之处——他们与成人相比所缺乏的品质。在古典时期的雅典，"儿童被视为身体羸弱，德行缺乏，心智不全"之人，毫不意外，古希腊人"通常不会怀念童年"[29]。倘若人们哀悼死去的孩子，那是因为人们认为他们活着没有目的，还未成年便死去。西塞罗（Cicero）认为，童年本身不可颂扬，唯其潜力值得赞颂。[30]与此相关的是对儿童的理想化（idealisation），被理想化的儿童具备成人的种种品质，被称为"*puer senex*"——"老成男孩"或者"老童"。庄重、严肃、勤奋等是他们身上被看重的品质。[31]

延续家庭和培养良好公民的目标在古罗马人那里的首要地位，使得现有文献中涉及儿童的信息存在明显的偏向性：大量证据与男孩而非女孩相关，我们对于上层阶级以外的儿童和童年也知之甚少。正如托马斯·威德曼（Thomas Wiedemann）所言，"古罗马帝国绝大多数人并没有留下表达他们对儿童感受的记录"[32]。

古代史学家们已经注意到，在公元前 500 年到公元 400 年间，人们对待童年的态度与方式可能发生了变化。这些变化很难通过文献来追溯。在过去，人们曾把希腊化时期诗歌与艺术中对儿童更为自然的描绘视为对待儿童与童年的新态度，但这种说法现在已经被否决了。[33]狄克逊认为，"在公元前 1 世纪拉丁语艺术和文学中，出现了对夫妻安逸的家庭生活这一观念的强调"，由此带动了人们"对于幼儿的情感投入，以及对儿童稚气的喜爱"。她援引卢克莱修（Lucretius）笔下的用于年轻人的常见悼词："不再有，不再有幸福之家欢迎你，不再有佳妻迎接你，不再有你可爱的孩子跑过来亲吻你，静谧地依偎在你的胸膛。"她认为这种"对于家庭生活的情感化理念"可与我们当代相媲美，并认为它延续到了罗马帝国时期。[34]罗森大致同意这一观点，她认为在罗马帝国早期——从公元前 1 世纪下半叶起，古罗马人迎来了"至少长达两个世纪的闲暇、稳定与财富的提升期，因此也给人际关系提供了更为感性、成熟的氛围。成人与儿童的关系受益于此……在公元 2 世纪，面向儿童的活动似乎格外集中"[35]。威德曼对这几个世纪的看法则要暗淡得多，他的核心主题是公元 1 至 4 世纪发生的变化。但他讨论的起点并非狄克逊所谓的"情感化理念"，而是人们对儿童和童年较低水平的兴趣。随着时间推移，他看到社会向更加儿童中心化发展的趋势，这与基督教的人人在上帝面前平等的观念有一定关系。莱曼的研究起点更晚一些，他关注的是公元 200—800 年。他认为"有关童年的理念经历了重大变化……到了 4 世纪之后，从官方和正式文件所传达的期望来看，对待儿童的方式似乎更为温和"，并且这种变化在某种程度上也反映在了实践中。莱曼认为这种变化部分源于基督教的影响，部分原因则可能是所谓的"野蛮人"带来的育儿传统，比古代世界所知晓的任何育儿方式都更为人道。[36]面对这些学者各不相同的侧重点以及他们的论点所依托的证据的匮乏，在此只能建议读者抱着怀疑的态度。同时要请读者注意的是，童年史学家们仍在不断寻觅进步。

25

基督教

基督教中人人都需要救赎的信条直接表示了幼儿具有比以往更高的地位，他们需要尽早地被带入上帝的基督教家庭中。这样做的一个方法是婴儿受洗（infant baptism），尽管这种方式未得到普遍认可。[37]不论婴儿是否接受了洗礼，人们都认为有必要让幼儿意识到他们也有灵魂，他们在尘世以及来世的生活取决于他们灵魂的状态，而且人们不能再把未成年的孩子视为对整个社会不甚重要的存在。

由此，与古希腊、古罗马不同的是，基督徒根据他们承袭自犹太教（Judaism）的信条，认为杀婴就等于谋杀。在 374 年，信仰基督教的罗马皇帝瓦伦提尼安一世（Valentinian Ⅰ）、瓦伦斯（Valens）、格拉齐安（Gratian）颁布法令："任何人若犯下杀婴的罪行，无论男女，皆可处以死刑。"这一法令所反映出来的态度与公元前 5 世纪古罗马《十二铜表法》（Twelve Tables）中的相关法条形成了鲜明对比，后者规定任何出生时明显畸形的孩子都须处死。[38]374 年的法令最开始或许针对的是异教仪式中的杀婴行为，但正如博斯韦尔指出的，该法"随后便会被解读为对杀婴行为的全面谴责"[39]。

对遗弃儿童行为的判罚则没那么严厉，瓦伦提尼安一世在 374年曾下令：所有父母必须抚养他们的子女，对遗弃孩子的人将"按法律规定"严惩。但惩罚的内容却并不清楚，这一律令似乎也并未对遗弃儿童的行为产生影响。实际上，基督徒对于遗弃儿童的态度与古罗马的异教徒几乎难以区分，唯一的不同在于——特别是从 4 世纪起——人们开始同情与理解那些因贫穷或其他不幸而抛弃自己孩子的人。正如人们从摩西的故事①所知：在某些情况下，遗弃孩子是合情合理的，是可能给上帝增添荣耀的。[40]

异教徒与基督徒的相似之处不仅仅反映在对待遗弃行为的态度上，《圣经》认可的父母与子女的恰当关系此前在异教世界中也得到了广泛认同。儿童被要求尊重和服从其父母。[41]父亲则被规劝道："不忍用杖打儿子的，是恨恶他；疼爱儿子的，随时管教。"这句经文经常被用来给体罚正名。[42]

但在其他方面，《圣经》为基督徒提供了对儿童与童年采取截然不同态度的可能性。异教徒的众神令其教众牺牲自己的孩子，而基督教的上帝则牺牲了自己的儿子。此外，作为儿童或是像儿童般的人现在成了一种光荣的状态。当耶稣的门徒试图阻止人们

---

① 这里指的是摩西出生后被送走的故事。当时埃及法老命令杀掉所有希伯来人所生的男婴，摩西出生后其母只好将其放在一个蒲草箱里，搁在尼罗河边的芦苇丛中。后来法老的女儿发现箱子，决定收养这个弃婴，给他取名为摩西。

带小孩到他面前时，耶稣斥责他们，说道："让小孩子到我这里来，不要禁止他们。因为在天国的，正是这样的人。"[43]他还告诫说："凡要承受神国的，若不像小孩子，断不能进去。"上帝或其使者们为儿童提供了特殊的保护："你们要小心，不可轻看这小子里的一个。我告诉你们，他们的使者在天上，常见我天父的面。"[44]人们开始相信，儿童有特殊的守护天使。此外，对父母义务与责任的强调开始出现。父亲被告诫不要"惹儿女生气"，应是父母为孩子积蓄财富，而不是子女须为父母如此做。[45]最后，《圣经》中也有一些选段可以被解读为：一个基督徒的志业可能意味着为了上帝的家庭而抛弃自然的家庭。[46]

基督教教义中这种传统与革新之间的张力在圣奥古斯丁(St. Augustine)那里达到了顶峰，他也是第一部现代意义上的自传的作者。在他与伯拉纠(Pelagius)的著名辩论中，伯拉纠认为婴儿刚生下来是一块白板，其救赎来自于在成人引领下的良善生活。而圣奥古斯丁反对此观点，认为人一生下来就带有从亚当那里继承来的原罪，洗礼能够将其清除。但原罪并非个人本身恶的倾向所致，圣奥古斯丁拿自己举例，他记得自己曾仅仅出于使坏的冲动而去偷梨。这些观点看似苛刻，尤其是联系到圣奥古斯丁对体罚的支持。但是它们还有更深一层含义，意味着儿童作为人类个体可以与成人相提并论，而不再是残缺的存在。儿童所面临的道德困境与成人无异，也需要被认真对待。儿童的地位已经开始从社会的边缘向内部移动。[47]

中世纪

自 1960 年以来，所有关于中世纪童年的研究都有一个共同的出发点，即阿里耶斯的"中世纪社会不存在童年的观念"这一论断。[48] 很少有寥寥数语能激起这么多反驳，中世纪研究者们似乎在不厌其烦地证明阿里耶斯是错的。他们给自己定下的任务是证明中世纪的确存在童年的概念，它可能与以后几个世纪的概念有所不同，但仍不失为一种概念。他们称阿里耶斯误读或忽略了一些证据。舒拉米特·沙哈尔（Shulamith Shahar）1990 年出版的《中世纪的童年》（*Childhood in the Middle Ages*）现已成为中世纪研究中公认的权威性著作，她的中心论点是："在中世纪中期到晚期（1100—1425 年）存在一种童年的概念，当时学者认可的童年诸阶段之说并不仅仅存在于理论中，而且父母在他们的后代身上既有物质上的也有情感上的投入。"[49] 我们在此的任务不仅是要评估这些论断，同时还要考量中世纪的思想与实践在多大程度上是真正只属于"中世纪的"，它们与后世的思想与实践有多少共通之处。

我们需要对阿里耶斯的著名论断做一番注解。这本书的英文翻译并未传达出其原意，因为与英文"观念"（idea）相对应的其实是法文的"感知"（*sentiment*）。后者既有对童年的感受之义，也有童年的概念之义。且阿里耶斯在书中很快便指出，他并不是说在中世纪不存在对儿童的情感，他试图明确区分对童年的"感知"与成人对待儿童的方式。尽管如此，这种"感知"的缺乏意味着儿童大约从 7 岁起便"属于成人社会"。这并不意味着一个 10 岁的儿童与一个 30 岁的成人享有同等的地位，而是说在成人与儿童的世界之间不存在分隔二者的界限。儿童在这个世界中有自己的位置，但如阿里耶斯指出的，这种特殊位置随年龄而变化："在这些时代的集体画中，总能看到儿童的身影：一两个孩子依偎在垂吊于母亲脖子上的布袋里，或在街角撒尿，或在传统的节日时扮演他们的角色，或在作坊里当学徒，或充作跟随骑士的侍童，等等。"①[50]这本书的主题是对于童年"感知"的增长，以及成人期与童年所处世界的分隔。阿里耶斯实际上将中世纪视为这些变化的起源和早期发展时期，有时中世纪研究者们忽略了这一点。因此，阿里耶斯对于中世纪童年的看法实际上比人们根据其立场鲜明的开场白所想象的要更为细腻。

阿里耶斯对图像证据的使用引来的议论最多。他声称"在 12 世纪以前，中世纪艺术对童年并不了解，也从未试图描绘童年"。只有人物的大小能表明画的是儿童。大约从 13 世纪开始，出现了三个主要发展。第一，天使被描绘成青少年——"圆润、俊俏、有 28 点女性化"。第二，婴儿时的耶稣开始被画得更加自然而富有感情。第三，还有一类画用儿童来表现灵魂，这种情况下他们被画成裸体。上述第二点在 14、15 世纪迎来了长足的发展，表现"圣母与圣婴"（Virgin and Child）的画作变得"越来越世俗化"，表现其他圣徒童年的画作也开始出现。最终，世俗画像也采用了这些主题。更新近的一些研究肯定了阿里耶斯对于变化的强调，研究者们发现，"在 1300 年前后，儿童的形象变得更生动，更人性化，

---

① 此处引文的翻译参考《儿童的世纪》中译版（北京大学出版社）第 192 页。

也更可信"。不过，只有到了现代早期即 16、17 世纪时，描述普通儿童的日常生活才成为一种明确的绘画体裁，逝去的儿童也开始入画，这一点在阿里耶斯看来代表着"情感史上极其重要的一刻"。[51]

　　人们对阿里耶斯的上述观点有两方面批评。第一，阿里耶斯并不知晓中世纪艺术中对童年的其他自然主义描绘。I. H. 福赛思（I. H. Forsyth）主要研究 9 至 12 世纪的艺术，他认为"在中世纪早期的艺术中，儿童确有出现，人们在处理儿童形象时往往带有一丝妙趣，以及一种戏剧化的甚至是酸楚的体会，这反映出人们对该人生阶段特有的感悟，以及对童年特质的敏锐把握"。有许多图像证据支持这一结论。[52]第二，阿里耶斯试图用图像来解读人们对童年的态度，这种做法是错误的。图像可能与神学史或艺术史相关，而与童年史无关。从神学的角度来说，耶稣是中世纪最常被描绘的儿童形象。在中世纪早期，画师们的目的在于表现出他的神圣性，因此描绘他"成人"的形象。到了中世纪晚期，画师们的目的在于表现出神圣的耶稣已化身为人，是完全属人的，因此描绘出赤裸的孩童耶稣形象，并将人们的目光引向他的生殖器官。这种绘画形象的变迁反映的是神学观念的变化，而非对童年态度的变化。[53]有学者表示："这几个世纪绘画作品中呈现出的不同童年样态，可能与艺术本身的变化而非人们看待儿童的方式更为相关。"[54]当然，这些批评意见表明在使用图像证据时必须谨慎，但并不意味着图像是无用的，就像人们不能说狄更斯的小说完全无法反映 19 世纪的童年一样。

　　阿里耶斯认为中世纪的人对生命的早期阶段不甚重视，这一观点也受到了批评。他在书中有一章讨论的是"生命的阶段"（the ages of life），涉及人们描绘人生不同阶段的方式。这在中世纪文学与思想中十分常见，并存在多种形式。所包含阶段的数量从三个到十二个不等，不过到中世纪后期逐渐固定为七个。[55]所有这些说法都在某种程度上认可了童年期的存在，且它通常被分为两个阶段——幼年期（*infantia*）与少年期（*pueritia*）①。这些说法表明人们对童年的特质有一定的认识，特别是儿童常被描绘为在玩玩具。[56]阿里耶斯没有否认这一点，但他认为在这类意象中最受推崇的人生阶段是青年期（*iuventus*），该阶段可能从 20 多岁中期延续到 50 多岁。相应地，比起童年期在 19 世纪的地位，该阶段在中世纪并不受重视。有时人们会把人生阶段与一年中的不同月份联系起来，一月代表人生的最初六年。阿里耶斯还引用了一首 14 世纪的诗歌，它表明人们赋予这个阶段的价值相对较低：

> 在最初的几个月里，
> 一月是个阴冷的两面派。
> 因其双眼总朝向两个方向，
> 一只向未来，一只向过去。
> 因而刚刚六岁的小孩
> 总的说来不值一提。[57]

实际上，有大量的证据指向与此相反的论点。比如，人们会

---

① 幼年期一般指从出生到 7 岁，少年期一般指从 8 岁到 14 岁。

哀悼早夭的幼儿，正如图尔的格里高里（Gregory of Tours）^①在公元 6 世纪的感人作品中所描绘的那样，一场饥荒"首先打倒的是幼儿，对他们而言这是致命的：于是我们失去了我们幼小的孩子，我们曾如此亲爱的孩子，我们曾把他们搂在怀里，摇晃嬉戏，这是我们用至爱哺育的孩子。写到这里我不禁拭泪"^[58]。又如沙哈尔所展示的更具实质性的证据：在中世纪存在一系列关于怀孕、分娩、育婴、断奶和早期育儿方面的理论与实践。沙哈尔十分谨慎，她没有将中世纪的童年理想化，但她同时指出，中世纪的思想与实践在某些方面似乎比后来几个世纪更为可取，特别是与启蒙模式和 18 世纪相比。比如，她指出中世纪倾向于热水澡而非冷水浴，中世纪的观点是小孩一直到 7 岁前应被温柔对待。与此相反，18 世纪许多作家倡导，"从孩子很小的时候就应严加管教，应与其（甚至包括婴儿）不断交锋，从而迫使他们听从父母的指令"。她还指出，中世纪的人认为应当在较暗的房间生产，让婴儿由子宫到外部世界的过渡更为顺畅，这一看法与 20 世纪晚期的一些理论是相通的。^[59]此外，沙哈尔还为我们提供了亲子关系的实例。一则 30 14 世纪的史料描述了鲁汶的圣艾达（St. Ida of Louvain）^②所见的一个异象（vision）——她获得了圣伊丽莎白（St. Elizabeth）的首肯，帮婴儿耶稣沐浴：

---

① 图尔的格里高里（538—594 年）是高卢－罗马（今法国）历史学家，曾任图尔主教，在死后被奉为圣徒。

② 鲁汶的艾达（?—约 1300 年）是 13 世纪低地国家罗森代尔修道院（Roosendael Abbey）的一位西多会修女，死后被奉为真福者（Blessed，是天主教仅次于圣徒的位阶），原文此处用 St. 有误。

当圣婴坐到浴盆中后，他开始像婴儿一样嬉戏。他在水中拍着手发出水声，就像所有小孩那样，他泼起水来，直到水溅出把周围所有人都弄湿。他继而边转着小身板儿边泼着水。当他看到水溅得四周都是，他开始大声欢呼……等澡洗完了，圣伊丽莎白把圣婴从浴盆中抱起来，擦干水，然后把他用襁褓包起来。她把他放在腿上，像所有母亲一样，开始和他玩耍起来。

这虽说是个异象，却又如此写实，因而必然渗入了某些记忆的成分。此外，它假定大家处于一个共同的世界，在其中，读者能够明白"像所有小孩那样"和"像所有母亲一样"这类句子的意思。而且与 16、17 世纪不同的是，在这个世界中，洗澡是日常发生的事。玩耍也同样被视为儿童正常生长与发展过程中必不可少的要素。"应当允许儿童玩耍，因为这是其天性所需"，连一向严厉的诺瓦拉的菲利普（Philip of Novara）①都这样写道。[60]

这类观念的来源是什么呢？首先，大量源自古代和阿拉伯世界的医学著作描述了儿童特有的疾病，并提供了治疗方案。[61]其次，从 13 世纪起，人们开始使用布道手册（preaching manuals）。这类手册中有一些专门针对儿童问题的布道范文，这些文本认可童年诸阶段的存在，并敦促人们鼓励儿童学习，同时强调惩罚要适度。其中一个常被引用的范例是安塞姆（Anselm）②，他在 11 世

---

① 诺瓦拉的菲利普（1200—1270 年）是中世纪历史学家、外交家、诗人、律师，他生在意大利诺瓦拉的贵族之家，成年后主要生活在中东地区。

② 安塞姆（1033—1109 年）是意大利本笃会修士、神学家和哲学家，曾于 1093—1109 年任坎特伯雷大主教，死后被奉为圣徒。

纪时强调儿童需要"他人慈爱、温和、宽厚以待,需要愉快的交流、充分的耐心,以及其他许多类似的安抚"。这类手册"在此后两个世纪里格外流行"。[62]

这些在我们看来甚为开明的布道在多大程度上影响了实践?要搞清楚这一点并不容易。这类文本的一再出现,可能恰恰说明了人们的实际言行与此相悖。沙哈尔认为,"有一点似乎非常清楚,人们并未听从牧师和道德说教作家(didactic writers)的劝诫",认为儿童应远离与性相关的知识或行为。[63]但在其他方面,她也发现了布道内容与实际情况更为一致的证据:人们普遍认为,在生命最初七年里儿童应由母亲悉心养育,并在一定程度上免受成人权威的摆布。沙哈尔及其他学者的研究无疑表明,中世纪世界意识到幼年期——生命最初七年是一个独特的人生阶段,人们对其重视程度也远比阿里耶斯所认定的更大。

那么,第二个阶段少年期——女孩到 12 岁、男孩到 14 岁为止——情况又如何呢?这是教育发生的时期,由父亲负责儿子的教育,母亲负责女儿的教育。[64]对于绝大多数人来说,教育并不意味着上学,而是逐渐进入成人劳作的世界,无论是经由正式的学徒制,还是仅在家中或田里分担越来越多的专门活计。该阶段作为劳作与学习初始阶段的一个标志是在此期间儿童不算完全责任能力人,他们就算犯罪,惩罚也通常比年纪更大的人要轻。同样,他们若是犯了宗教意义上的过错,赎罪的要求也可能较轻。有人认为,忏悔与赎罪应该等到少年期结束后再开始。[65]

阿里耶斯对这些与少年期有关的结论并无异议,但他对这个年龄段的研究重点却十分不同。他所探寻的是变化性而非连续性,因此他认为学校教育的发展是推动一个单独的童年世界形成的重要因素。阿里耶斯认为，在中世纪的主教座堂学校（cathedral schools）中，"儿童一旦开始上学（很可能在 9 至 12 岁间），就马上进入了成人的世界"[66]。与此相反，在现代世界，学校教育是与童年联系在一起的。阿里耶斯运用了三类证据来说明这一变化始于 15 世纪。第一，学校开始取代学徒制而成为社会化的方式。学徒制的特点是儿童与成人总在一块，学校却不同。阿里耶斯极力强调这一变化的重要性，尽管他也承认该变化要到 18 世纪末才完全实现。[67]在这一点上人们对他的批评在于：与学徒制相关联的是青春期（adolescence）或青年期（youth），而非童年。可实际上，学徒生涯通常在少年期也就是十一二岁的时候开始，在一些情况下它只持续三年时间，这样一来，学徒期的确会在人生第三个阶段开始前就结束。[68]第二，阿里耶斯运用了一些证据表明学校中存在年级划分，因而成人与儿童是分隔开的，儿童本身也根据年龄进入不同的班级。第三，教师会对儿童施以管教。这些变化汇集起来，构成了童年与学校之间的现代联结，从而营造了一个单独的童年世界。阿里耶斯强调学校教育对童年概念的影响，是十分合理的。不过，尽管他热衷于将这些变化的起源追溯到中世纪，当人们读完他书中冗长的"学校生活"部分，还是很有可能将它解读为：在阿里耶斯看来，最关键的变化发生在 19 世纪而非 17 世纪，更别提中世纪了。[69]在中世纪，学校教育只为极少数人而设。道德说教作家们所强调的的确是从 7 世纪到 14 世纪这段时间的一致性，并认为这一时期至少上层阶级会受到一定的教育。但关键在于，即便这些受教育的人也并非人人都上学，学校主要是留给要从事神职

32

的人员进行培训之用。[70]在阿里耶斯的叙述中，人们究竟何时开始在划分年级、讲求纪律的学校中度过童年，这个变化的时间线索并不一定清晰。不过，他将目光锁定在学校教育与童年观念及经历的关系上，这一点是完全正确的。

在对成长过程渐进性的强调中，沙哈尔与阿里耶斯就一个重要问题达成了一致：儿童从很小的时候（甚至在 7 岁以前）开始就未与成人社会隔绝开来。中世纪家庭的居住环境不论对大人还是小孩都几乎没有什么隐私可言，而在家庭以外的世界，儿童也即刻进入了各种年龄的人混杂的社会，邻里之间也会相互照看孩子。[71]儿童们经常参加节庆游行，因而也融入了社群生活。他们在圣诞节前后的热闹庆典中扮演着尤其重要的角色，从 12 世纪开始，大部分西欧国家在这个时节都会有男孩主教（boy bishop）①。他们一反长幼之序，在一个与往日不同的放纵世界里戏仿长辈们。[72]诚然，有些作者希望保护儿童的纯真，但在其他方面，当时人们并不像后世那样感到有必要把童年世界与成人世界分隔开来。

沙哈尔为我们描绘的中世纪童年景象比早她几年的著作中常见的图景要正面许多。由于她并未企图掩饰负面因素，她的描述显得更有说服力。对她而言，这些负面因素表明：总的来说，中世纪的人对待儿童的心态具有一定的矛盾性。童年的负面形象在很大程度上源于圣奥古斯丁对原罪的强调，还要加上当时的社会极为推崇从未有过性关系的人或是自愿放弃孩子而献身于上帝的人，后者是对女圣徒的生平记述中常见的主题。在当时，"老成男

---

① 自中世纪以来，欧洲许多地方有在 12 月 28 日的圣婴节前后选出一个男孩来戏仿成人主教的传统。

孩"（*puer senex*）连同"老成女孩"（*puella senex*）都备受称赞。不同的是，在古典文献中，这类儿童集青春之鲜活与年老之成熟于一身，而在中世纪文献中，他们则"除了年纪其他都老成"。此外，圣徒传的作者们也只赞扬那些表现出年老之美德而非婴儿之纯真的人。[73]但还有许多作品中的童年和儿童形象与上述形象相反，是纯洁、天真的，而且儿童有能力把握成人看不到的真理。沙哈尔认为，这类似于 19 世纪浪漫主义观念所反映的儿童形象。中世纪童年的正面形象在尼古拉斯·奥姆（Nicholas Orme）那里得到了强化，他强烈批判阿里耶斯的观点，并提出了能够反映一种童年文化的有力证据，如游戏、玩具以及专门为儿童编写的书籍。他写道："英格兰的儿童文学无论从其内容还是读者来看，都始于中世纪。"这一观点有力地反驳了英格兰的儿童文学起源于 18 世纪 40 年代的传统说法。[74]

33

由此，沙哈尔及其他学者构建了一幅中世纪童年的图景，它表明存在一些中世纪特有的对于童年的态度，且它们具有一定的连续性，这种连续性很大程度上是生物天性使然。她最突出的贡献或许是强调了童年早期是生长与游戏的时光。针对这一图景，有三点需要我们注意。

首先，沙哈尔的著作涵盖了三个多世纪的时间，但她却未说明在此期间发生了许多变化。她确实点出了在中世纪末期人们开始强调幼年学习的重要性，但在其他方面她强调的还是连续性，这与一些学者的观点相抵。比如，有学者认为从 12 世纪开始，在画像与实际生活中，母性的温情表现得越来越多；又如，有学者认为 14、15 世纪的瘟疫过后，童年的形象变得更加正面。[75]当我们讨论"中世纪童年"的时候，存在一种危险，即认为它在时间上可推至12世纪以前、在地域上可涵盖整个欧洲。在这个范围内建构起来的"中世纪童年"可以与其他时期的童年进行比较并加以区分，这样一来，中世纪内部的细节差异、矛盾与变化反而被忽略了。[76]其中特别需要强调的一个变化是，家庭正是从中世纪开始显露出一种我们现在能够识别的结构。在古代世界，一个家族（*familia*）包括奴隶和其他非亲属关系的人，由家族中的一位父亲统领，而他自己并不算其中一分子。基督教坚持异族联姻（exogamy）与一夫一妻制，教会掌握着对婚姻的控制权，加之一个特定家庭对应一块土地的意识，这些因素使得家庭不再只是一个经济单位，它同时也是情感的寄托。杰克·古迪（Jack Goody）认为，"以儿童为中心的家庭从很早开始就被吸纳进了基督教的宗教思想体系"[77]。在14、15世纪，当人们深受瘟疫与赋税所累时，他们开始把家庭视为抵抗外部世界恶意的避难所，而儿童处于这些家庭的中心。托马斯·阿奎那（Thomas Aquinas）曾思忖父母爱孩子是否胜过孩子爱父母，他的结论是肯定的。在15世纪中期的佛罗伦萨大主教看来，这将导致家长"因对孩子失常的爱而受到诅咒！噢，有多少父母，把他们的孩子当作神一样来侍候"[78]。

其次，对于彰显中世纪的人的现代性这个想法，沙哈尔并非完全不为所动，因而她可能忽略了中世纪的人与我们最为本质的一些区别。一项对中世纪（1100—1350年）日耳曼地区童年的研究认为，中世纪的确存在一种童年的概念，但它与我们本能地所认为的童年概念相去甚远。从当时的人的角度看，童年的重要性并不在于它本身，而是人们通过观察儿童的品性（如勇气、谦逊等）

可以判断其成人后的样子。人们对待儿童的方式对其未来的成年生活影响并不大，这与21世纪大多数人的想法截然相反。儿童被视为一个缺乏成人属性的人，其特征便是她或他的这种不足。[79]

最后，我们需要像沙哈尔一样提醒自己，还有许多事情我们并不知晓。比如，她坦言，"关于农民的小孩，我们几乎没有任何直接证据"[80]，而农民占当时社会人口的绝大多数。学者们尝试了多种手段来巧妙地克服这个问题。芭芭拉·哈纳沃特（Barbara Hanawalt）曾使用来自伦敦、牛津、贝德福德郡、北安普敦郡等地的验尸记录，她根据不同事故的类型分辨出童年的四个阶段。在生命的第一年里，最常见的事故是婴儿在摇篮中被烧死，这可能意味着孩子们当时是独自在家。两岁的儿童最容易发生意外，比如落入井里和池塘，或是烫伤；男孩通常在家外面遭遇意外，女孩则通常在家里遭遇意外。从4岁到7岁，儿童与家长在一起的时候变多了，儿童遇到的意外表明大多数时候他们是在玩耍。从8岁到12岁，儿童更可能独立于大人，开始工作。还有学者通过研究一些儿童大病得愈或在意外中得救的传说得出了类似的结论，不过这类传说存在明显的性别差异。在英格兰的圣徒与殉难者的圣物箱所在地，存有对134名儿童所遇事故的详细记录（其中一半以上是差点溺亡）①，其中60%是男孩。更能说明性别差异的现象

---

① 圣物箱是教堂中用来保存或展示逝去圣徒的遗物、遗骸的盒子、神龛等。除了圣徒，一些政治人物也会留下圣物箱，如英国的亨利六世。信徒们在自己或亲人生病时会祈求圣徒赐予痊愈，还可能亲自前往放置圣物箱的教堂祈求保佑。一旦自己或亲人恢复健康，一些信徒会前往圣物箱所在地向看护者讲述其经历，颂扬圣徒伟大的治愈力量。在英格兰，从12世纪到16世纪，一些看护者对信徒的叙述作了详细记录，有些记录保存至今。

是：在整个欧洲，男孩比女孩更有可能因为生产时的问题或疾病被带到圣物箱前祈求痊愈。哈纳沃特认为这些记录"并不能表明人们对童年阶段存在某种情感寄托"，但是 E. C. 戈登（E. C. Gordon）却觉得可以从中总结出"中世纪的儿童就像现代的儿童一样，充满好奇，喜爱冒险，缺乏经验，且往往管教不力"，而且"家长们疼爱孩子，面对事故往往表现出悲伤、愧疚或悔恨之情"。R. C. 菲纽肯（R. C. Finucane）也找到许多证据，表明中世纪的父母尤其是母亲在面对孩子的意外时感到痛苦与悲伤，并加上对儿童"淘气本性"的认知，但这必须与男孩得到的关注似乎比女孩多这一事实结合起来看待。[81]

地方性的研究有时也能揭示儿童养育的具体情况。在蒙塔尤（Montaillou）——位于比利牛斯山脉靠法国一侧的一个小村庄，存有的证据能够反映 13 世纪末、14 世纪初当地人如何养育儿童、享受儿童陪伴以及哀悼死去的孩子。其中，一名女性描述了她兄弟家的孩子濒死的那天，"他派人在我去林子里拾柴时找到我，这样我就能将那垂死的孩子抱在怀里。于是我抱着这孩子，从清晨到日暮，直到他死去"。在史学家勒鲁瓦·拉迪里（Le Roy Ladurie）看来，所有这些都表明"在我们对儿童的态度与 14 世纪蒙塔尤和阿里耶格北部人对儿童的态度之间，并不像人们有时所称的那样存在着鸿沟"。[82]拉迪里还证实，儿童在 12 岁前或 12 岁刚过时通常与父母在一块，有时也帮着做些事，还经常被当作信差使唤。不过，到了 12 岁，男孩开始放羊，羊可能是他们父亲或其他人家的，女孩则很快开始准备结婚。[83]这类证据有助于历史学家对于中世纪广大民众的童年状况作出初步的概括。

总之，阿里耶斯有关"中世纪社会不存在童年的观念"这一轻率的说法显然是不成立的，该断言哪怕放在古代世界也并不正确。基督教的影响意味着中世纪对于年幼儿童的重视程度比古代世界要高，但大量证据表明，在这两个历史时期，童年都被视为人类生命中一个单独的阶段。另外，有关育儿实践的证据相对要少得多，但它们也表明人们即使对很小的孩子也报以关注，特别是在母亲与孩子之间，还有证据反映其亲密和爱护的关系。杀婴现象无疑是存在的，但如前所述，在基督教的影响下，这已明确成为一种犯罪，同时，在任何时期我们都很难衡量这种现象的普遍程度。[84]我们所掌握的遗弃儿童的证据要比杀婴的证据多，但经过仔细研究可知，这些证据并不像德·莫斯所称的那样可以清楚说明父母对子女没有感情。

　　目前仍然存在的一个问题是：大多数中世纪研究者都太过满 *36*足于在阿里耶斯最为薄弱的环节上驳斥他的观点，这个目标可以轻松地实现，但他们却回避了更为复杂的任务，那便是找出中世纪思想与实践的矛盾及其随时间和地点变换所发生的变化。尽管阿里耶斯处理这些问题的方式并不系统，但他十分留心这些问题。

注　释

　　[1] L. de Mause（ed.），*The History of Childhood*（1974；London，1976），p. 51.

　　[2] 参见 D. Engels，'The problem of female infanticide in the Greco-Romanworld'，*Classical Philology*，75（1980），pp. 112～120；W. V. Harris，

'The theoretical possibility of extensive infanticide in the Graeco-Roman world', *Classical Quarterly*, 32（1982），pp. 114～116。

［3］De Mause, *History of Childhood*, pp. 25～29.

［4］J. Boswell, *The Kindness of Strangers：The Abandonment of Children in Western Europe from Late Antiquity to the Renaissance*（1988；London, 1989），p. 135；对相关证据的权威性考察见 W. V. Harris, 'Child-exposure in the Roman Empire', *Journal of Roman Studies*, LXXXIV（1994），pp. 1～22。

［5］Boswell, *Kindness of Strangers*, pp. 65～71，111～114.

［6］S. Dixon, *The Roman Family*（Baltimore and London, 1992），p. 112.

［7］Boswell, *Kindness of Strangers*, pp. 116～131；对"养子"和更普遍的被遗弃儿童更为谨慎地评估，见 B. Rawson, 'Children in the Roman famil-ia', in B. Rawson（ed.）, *The Family in Ancient Rome：New Perspectives*（London, 1986），pp. 173～186，196。

［8］K. R. Bradley, 'Wet-nursing at Rome：a study in social relations', in Rawson, *Family in Ancient Rome*, pp. 210～213.

［9］V. Fildes, *Wet Nursing：A History from Antiquity to the Present*（Oxford, 1988），pp. 1～25.

［10］Boswell, *Kindness of Strangers*, pp. 66～67，81～85，88.

［11］M. Golden, *Children and Childhood in Classical Athens*（Baltimore and London, 1990），pp. 87～89.

［12］B. Rawson, 'Adult-child relationships in Roman society', in B. Rawson（ed.）, *Marriage, Divorce, and Children in Ancient Rome*（Canberra and Oxford, 1991），p. 7；Dixon, *Roman Family*, p. 130.

［13］该石棺在阿格里真托国家博物馆展出。对古代世界如何描述儿童的更充分考量可参见 B. Rawson, *Children and Childhood in Roman Italy*（Oxford，2003），pp. 17～92。

[14] 可参见 Bradley，'Wet-nursing at Rome'，pp. 201～229。*37*

[15] R. B. Lyman，'Barbarism and religion: late Roman and early medieval childhood'，in de Mause，*History of Childhood*，p. 77.

[16] Dixon，*Roman Family*，p. 104；Golden，*Children and Childhood in Classical Athens*，pp. 12～16；T. Wiedemann，*Adults and Children in the Roman Empire*（London，1989），pp. 32～34.

[17] Wiedemann，*Adults and Children*，p. 180；S. Shahar，*Childhood in the Middle Ages*（London，1990），p. 17.

[18] Boswell，*Kindness of Strangers*，pp. 27～28.

[19] R. Saller，'Corporal punishment，authority，and obedience in the Roman household'，in Rawson，*Marriage，Divorce，and Children*，pp. 144～165.

[20] Wiedemann，*Adults and Children*，pp. 28～30.

[21] Boswell，*Kindness of Strangers*，pp. 28～36.

[22] W. K. Lacey，'*Patria potestas*'，in Rawson，*Family in Ancient Rome*，pp. 121～144，引文见 p. 123。

[23] Aristotle，*Politics and the Athenian Constitution*（London：Everyman Edition，1959），p. 23.

[24] R. Saller，'*Patria potestas* and the stereotype of the Roman family'，*Continuity and Change*，1（1986-1987），pp. 8～9.

[25] Ibid.，pp. 7～22；另见 E. Eyben，'Fathers and sons'，in Rawson，*Marriage，Divorce，and Children*，pp. 114～143。

[26] Dixon，*Roman Family*，p. 100.

[27] Wiedemann，*Adults and Children*，pp. 32～43，引文见 p. 40。

[28] Ibid.，pp. 176～185，引文见 p. 185。

[29] Golden，*Children and Childhood in Classical Athens*，pp. 4～5；参见

Wiedemann，*Adults and Children*，p. 19。

［30］Wiedemann，*Adults and Children*，pp. 24，41～42.

［31］Dixon，*Roman Family*，pp. 104～105；Wiedemann，*Adults and Children*，多处。

［32］Wiedemann，*Adults and Children*，p. 204.

［33］Golden，*Children and Childhood in Classical Athens*，pp. 169～180.

［34］Dixon，*Roman Family*，p. 103；S. Dixon，'The sentimental ideal of the Roman family'，in Rawson，*Marriage，Divorce，and Children*，pp. 99～113.

［35］Rawson，'Adult-child relationships in Roman society'，pp. 29～30；Rawson，*Children and Childhood in Roman Italy*，pp. 4～9.

［36］Wiedemann，*Adults and Children*；Lyman，'Barbarism and religion'，pp. 76～77.

［37］Wiedemann，*Adults and Children*，pp. 188～193.

［38］Ibid.，p. 37.

［39］Boswell，*Kindness of Strangers*，p. 163，n. 86；Lyman，'Barbarism and religion'，p. 90.

［40］Boswell，*Kindness of Strangers*，pp. 162～179.

［41］Deut. 5：16；Matt. 15：4；Mark 7：10；Eph. 6：1～2.

［42］Proverbs 13：24.

［43］Mark 10：14～15；cf. Luke 18：16～17.

［44］Matt. 18：10.

［45］Eph. 6：4；2 Cor. 12：14.

［46］Matt. 10：34～37；Luke 18：29～30；Mark 3：31～35.

［47］Wiedemann，*Adults and Children*，pp. 102～106；J. Sommerville，*The Rise and Fall of Childhood*（Beverly Hills，London，New Delhi，1982），pp. 52～56；Lyman，'Barbarism and religion'，pp. 88～90；Saint Augustine，

Confessions，ed. H. Chadwick（Oxford，1991），pp. 28～34.

［48］P. Ariès，*Centuries of Childhood*（London，1962），p. 125.

［49］Shahar，*Childhood in the Middle Ages*，p. 1.

［50］Ariès，*Centuries of Childhood*，p. 125.

［51］Ibid.，pp. 31～41，327～352；Andrew Martindale，'The child in the picture：a medieval perspective'，in D. Wood（ed.），*The Church and Child-hood*（Oxford，1994），p. 197.

［52］I. H. Forsyth，'Children in early medieval art：ninth through twelfth centuries'，*Journal of Psychohistory*，4（1976），pp. 31～70.

［53］L. Steinberg，*The Sexuality of Christ in Renaissance Art and in Mod-ern Oblivion*（New York，1983）.

［54］L. A. Pollock，*Forgotten Children：Parent-Child Relations from 1500 to 1900*（Cambridge，1983），引文见 p. 47；另见 *Shahar*，*Childhood in the Middle Ages*，p. 95。

［55］E. Sears，*The Ages of Man：Medieval Interpretations of the Life Cy-cle*（Princeton，1986）；J. A. Burrow，*The Ages of Man：A Study in Medieval Writing and Thought*（Oxford，1986）.

［56］Ariès，*Centuries of Childhood*，p. 21；Sears，*Ages*，*Figures* 50，56，65～67，70，71，78.

［57］Ariès，*Centuries of Childhood*，pp. 13～30，引文见 p. 20。

［58］引自 S. Wilson，'The myth of motherhood a myth：the historical view of European child-rearing'，*Social History*，9（1984），193。

［59］Shahar，*Childhood in the Middle Ages*，pp. 2，3，40～41，84.

［60］Ibid.，pp. 96，85，99. 另见 M. M. McLaughlin，'Survivors and surrogates：children and parents from the ninth to the thirteenth centuries'，in de Mause，*History of Childhood*，pp. 112～119。

［61］L. Demaitre，'The idea of childhood and childcare in medical writings of the Middle Ages', *Journal of Psychohistory*, 4 (1977), pp. 461~490.

[62] J. Swanson, 'Childhood and childrearing in ad status sermons by later thirteenth century friars', *Journal of Medieval History*, 16 (1990), pp. 309~331, 引文见 p. 310; J. Kroll, 'The concept of childhood in the middle ages', *Journal of the History of the Behavioral Sciences*, 13 (1977), p. 390.

[63] Shahar, *Childhood in the Middle Ages*, p. 102.

[64] Ibid., p. 174.

[65] Ibid., pp. 24~25.

[66] Ariès, *Centuries of Childhood*, p. 150.

[67] Ibid., pp. 186~188, 278~279, 353~355, 357, 383; 另见 Ariès, 'Préface à la nouvelle édition', *L'enfant et la vie familiale sous l'ancien régime* (Paris, 1973), pp. iii, vi~ix.

[68] N. Z. Davis, 'The reasons of misrule: youth groups and charivaris in sixteenth-century France', *Past and Present*, 50 (1971), pp. 41~75; Shahar, *Childhood in the Middle Ages*, pp. 232~233.

[69] Ariès, *Centuries of Childhood*, e. g. pp. 229~230.

[70] Shahar, *Childhood in the Middle Ages*, pp. 162~224; 另见 N. Orme, *From Childhood to Chivalry: The Education of the English Kings and Aristocracy 1066-1530* (London, 1984)。

[71] Shahar, *Childhood in the Middle Ages*, pp. 2, 102, 112. B. A. Hanawalt, *Growing Up in Medieval London: The Experience of Childhood in History* (Oxford, 1993), p. 67. 另可参见 B. A. Hanawalt, *The Ties That Bound: Peasant Families in Medieval England* (New York, 1986), p. 44, 该书认为中世纪家庭中的私密性比许多学者所认为的更大，而且还存在一种"近乎于执念"的对隐私的保护。

[72] Shahar, *Childhood in the Middle Ages*, pp. 179~182; Hanawalt,

Growing Up in Medieval London，pp. 79～80.

［73］Shahar，*Childhood in the Middle Ages*，pp. 9～16，引文见 p. 15；Burrow，*Ages of Man*，pp. 95～123；参见 Lyman，'Religion and barbarism'，pp. 79～80。

［74］Shahar，*Childhood in the Middle Ages*，pp. 17～20，101；N. Orme，*Medieval Children*（New Haven and London，2001），引文见 p. 274。

［75］Shahar，*Childhood in the Middle Ages*，pp. 13～14，116；McLaughlin，'Survivors and surrogates'，pp. 101～182.

［76］参见 S. Crawford，*Childhood in Anglo-Saxon England*（Stroud，1999），该书尝试厘清一个特定的中世纪社会对于童年的态度以及童年的经历。有关中世纪和现代早期的童年之间并不存在断裂的论点，参见 L. Haas，*The Renaissance Man and His Children：Childbirth and Early Childhood in Florence 1300-1600*（Basingstoke，1998），pp. 8～9，180。

［77］J. Goody，*The Development of the Family and Marriage in Europe*（Cambridge，1983），p. 153；D. Herlihy，*Medieval Households*（Cambridge，Mass. and London，1985），and 'Family'，*American Historical Review*，96（1991），pp. 1～16.

［78］Herlihy，'Family'，pp. 11～15.

［79］J. A. Schultz，*The Knowledge of Childhood in the German Middle Ages*，*1100－1350*（Philadelphia，1995）.

［80］Shahar，*Childhood in the Middle Ages*，p. 108.

［81］B. A. Hanawalt，'Childrearing among the lower classes of late medieval England'，*Journal of Interdisciplinary History*，VIII（1977-1978），pp. 1～22；E. C. Gordon，'Accidents among medieval children as seen from the miracles of six English saints and martyrs'，*Medical History*，35（1991），pp. 145～163；R. C. Finucane，*The Rescue of the Innocents：Endangered Children in Medieval Miracles*（Basingstoke，1997），esp. pp. 9～10，151～163.

40

另见 Shahar，*Childhood in the Middle Ages*，pp. 139～144。

[82] E. Le Roy Ladurie，*Montaillou：Cathars and Catholics in a French Village* 1294-1324 (Harmondsworth，1980)，pp. 210～213，引文见 p. 212。

[83] Ibid.，pp. 190，215～216.

[84] E. Coleman，'L'infanticide dans le Haut Moyen Age'，*Annales*，ESC，29（1974），pp. 315～335；R. C. Trexler，'Infanticide in Florence：new sources and first results'，and B. A. Kellum，'Infanticide in England in the Later Middle Ages'，*History of Childhood Quarterly*，I（1973），pp. 98～116，367～388；R. H. Helmholz，'Infanticide in the Province of Canterbury during the fifteenth century'，*History of Childhood Quarterly*，II（1974-1975），pp. 379～390.

第三章

中产阶级童年观念的发展，1500—1900 年

在 19 世纪中叶以前，一套特定的童年观念已在欧洲与北美中产阶级中形成强大的势力。虽然其原则远未在中产阶级的育儿实践中被充分吸收，其作为一套信条也不乏强劲的对手，但其却在西方文化中被视为一种理想。这套观念的核心要点包括：人们坚决认为应当在家庭中养育儿童，坚信童年对于个体将成长为何种人至关重要，以及越来越意识到童年期有其自身的权益。

在这一系列观念的发展过程中，并不存在一条目标清晰的单一轨道。这一时期形成的观念的共性在于人们对童年重要性的意识得到加强，具体表现在许多方面：相信早期教育的重要性，关注拯救儿童灵魂的事业，对儿童学习方式的兴趣渐增以及意识到儿童是上帝的信使。因而童年是生命中最美好的时光。以上每一点都与欧美历史上的重要运动相关，如文艺复兴、宗教改革与反宗教改革、启蒙运动与浪漫主义。它们还与一些名声远超其对童

年的论述的人物相关，如伊拉斯谟、洛克、卢梭、华兹华斯。

人文主义

我们考察的出发点是文艺复兴时期，特别是在 15 世纪的佛罗

伦萨，在其文化中，儿童拥有"特殊而崇高的地位"[1]。人们认为儿童手握通往城邦未来的钥匙，妥善教养儿童对于这一未来至关重要。不仅如此，家庭本身就是城邦的原型，若是家中秩序井然、关系和谐，城邦也将出现类似的美德。城邦是由男性主导的，由此可见，父亲在家庭中起着至关重要的作用。从这里，我们可以看出这一时期与中世纪思想和实践的第一处决裂。如前所述，在中世纪，人们认为母亲对儿童生命的头七年负有主要甚或专属的责任。到了文艺复兴时期，父亲和子女的关系即便没有取代母亲和子女的关系而成为所有关系中最紧密的一种，也起码是与后者匹敌的。阿尔伯蒂（Alberti）①在一本广为流传的论家庭的著作中说道："谁曾想过除了自己的情感经历外，一个父亲对孩子的爱竟会如此伟大而强烈？"父亲的责任与权威是无限的：

> 他应当……照看与保护家庭，使其免受外来侵害，检视并考虑整个家庭，无论在家还是在外，审视每个家庭成员的行为，并纠正和改善每个坏习惯。他应当倾向于讲道理而不是骂人，使用其权威而非权力……他应当永远把整个家庭的和睦安宁放在首位，用其才智与经验、德行与荣耀来引导全家，这应是他所追求的目标。[2]

这类指导手册认为，倘若家中不具备母乳喂养的有利条件，父亲应担负起挑选和聘用乳母的责任，有证据表明他们确实是这

---

① 莱昂·巴蒂斯塔·阿尔伯蒂（Leon Battista Alberti，1404—1472年）是意大利文艺复兴时期的建筑师、作家、诗人、哲学家、密码学家。

样做的。父亲应照看孩子，悉心诠释孩子们的"每个小动作、用词与手势"，以便理解其天性与未来可能的命运。但他们同时应享受孩子的陪伴，享受其"欢快的笑声与每时每刻的急速变化"[3]。

相比于中世纪的育儿建议，这一阶段的第二处决裂在于对早期学习的强调，而且同样是由父亲担负主要责任。父亲在孩子断奶后不久便应教其识字，还可以大量使用水果和饼干，既用来拼写字母也用作奖励，他由此"通过爱"来维持自己的权威。这个主意可能来源于贺拉斯（Horatius）①。体罚可能是必要的，但是从 15 世纪开始，人们不再强调体罚。[4]

历史学家并不敢贸然假定指导手册中的育儿建议曾被付诸实践，这种谨慎态度是合理的。如果假定这些建议之所以有必要恰恰是因为实际情况与之相反，可能还更明智一些。不然的话，为何指导手册要提醒成年人不要教小孩把大拇指放在两个手指之间并指向母亲，以免引起成人哄笑?[5]不过，有两点理由指引我们认真对待佛罗伦萨的这些指导手册：第一，有充分证据表明，当地的大商人家族阅读并认可这些手册中的建议；第二，如前所述，与中世纪的指导手册相比，这些手册在一些重要方面存在显著区别。一种新的育儿理念正逐渐形成，其范型源自古典文化。[6]

这种新的对待童年的人文主义取向并不局限于佛罗伦萨或意大利，它最著名的代表人物是来自阿尔卑斯山脉以北的尼德兰人——德西德里乌斯·伊拉斯谟（Desiderius Erasmus）。意大利人文主义思想在 14、15 世纪之交闻名于巴黎以及北欧各地，而伊拉

---

① 贺拉斯（公元前 65—前 8 年）是古罗马著名诗人、翻译家，全名为昆图斯·贺拉斯·弗拉库斯（Quintus Horatius Flaccus），代表作有《诗艺》等。

斯谟本人在 1506—1509 年也身处意大利。在 16 世纪 20 年代，他写了一系列的书和小册子，其中汇集了他对教养与教育的毕生兴趣。这些著作的共同特点是建立在古典权威的基础之上，同时在较小程度上夹杂着意大利人文主义作品，还借鉴了他自己的生活经验。

伊拉斯谟非常重视早期教育，他直接抨击那些"出于一种假意的温柔与同情"，允许小孩"被亲爱的母亲溺爱，又被乳母宠坏"的人。儿童应当"如吮吸乳汁一样吮吸教育之蜜汁"，因为"他若不立马接受严格的指导，就必将成为无用的野蛮人"。他认为，忽视早期教育的罪过比杀婴还要大得多。[7]伊拉斯谟嘲笑那些把时间与金钱花在驯狗或驯马上却忽略自己孩子的人，他认为儿童的天性已经在他们身上种下了渴望知识的种子以及使他们拥有超出其他任何年龄的强大记忆力，但是儿童需要被塑造，"天性赐予你的孩子的，不过是不成形的一块东西，但其材质依然柔韧，可以变成任何形状，你必须对其加以塑造，令其具备最佳的品性。倘若你疏忽了，你将养出一只动物；但倘若你用尽力气，你将得到的——请允许我用这样大胆的语汇——是像上帝一般的造物。"[8]同其他许多作者一样，伊拉斯谟将儿童比作一块蜡，应趁其柔软之时对其进行塑造。安塞姆在 12 世纪时也曾使用过蜡这个意象，但他是形容幼儿像蜡一样过于趋近于流体，难以定型，要等到青年期才行。[9]

伊拉斯谟文中所称的"你"是一个父亲，他写道："要成为一个真正的父亲，你必须对你儿子的整个人生有绝对的控制权。"母亲的身份是哺育，父亲则须对男孩身上"区别于动物且无限趋近于神性的品格"负责。[10]诚然，在伊拉斯谟的其他作品中，当他谈及教育的责任时，指涉的对象是父母。一般而言，基督教人文主义者也认为母亲应在教育中起到一些作用，但他们都认为最重要的责任还是落在父亲身上，特别是对于儿子的教育，而这些文本本身针对的也都是儿子的教育。伊拉斯谟主要关注的也是男孩的教育，至于女孩应当在何种程度上受到他所推崇的教育，他的观点并不明确。[11]

教学的方法应当起到鼓励儿童学习的作用，其中应伴有游戏。早在1497年，伊拉斯谟便写道："我们必须在学习中持续注入带有乐趣的元素，这能让我们将学习视为一种游戏而非一种苦役，因为任何活动如果不能在某种程度上为参与者提供欢娱，它便难以长久持续下去。"一位英国父亲的做法就是个很好的例子，他留意到儿子喜爱射箭，便"订制了一套漂亮的弓箭，上面到处装饰着字母"，还用希腊与拉丁字母作为靶子，儿子若能射中靶并拼出相应字母，便会得到一颗樱桃作为奖励。有时儿子也会与其他男孩比赛。"正是通过这种策略，这个男孩在几天的玩乐与游戏中就学会了识读这些字母，而大部分的教师用尽鞭打、威逼、侮辱等手段也未必能在三年内完成这件事。"[12]伊拉斯谟对鞭打的恐惧部分源于他自己的经验，相应地，他还强调教师职业的高度重要性，因为他意识到并不能期望父亲来承担教育子嗣的全部任务。他写道："作为学校教师，其职责的重要性仅次于国王。"但现实却十分不同，他哀叹道："学校已变成了酷刑之所，你只能听到棍子砰砰作响、棒子嗖嗖挥动、嚎叫与呻吟，以及残暴的打骂声。"[13]

伊拉斯谟所建议的课程是围绕着古典文本展开的，并在很大程度上仅限于这些文本，就像他自己对教育的看法也源于古典作者，如普鲁塔克（Plutarch）的《论儿童的教育》（*On the Education of Children*）和昆体良（Quintilian）的作品。后者在公元 1 世纪就已经强调尽早开始教育的重要性，这是基于儿童天性中对学习的渴望，他反对体罚的态度在古代世界也颇为稀有。[14]

伊拉斯谟的论述并不局限于儿童养育与学校教育中较为正式的方面，他还写了一本儿童言行指南，表面上是写给 11 岁的勃艮第的亨利（Henry of Burgundy），但意在给所有男孩树立规矩，这也是他所有作品中流传最广的一本。伊拉斯谟建议男孩一言一行都应保持谦逊和礼貌，他还就肢体语言、如何打喷嚏、吐痰、小便、餐桌礼仪以及与他人互动等问题提供指导。这本手册同样强调"从最初几年便开始训练良好举止"，这与他对早期均衡教育重要性的信奉一脉相承。该手册也成为此后几个世纪里为儿童树立言行模范的文本，它直到 19 世纪依然流行。[15]

伊拉斯谟可谓人文主义之先驱，但其人文主义与基督教教义不可分割。伊拉斯谟本人也身陷宗教改革带来的困境，艰难地维系着他的天主教信仰。正如他在关于举止的手册中所表达的，"塑造年轻人"的过程中，最关键的部分无疑是"将虔诚的种子植入稚嫩的心灵"。上帝赐予我们"儿童，让我们用信仰的方式来培育他们"，而忽视这一点则"不单单是一项轻罪"。[16] 不过，伊拉斯谟极力将自己的信仰与那些强调原罪的人区分开来。虽然他承认人们生来具有"恶的倾向"，但他认为这种倾向常常被过度夸大了，反而主要是成年人"在向年轻人展示良善之前，就用邪恶败坏了年轻的心灵"。正如另一位人文主义者约翰·厄尔（John Earle）在 1628 年所述："儿童是一个小写的人，但却是在品尝到夏娃或禁果之前具有最好形态的亚当……他的灵魂还是一张尚未沾染世间万象的白纸……他尚不知邪恶。"早日学会良好的习惯，会促使儿童变得虔诚。[17]

新教

虽然伊拉斯谟用拉丁文写作，但他的作品很快被翻译成欧洲各种主要文字，在天主教徒与新教徒中都具有极大的影响力。新教徒特别注重《圣经》本身，对伊拉斯谟的主要灵感来源——古典权威的关注相对较少，但他们在儿童养育方面得出的结论却非常相似。新教徒也将伊拉斯谟视为这方面的权威。近来有位历史学家总结道："在家庭方面，伊拉斯谟就圣经主义（biblicism）得出的结论，与新教圣经主义后来得出的许多结论相同。人文主义者还与新教徒使用了共同的古典文献，因而产生了共同的假设与观念。"[18]

虽然这一看法适用于解释起源与影响，但却未充分考量新教教义中"家庭的精神化"（spiritualization of the household）所带来的重要影响。克里斯托弗·希尔（Christopher Hill）首先在研究中关注这一进程，他或许低估了人文主义的影响，但他无疑指出了家庭关系中的一个新的侧重点，它在新教徒内部产生了特别的共鸣。其核心在于将家庭视为教会与国家的缩影，这既意味着家庭内部的运转须效仿这些更大的机构，同时也意味着家庭应是教会与国家的育儿所，培养年轻一辈来为其服务。[19]正如尤斯图斯·曼纽斯（Justus Menius）所言，"无论在精神还是凡俗事务中，无论为现世还是后代，辛勤地养育孩子是对这个世界最伟大的贡献"[20]。家庭是其他所有机构之源，其良好运转也关系到方方面面。最重要的是，在活跃的新教徒中间，家庭应是信徒的共同体，家庭祷告与《圣经》诵读应嵌入家中日常活动的组织。

父亲是一家之主，这一点几乎是不言而喻的："每个男人都是自己家里的国王。"[21]学者们分析这一现象的侧重点各不相同，一些学者认为新教的家庭理念中存在一种父权的专制，另一些学者则引述指导手册中的段落乃至一些实际家庭生活的写照，指出这些材料反映了夫妻之间一定程度的情谊和共同主事的局面。[22]毋庸置疑的是，儿童处于一种从属地位。而今婚姻被颂扬为一种优于独身的状态，这一观念最为著名的支持者是路德。婚姻的首要目的是繁衍后代，但孩子带来的既有焦虑也有喜悦。在指导手册的作者们看来，人们须避免过度纵容孩子。正如康拉德·萨姆（Conrad Sam）提到乌尔姆（Ulm）的领主与容克（Junkers）贵族时写道：

> 只要孩子能活动了，人们就给他穿上粗布罩衫，对他的任何行为都同样（听之任之）。很快孩子开始发起脾气来，但这只会让大人们觉得逗趣，因为他们亲爱的小儿子怎么可能有错呢？当人们如此播下荆棘与蒺藜的种子，除了长出杂草，又还能指望长出什么来呢？

该文指出，太多家长认为童年"只是一段用来享乐、游戏和消遣的时光"[23]。但童年关乎更为严肃的事，它不仅关系到孩子长大后教会与国家的良好秩序，还直接关系到孩子灵魂的状况。尽责

47

的父母将迎来成功的回报。"这世上还有什么比一个虔诚、守纪、听话、受教的孩子更珍贵、更友善、更可爱的吗?"一位 16 世纪中叶的改革者这样写道。[24]由此我们可以看出新教改革中的模范儿童形象。

怎样塑造出这样的典范呢?父母应从孩子幼年就开始训练良好习惯。充斥于这些作品中的类比和比喻都与自然生长无关,而是有关园艺的类比。比如,如何准备好的土壤,如何除去杂草,如何按你想要的样子培植幼苗,或是如何驯服小狗或小马驹。倘若放任儿童生长,他们就会变坏,必须打破他们的意愿。在《箴言》第 22 章第 15 节可找到《圣经》对此的权威意见:"愚蒙迷住孩童的心,用管教的杖可以远远赶除。"训练孩子应尽可能采取理性、平和的方式,但也可能出现需要用到体罚的情况。遇到这种情况,也不能太严厉,更不能在怒火中实施体罚。[25]体罚给父亲造成的影响似乎常常与其对孩子的影响一样大。一位在伦敦和鹿特丹生活过的牧师托马斯·考顿(Thomas Cawton)"时常为恻隐之心所牵动,他对孩子爱之深切,以至于当他责罚孩子们时,自己也泪流不止:没有什么比这一幕更让我动容,它使孩子们清楚地认识到父亲并不愿意责罚他们,而是迫不得已才这样做的"[26]。

上述考虑部分源于对原罪的信仰,如前所述,伊拉斯谟倾向于淡化这一观念,但新教文本却十分强调原罪。1550 年,托马斯·贝肯(Thomas Becon)①曾设问:"什么是儿童?作为儿童意味着什么?"他认为"在经文中儿童是一个恶人,因其既无知,又不虔

----

① 托马斯·贝肯(约 1511—1567 年)是英国诺福克郡的牧师和新教改革者。

诚"。贝肯进而为他 5 岁的儿子编了一套长达 1084 页的教义问答。[27] 另一本在纽伦堡出版并在托马斯·克兰默（Thomas Cranmer）的主持下被译介到英国的教义问答声称，即便在母胎中尚未出生的孩子也带有"邪恶的食色之欲"。[28] 一篇写于 16 世纪 20 年代的德语布道文也认为：

> 就像猫觊觎老鼠，狐狸垂涎鸡群、狼窥伺羊崽一样，还是婴儿的人类内心便已趋向通奸、苟合、不洁之欲、淫秽之物、盲目崇拜、迷信魔法、敌意、争执、激愤、愤怒、纠纷、分歧、结党、仇恨、杀戮、酗酒、暴食、等等。[29]

那么，不安的父母们能做些什么？为什么还会有人想要孩子呢？如今婴儿受洗不再有它在天主教那里的作用——可作为明确的救赎之路，只有信仰才可以拯救人们。有些人认为上帝可能"已将信仰的天性注入孩子的灵魂"[30]，但不安的新教父母们自然还是急于让孩子尽早意识到救赎的必要性。朝圣先辈（Pilgrim Fathers）①中的一位牧师约翰·罗宾逊（John Robinson）写道：

> 当然，所有的孩子身上都有⋯⋯因天性自负而产生的执拗与顽固，必须首先打击和压制这种性子。这样才能把教育的基础建立在谦逊与顺从上，其他德行也能够在适当的时候树立起来。父母在打压孩子的固执天性时须谨慎⋯⋯要及时

---

① 朝圣先辈指在 17 世纪第一批移民到美洲大陆，定居于普利茅斯殖民地（今美国马萨诸塞州普利茅斯）的英国人。其领导者中许多是布朗派英格兰非国教教徒。

约束、制止孩子的意愿和任性。[31]

印制的教义问答以及父母与孩子间的问答环节是实现上述目标的理想手段，尽管教会的牧师们也可能使用同样的方法。大量的教义问答在此期间面世，光是1549—1646年的英格兰便有超过350种。[32]对于儿童信仰的指导并没有太早开始这一说，托马斯·加塔克（Thomas Gataker）坚称，"宗教与虔敬不适合儿童"是"毫无根据的说法"。他自己也写了一本教义问答，面向"身高还未及大人胸部"的儿童。[33]有些说法认为只有父亲才可被委以宗教指导的任务，母亲则被指责为过于反复无常又不务实。[34]因此，考顿"花费了大量心血来（为他的孩子）指导和讲授教义，让他们在主的抚育与训诫中长大"[35]。

在对原罪的强调上，新教徒的言行手册与伊拉斯谟的观念存在一定差异。但在信奉良好举止的重要性上，他们要相似得多。新教徒相信外在的肢体语言能够反映内心的想法与情绪，因此他们十分看重言谈举止。威廉·高奇（William Gouge）在写于17世纪的《儿童专用祷文》（Prayer for a Childe to Use）中告诫道，儿童不但要服从父母，还要向其表示尊敬：

> 不要在他们面前评头论足，耐心听他们说话，对他们使用尊称，被问话时谦卑而及时作答，不要自负也不要固执……谨在此祈愿，让我用以下方式对父母时刻尽孝：当他们找我时，立马起身相迎，来到他们面前，向他们致敬，给他们腾位，并请求他们的祝福：让我避免一切粗鲁无礼、倨

高奇必定见识过不少"粗鲁无礼"等情况，但他对基督徒的孩子却提出了完全不同的高标准。[36]

如果说虔敬的家庭是奠定教会与国家良好秩序的基石，那么学校则进一步巩固了这一秩序。尽管新教徒只重视有助于培养虔诚的教育，他们还是无一保留地接受了人文主义的古典课程。[37]新教徒从三个方面凸显了自己在学校教育上的特色。第一，建立新学校，或是提供捐赠来办教育。韦克菲尔德（Wakefield）的文法学校在其 1607 年的章程序言中说道："设立这所学校的首要目的是将其作为培养基督教儿童的神学院，使他们及时成为上帝与他的教会沟通的使者，一般来说它也应是教授基督教德行的学校，因而所有学生都应学习良好的举止。"第二，对学校教师的选择。贝肯写道，教师应当是"庄重、智慧、博学、多知之人，他们在交谈中诚恳而虔敬，在生活中为人称道，言谈举止干净纯粹，在工作中勤奋苦干，赞同真实而纯粹的信仰，挚爱上帝之圣言，憎恶盲从与迷信……"。高奇也认为，凭不够虔诚这一理由足以开除一个教师。[38]第三，在子女教育往往超过初级水平的家庭中，男孩和女孩的教育经历有着显著区别。因为学校是只为男孩而设的，教育中渗透着一种男性气质（masculinity），重点在于遵守纪律与控制情绪。相比之下，女孩在家受到的教育形式则相对宽松，重点在于谦逊与服从。[39]

言行手册、教义问答、学校规章等呈现出一种新教模式下的育儿理想。这些文献数量之巨固然与印刷术的传播有关，但也表明它们不可能仅仅停留在理念层面。人们购买了这些书籍，并至少在某种程度上将它们视为育儿的范本。不过，我们很难知道这种理想在多大程度上变为了现实。即便是本章所关注的有文化、富裕的家庭，相关材料也是零散的。这些材料包括书面文献如日记、自传、书信与遗嘱，还包括当时的物质文化遗迹如墓碑、玩具、衣服与图像。利用这些材料，历史学家试图重构16、17世纪北欧与北美新教文化中心地带的童年的真实状况。

50 　　我们首先可以探求的是，在这些新教文化地带，人们如何迎接婴儿的出生？答案似乎是人们以焦虑之情迎接新生儿，如若一切顺利，则报以感恩之心。在荷兰共和国（Dutch Republic）①，"每当孩子出生，幸福的家庭随即开启了一种全民欢庆的状态。"他们在门上贴着标语，父亲则戴上新父礼帽（paternity bonnet），这户人家还可以被免去特定的赋税。儿童生活的早期阶段充满了聚会与宴席。[40]婴儿的出生确实是一件半公共的事，女方亲属、邻居、友人都会聚集到一起。[41]尽管指导手册中给出了许多预测孩子性别的方法，而且人们要男孩的想法可能也并不少见，比如在17世纪50年代，莫丹特夫人（Lady Mordaunt）怀孕时在日记里写下"愿主保佑这是个男孩"，但是并没有迹象表明，如果生下来的孩子并非想要的性别，人们会断然拒绝留下这个婴儿。[42]

　　人文主义和新教著作都坚决主张母乳喂养，在当时的整个社会中，母乳喂养也无疑是常态。如果说存在例外情况的话，那也主要是在富裕人家。不过，即使在这个群体中也有许多母亲留下

---

　　① 荷兰共和国是在1581—1795年存在的国家，位于现在的尼德兰和比利时北部地区，又称尼德兰联省共和国。

的记录表明，她们选择用母乳喂养，并且以此为傲。当时还提倡用襁褓包裹婴儿，而且几乎可以肯定的是，人们也确实这样做了，只不过在早期北美殖民地居民中并没有相关的记载。[43]提倡使用襁褓的理由是它有助于摆正骨骼并且为婴儿防寒，人们使用襁褓的时间似乎不超过数月。[44]

当然，儿童也不是不可能早夭，在当时恐怕有五分之一到四分之一的孩子在10岁前死亡。[45]那么家长们如何应对孩子夭折的可能性呢？在一幅17世纪的荷兰版画中，死神恐怖的身影趁母亲睡觉时把婴儿床拖走，里面睡着一个襁褓中的婴儿，这样的画面必曾是缠绕着父母的梦魇。[46]斯通曾提出父母在婴幼儿高死亡率的情况下对其产生一种情感上的退缩（emotional withdrawal），但近来学界统一的看法是，斯通的说法无法得到第一手资料的证实。父母还是会为孩子的早夭感到悲痛，为了保护自己，他们将此视为上帝的意志，试图说服自己他们的后代去了更好的地方，但是他们的悲痛依然是真切的。我们从路德身上能看到甚为凄惨的案例，他的六个孩子里有两个早夭——伊丽莎白在8个月大时去世，玛格达莱妮（Magdalene）在13岁时去世。伊丽莎白的死使得路德"极度虚弱，我的心变得如此柔弱，我从来没有想到一个父亲可以为他的孩子感到如此心碎"。当玛格达莱妮去世时，路德和他的妻子知道她如今"脱离了肉身、尘世、土耳其人，以及魔鬼"，但他在给朋友的信中仍写道："我们本能之爱的力量是如此强大，以至于我们无法停止哭泣，并在心中悲悼……我们如此恭顺的女儿，她生前与垂死时的样貌、言语、动作，都还刻在我们心上。纵然是基督之死带来的悲痛……也难以完全驱散我们的丧女之痛。"[47]

51

再看埃塞克斯的牧师拉尔夫·乔瑟林（Ralph Josselin）如何回应他 8 岁女儿玛丽的疾病与死亡：

> 我的小玛丽十分虚弱，我们担心她快要不行了，我心里十分恐惧，但她不是我的，而是上帝的，她对父亲不能再好，对母亲十分温柔，对上帝感恩惦念，在她极难受的时候，她会哭喊着"可怜的我，可怜的我"……这是个宝贵的孩子，她是一束没药（myrrh）①，芳香四溢，她是万里挑一的孩子，充满智慧，如成熟女子一般庄重，她富于学识，赞美上帝，善于学习，温柔仁爱，是个顺从我们的孩子。她毫无小孩子的粗蛮，对我们来说犹如一盒香膏，其体虽破损，芬芳却甚于以往。主啊，能献给您这样一份礼物，我心甚慰……[48]

话虽如此，但在乔瑟林臣服于上帝意志的决心之下，在他接受命运的意愿之下，是这充满煎熬的文字灼烧着他的悲怆与失落。

路德和乔瑟林明显都十分享受子女的陪伴。比起对孩子之死的回忆，在更为欢快的情境之中，也能找到许多类似的表达。西蒙·沙玛（Simon Schama）在诠释荷兰共和国的艺术与文化中大量存在的对儿童的描绘时，认为这些作品的关键特征在于它们居于"调侃与说教、玩乐与学习、放纵与顺从、独立与安全的两极之间"。他还提出，在许多荷兰艺术作品中，无论作者想传达的明确

---

① 没药在古代西方被视为具有神奇疗效的植物，是《圣经》中东方三哲带给婴儿基督的三件礼物之一。

道德信息是什么，他们对儿童的喜爱往往会盖过这些道德信息。沙玛甚至提出，"作为一种文化，荷兰人真切地迷上了儿童"。人们在众多家庭群像中描绘儿童，也常有单独描绘儿童的作品，其中每个孩子的个性都跃然纸上。凯撒·范·埃弗丁根（Caesar van Everdingen，插图 1）在其肖像画《拿着苹果的男孩》（*Child Holding an Apple*）中嵌入了一层道德寓意：男孩左手食指上有一只宠物鸟，它似乎一直在吃他右手上的苹果。在此，驯化和教育鸟儿的能力是一个有关育儿的隐喻，因为儿童也需要被驯化和教育。但无论是这些象征物，还是在画作的乡村背景中略显突兀的瓷砖地板与古典风格的基座，抑或是男孩身上格外精致的服饰，都未能减损画家对这个男孩个性的精准捕捉。[49] 荷兰绘画作品的作者常常描绘正在玩耍的儿童，这可能是对世间诸事之荒唐所做的道德化评论，但也有可能就只是因为这使他们感到愉悦而已。而且连道德主义者也为玩耍辩护，约翰·范·贝韦尔维克（Johan van Beverwijck）①在 1643 年写道："儿童不应被管得太紧，应该允许他们带有孩子气……让他们自由地玩耍，学校也应利用游戏来促进他们成长……"在古典语言里，惩罚与教育是联系在一起的。与此相反，荷兰语中的教育（*oproeding*）一词来源于动词"*voeden*"，意为滋养或哺育，该词所隐含的态度似乎也体现在荷兰人养育儿童的方式中。[50]

沙玛在一定程度上将这些态度和行为方式视为荷兰共和国的人所特有或独有的，这一点他可能有所夸大了。在整个新教世界乃至新教以外的世界，都能看到类似的态度与行为方式。白金汉

52

---

① 约翰·范·贝韦尔维克(1594—1647 年)是荷兰医生和作家。

公爵夫人（Duchess of Buckingham）在 1623 年给她的丈夫寄了一封信，详细描述了他们的幼女，在结尾处她写道："如果你能来看她该多好，你一定会对她格外喜欢，因为她现在把各种游戏与花样玩得可好了……"[51] 父母的自豪感溢于言表。亚当·马丁代尔（Adam Martindale）①在对他死于 1663 年的儿子约翰的记述中说道："他曾是个漂亮的孩子，小小年纪就像个男子汉，十分勇敢……我们有只喜欢乱闯的小牛，老是追着小孩想把他们翻倒。约翰在两岁左右的时候碰上这只小牛，就会手拿一根棍子……牢牢地站好，打牛的背，然后骑上它，哼哼叫着，表示牛被他给打了。像他这个年龄的小孩，一百个里都不一定有一个能做到这样。"波士顿的约翰·萨芬（John Saffin）②夸起孩子来也不甘示弱，他记得自己的儿子 7 岁时"就十分机智，一千个孩子中也就只有一个能像他这样的"[52]。

我们如果认为存在一种统一的新教育儿模式，那就大错特错了。菲利普·格雷文（Philip Greven）曾为我们指出了美国存在的三种育儿模式，每种模式都在从 17 世纪起到至少 19 世纪中叶这段时期具有深远的影响。他将其称为"福音派"（evangelical）、"温和派"（moderate）和"文雅派"（genteel），每一种模式也造就了不同的家庭类型——"专制型"（authoritarian）、"权威型"（authoritative）和"亲情型"（affectionate）。把他的分类稍作调整，也适用于欧洲的新教徒。从某种程度上说，每一种模式都与特定的社会环境相

---

① 亚当·马丁代尔（1623—1686 年）是 17 世纪英国长老会的牧师。

② 约翰·萨芬（1626—1710 年）是北美殖民地时期新英格兰的商人、政治家、法官、诗人。

关联。比如，"文雅派"的育儿模式尤见于自诩为"绅士阶级"（gentry）的家庭。[53]

不过，这种分类的参考价值还是有限的。从根本上说，格雷文探讨的是宗教信仰问题。因此在他看来，"福音派"家庭中"专制、严厉而压抑的"育儿方式源自对原罪的笃信。相应地，人们强调要打破孩子的意愿。乔纳森·爱德华兹（Jonathan Edwards）是18世纪最著名的牧师，尽管在其他方面他不像是个不近人情的人，但他却认为儿童"是年幼的毒蛇，且绝对比毒蛇更可恶"，诸如此类的信仰必然会给父母的言行带来一定影响。据称爱德华兹的孩子们"对他们的父母异常尊敬。每当父母来到房间，他们立马从座位上起立，在父母落座前绝不坐回去；每当父亲或母亲说话时，无论他们原本在和谁说话，全都立马安静下来注意听讲"[54]。在这样的家庭中，当时或后世的一些父母所乐于见到的儿童生来就兴高采烈的样子并不受青睐。卫理公会创始人的母亲苏珊娜·韦斯利（Susanna Wesley）曾这样描述她自己的孩子：

> 在他们 1 岁（有的在 1 岁以前）时，就被教导要畏惧棍棒、轻声哭泣，这样他们便可避免本要面对的大量对其言行的纠正。而且在家中很少听到那最可恶的小孩哭闹声，全家通常生活在一片宁静中，仿佛家里一个孩子都没有。[55]

如果这种家庭中的孩子去世了，他们会因为性子恭顺（路德之语）或是"如成熟女子一般庄重"（乔瑟林之语）而受到赞扬。纪律与惩罚是这种童年的必要佐料，但最好是不使用棍棒。威廉·卡顿

（William Caton）出生于17世纪30年代的英格兰，他回忆自己曾是多么"害怕受到父母的责备和训斥，他们凭借自己的认识努力教给我美德与虔诚"[56]。任何一个严格的家长都会这样做，正如1553年的《英语入门读本》（English Primer）所言："主啊，拥有孩子与仆人是您的赐福，但若不按您的要求来对他们下令，我就活该受到您可怕的诅咒。"[57]

这种家庭关系曾被认为是所有新教家庭的代表特征，但在近来的历史书写中被淡化了。只有在相对严苛的清教徒以及后来的"福音派"教徒的家庭中，这种关系才会完全显露。而且即便在这些家庭里，有些父母也觉得自己很难真正做到打破孩子的意愿。格雷文提出的第二类育儿模式"温和派"，可能才是富裕阶层的新教家庭中更为典型的模式，至少在18世纪时是这样。这类父母对于原罪论的不安要少得多，尽管他们坚信儿童需要顺从父母，但他们认为这一点通过"温和与耐心"地对待孩子便可以实现。[58]这类家庭的氛围不像"福音派"家庭那么紧张，他们欢迎祖父母共同参与育儿。而在"福音派"家庭中，人们认为祖父母有对孩子过度温和之嫌。[59]

54　　可以说，在"温和派"的育儿方式的许多方面都能看到洛克而非《圣经》的影子。而在格雷文提出的最后一类育儿模式"文雅派"的家庭中，当然也很难看到任何明确的新教因素。我们不禁要问，所谓的新教家庭这一分类是否已在我们眼前消解了？有两位历史学家曾讨论过这个问题。第一位历史学家史蒂文·奥兹门特（Steven Ozment）主要关注的是16世纪的德国，他一方面抨击了"现代世界所塑造的一种伟大而自我的神话，即以往时代的儿童都是由霸道、无情、对其毫不亏欠的父亲以近乎对待奴隶的方式养大的",另一方面坚称在16世纪驱动人们养育儿童的目标与20世纪末的十分不同。他认为:"在16世纪,抚养、教育儿童的首要目标是使他们成为社会人。在这个意义上,儿童对父母与社会所承担的义务要比他们独立享有的权利更多。"[60]奥兹门特认为16世纪父母的育儿行为都是有据可循的,比如"在爱和理智无法说服孩子的情况下,通过经常的管教,用口头威胁和体罚来打破孩子自私、反社会的行为",在他看来,这是为了达成一定的"社会凝聚力与和谐度"[61]。新教徒们相信良好的国家秩序取决于良好的家庭秩序,但对他们而言,严厉管教孩子还有一个更高的目的——使其认识到救赎的必要性。人们觉得,奥兹门特并不喜欢他在当代育儿方式中看到的对个人主义的鼓励,他将这种认识代入了对16世纪的解读,其解读也超出了史料所能反映的信息。实际上,家庭管教越是严格,反映其社会孤立性的史料反而越多,邻里之间也越有可能是敌对关系,反而无法达成奥兹门特所说的社会凝聚力。[62]

第二位历史学家帕特里克·柯林森(Patrick Collinson)则更为谨慎,他意识到寻找有关新教家庭的证据是很困难的。同时他也注意到,目前的学术趋势倾向于强调历史上的儿童养育方式以及育儿建议的连续性。他并不否认新教改革就家庭史而言"并非一个全新的出发点",但他认为新教改革将西欧家庭的某些特征提升到了"一种明确意识的高度,并为后世所效仿与延续。正是在这里,我们所熟知的家庭诞生了"[63]。

天主教

那么，天主教家庭又是怎样的呢？如果说人文主义的影响在新教家庭的形成中起到了根本作用，那么这种影响在天主教内部自然更为显著，因为人文主义起源于信奉天主教的意大利。我们还需谨记，阿里耶斯探寻现代家庭起源时，所运用的大部分证据来自主要信奉天主教的法国。然而，所谓天主教家庭的说法甚至比新教家庭更有可能在我们眼前消解。事实上，针对天主教家庭，我们并不一定拿得出像我们解释新教时那样的理想型，这有一部分是出于史料的原因。在法国人的"家庭记录本"（*livres de raison*）中，几乎很少有像乔瑟林的日记那样的对家庭生活中亲密关系的记述。[64]也许这种史料的差异并非偶然，而是反映了天主教家庭生活并没有新教家庭那么紧张，也不那么充满自省。对天主教的父母来说，婴儿受洗解除了他们对原罪的执念，因此他们并不那么直接地面对孩子的救赎问题。此外，新教取消了牧师作为上帝与人之间的中介的权威性，这部分导致了新教主义内部的压力，从而提升了父亲在家庭中的责任。[65]当然，这些在天主教中都未发生，因而家庭本身作为一个微型教会的意义可能要小得多，在家庭内虔诚敬拜的需求也相应减少。

不过，这一时期天主教思想越来越强调父母对子女的义务。虽然天主教思想中存在一种传承自罗马法又由专制政权强化的传统，强调"我们应把父亲当作人间的神"，甚至还有人要求恢复父亲对子女的生杀大权，但从 16 世纪末开始，天主教的行为手册和忏悔手册开始提及父母的责任。红衣主教黎塞留（Cardinal Riche-lieu）曾写道，第四条诫命（the Fourth Commandment）中所说的"孝敬你的父亲和母亲，不仅规定了子女对父亲有义务，还表明父母对他们的孩子也有义务，因为爱应当是相互的"。人们敦促儿童要爱他们的父母，在18世纪这种爱开始具有积极的属性，而不再像16、17世纪的教义问答中的爱指的是没有怨恨。从16世纪到18世纪，天主教思想发生了一些转变，家庭作为情感寄托的观念开始出现。不过，与新教思想相比，天主教的转变似乎发生得更晚。[66]

我们很难知晓的是，这种转变在多大程度上反映出或蕴含于欧洲天主教富裕阶层的家庭生活与育儿实践的变化。从许多方面看，我们几乎无法将天主教的状况与欧洲新教的状况区别开来，比如对子女之死的悲痛之情。1591年，巴黎一对"悲痛欲绝的父母"在为他们6岁的女儿立的墓碑上写着："死亡从他们的视线中夺走了一个小孩，但却不能从他们的记忆中夺走她。"1653年，亨利·德·坎皮恩（Henri de Campion）①在谈及他年仅4岁便夭折的女儿路易-安妮（Louise-Anne）时写道，"我对她的爱是一种无以言表的柔情"[67]。

德·坎皮恩接着讲述，他过去常"在家中非常惬意地……和女儿一起玩耍，她虽然年纪小，但人们看到她都十分开心"。这又是一个常见的主题。就像欧洲新教徒一样，我们看到越来越多关于父母享受子女陪伴的表达。我们很难知晓这是否只表明人们越来越倾

---

① 亨利·德·坎皮恩（1613—1663年）是一名法国军人，著有《亨利·德·坎皮恩回忆录》。

向于以书面形式表达这类情感，或是流传下来的这类文字材料开始增多。不过，与这些文字同时出现的还有一批指责父母溺爱孩子的作品，这表明其中可能蕴含着一些新的发展。塞维涅夫人（Mme de Sévigné）[①] 在 1672 年描述了她和孙女一块玩的情景："我正在读克里斯托弗·哥伦布发现新印度群岛的故事，这使我很开心，但你的女儿更让我开心。我真的非常喜爱她……她轻拂着你的画像，样子特别好玩，我不得不立马吻她一下。"[68] 道德主义者则斥责那些"只因孩子们带来的欢娱而重视他们"的父母。[69] 绘画作品为人们对童年的情感的增强提供了进一步的证据：在 16 世纪，人们会把已去世的孩子包括在肖像画里；而在 17 世纪，又出现了描绘儿童一个人或兄弟姐妹在一起的肖像画。[70]

我们对一个生活在 17 世纪初的法国孩子有着全面的了解，他就是年幼的路易十三，他的每日生活都被他的医生让·希拉德（Jean Heroard）记录在了日记里。当然，无论从其存在还是主题来看，这本日记都是不寻常的，因为一位未来的国王的成长经历很可能与其他任何人都截然不同。然而，即使我们考虑到所有的非典型因素，包括日记对波旁王朝未来的痴迷关注，这份文献仍然具有令人惊讶和震撼的力量。在路易十三小的时候，这位未来的国王"兴致高昂地让每个人亲吻他的阴茎"，逗得所有随从大喜。他在这个年纪与西班牙公主订婚，这给许多游戏和暗示带来了遐想的空间。如果有人问他："公主的宝贝在哪里呀?"他会把手放到

---

① 塞维涅夫人（1626—1696 年）原名玛丽·德·拉比坦-尚塞尔（Marie de Rabutin-Chantal），是法国书信作家，所写书信大部分是给她的女儿的。两人通信近三十年，部分书信后结集出版，成为反映 17 世纪法国贵族生活的重要材料。

自己的阴茎上。在被人伺候穿衣前，他会宣布他想从阴茎里给每个人一些奶水，仆人们就都会伸出手来。在阿里耶斯看来，成人对于儿童性表达的这种鼓励与取乐态度在 17 世纪逐渐消失，取而代之的是一种对儿童之纯真的认识，以及对保护这种纯真之必要性的强烈意识。[71]

然而，这种改变的依据并非来自家庭内部，而是来自家庭外部。正是在此处，我们才看到天主教反宗教改革运动（Catholic Counter-Reformation）对于童年史的真正影响。反宗教改革运动在利用家庭来运作、使家庭精神化的同时，还在家庭之外设立了育儿机构，其中最为突出的便是学校。学校在新教改革中十分重要，但它们被视为与家庭协作的机构，而不是为了修复家庭的缺陷甚或是家庭的替代品。在天主教内部，学校则成为权力与权威的中心，它们往往与家庭相抗衡，并扬言要取而代之。因此，一个有志成为圣徒的少女开始"认真思考如何满足上帝而不是我的父亲"，当她进入修道院后，就试图把父亲排除在她的修道院生活之外。[72]在 16 世纪末和 17 世纪，耶稣会率先建立了寄宿学院，让年纪相仿的男孩们在这里过着高度自律的生活。但在法国，这种新教育的代表或许是一所女子寄宿学校——皇家港学校，它由著名的女校长杰奎琳·帕斯卡尔（Jacqueline Pascal）领导。帕斯卡尔对于照料儿童有着崇高的使命感，她写道，这一职责是如此重要，"以至于当我们须服从它的调遣时，我们必将为其舍弃其他职责。更重要的是，我们也必将为其舍弃其他个人的乐趣，哪怕是精神性的乐趣"。儿童必须处于持续的视察与监督之下，例如，当女孩们夜里休息后，她们的"床铺会受到严格检查，看她们是否以恰当而谦逊的方式躺着，也看她们在冬天是否盖好了被子"。但"这种持续的监督应温和地执行，并带着一定的信任感，好让她们相信自己是被爱着的"。如果这话听起来带有操纵性，那么必须把它与一种新的对童年的正面评价放在一起来看。这与人们对童年耶稣的虔敬信奉相关，也与教师们的自我认知相关，即"我们只不过是渴望让（儿童）变得像上帝所希望的那样"。[73]

　　天主教的反宗教改革与新教的宗教改革都带有对童年重要性的认识，但其表达方式却不尽相同。对前者来说，育儿的重心从家庭转移到了教会，教会学校成为培养良好基督徒的主要机构。[74]必须要强调的是，二者的不同是侧重点的不同，因为从童年史的角度来看，两个运动的共性要大于分歧。它们都把幼年视为造就基督徒的重要时期，而且都将此作为最重要的目标。不过，它们的分歧也确实对家庭生活产生了重要影响。阿里耶斯的书中的一个最令人不满的部分，在于他试图把教育机构的变迁与现代家庭的形成联系起来，可在许多方面，学校对于儿童来说成了家庭的替代物，它的作用恰恰是把他（学校大多只招男孩）与家庭分开。[75]这反而使他笔下的家庭不再具有清教徒或"福音派"家庭所特有的对儿童的强烈关注。如果套用格雷文的分类，我们可以把天主教徒的育儿方式视为"温和派"或"文雅派"，这些育儿方式并不是新教徒所特有的。

18 世纪

　　阿里耶斯强调 17 世纪是童年观念变革的关键时期，但对于大多数历史学家来说，18世纪占据着最重要的地位。这个世纪由洛克的著作开启，以浪漫主义诗人收尾，还有卢梭这样个性鲜明的人物居于其中。18世纪对童年与儿童的敏感度似乎是此前的世纪所未曾有过的，一些人开始将童年本身视为一个重要的人生阶段，而不再将它视为给其他事情做准备的阶段，无论是为成人生活还是为天堂做准备。儿童可以与奴隶和动物一道，被归为18世纪后期标志性的情感主义（sentimentalism）和人道主义（humanitarianism）的关怀对象。对于历史学家而言，哪怕已经作出各种警告，他们还是很难避免将18世纪视为一个进步的世纪。随之而来的是19世纪上半叶的一个倒退阶段，这期间亲子关系变得更加疏远和正式。这一趋势又在19世纪下半叶退却，随之占据上风的是这样一种观念：童年不仅是人生中一个独立的阶段，而且是所有阶段中最好的。

造成这些变化的关键因素，是长期以来人们对待童年与儿童的态度的世俗化。这并不是说人们突然不再是基督徒了，而是对许多人来说，他们的基督教信仰所观照的范围缩小了。基督教教义不再为自然现象提供全能的解释，也不再是无所不包的行为指南。这一概括存在许多重要的例外，基督教并不是未经反抗就放弃了思想统治，而且在18世纪末、19世纪初它又经历了复兴。不过，对原罪论的信仰经历了一个长期的、偶有中断的衰落过程，因而到了19世纪中期，它只活跃在基督教信仰的边缘。伴随着这一衰落过程，儿童从堕落的、天生邪恶的存在变为了天使，变成了上帝派给倦怠的成人世界的信使。人们也开始认为儿童在更大的程度上富有发展与生长的能力，其动力更多地来源于自然而非 *59*

上帝。儿童养育也变为听从自然的艺术，要让孩子自由地生长，不可将枝条任意折成想要的形状。

中上层阶级家庭生活中私密性与舒适性的不断增强，是促使人们关注儿童个体的重要因素。社区和大家庭失去了其作为道德问题仲裁者的作用，这些问题的解决越来越集中在核心家庭内部。与此同时，最强烈的情感也开始聚集于核心家庭内部。父母与子女间的爱，尤其是母亲与子女间的爱，是长期以来在西方肖像作品中被神圣化的主题。如今，它随着世俗化被赋予了一种新的情感强度。而且由于现在有了更多的私人空间，这种爱更容易在房屋的设计中体现出来。

社会向更加儿童本位转变的过程在每个阶段都受到了挑战，且这种转变从未完全实现。无论是在对童年的态度上还是在对儿童的行为上，我们处处都面临着矛盾与冲突。我们也将看到，有一些儿童养育的亚文化现象显然丝毫不受变革的影响。但强有力的证据表明某种程度的变革的确发生了，它可以被概括为人们从主要关注儿童灵魂的健康转向关注儿童个体的发展。

在这个过程中，洛克出版于 1693 年的《教育片论》（*Some Thoughts Concerning Education*）成为经典，尽管我们很难一下说清它为何有这样的地位。起先，一位绅士向洛克询问抚养儿子的建议。当洛克发现他的回复信件极为抢手时，便决定出版它们。因此，我们所读到的并不是一本系统的教育专著，而是洛克根据自己在绅士家庭中的经历产生的对儿童养育的反思，且这些内容时有重复。从许多方面来看，这本书属于《廷臣论》（*the Book of the Courtier*)这种文学体裁①，其历史可上溯到文艺复兴时期。在洛克这里，则是论如何把男孩培养为模范的英国绅士。此外，对于任何接触过这类文学作品的人来说，洛克提供的许多建议都会有一种似曾相识的感觉。因此，任何严格遵照洛克的建议的人，其育儿方式也兼具保守性与创新性。

洛克反复执着于一个老问题：体罚在儿童养育中应起什么作用？他的答案是应起非常小的作用。他写道："我倾向于认为，极其严厉的惩罚带来的好处甚少，但是对教育的危害却很大。"但这 *60*
一回答算不上是对体罚的全面批判，而且洛克接下来还表示，对展现出"顽固"或"叛逆"倾向的孩子进行体罚是合理的，因为他相信幼儿必须习惯于"使自己的意志服从于他人的理性"。[76]这句话听起来像是清教徒们所强调的打破儿童意愿的做法，但洛克在此有着不同的目的：这是为了培养一个成年人，"当他到了能够运用理性的年龄时，会服从于自己的理性"，并且他将认识到，"达成一切德行与卓越的原则在于，在理性不准许的情况下，人有拒绝满足自身欲望的力量"。[77]这种力量可以通过从小养成习惯来获得。有时候可能需要用体罚来达成意志的服从，但将这种服从内化的过程才是造就一个成功而有德行的成年人的关键。

这样看来，洛克似乎是在为造就一种资本主义人格而铺就蓝图。这种人能压抑其欲望，还能延迟甚或拒绝满足其欲望。不过，洛克还有另外一个面向。洛克最为人所知的思想也许是他认为儿

---

① 文艺复兴时期一些人文主义者所著的论述如何成为完美的廷臣或宫廷贵妇，从而培养、辅佐王子或政治领导者的书籍。最为著名的是巴尔达萨雷·卡斯蒂格朗(Baldassare Castiglione)所著于1528年的《廷臣论》(*The Book of the Courtier*)。

童"只是一张白纸或一块蜡，可以随心所欲地对其进行塑造"，可他自己却并不相信这一点。洛克承认，这是他在书中所持的观点。但是，从洛克在《人类理解论》(*An Essay concerning Human Understanding*)中的论点可知，他认为儿童只是在观念方面是一块白板，而在能力或秉性上并非如此。[78]这并不是一个新的思想，但洛克的论述具有前人无法比肩的权威性。这对于儿童养育产生的影响是巨大的，它赋予教育者极大的权力与责任，因为他们必须在白纸上书写或是为蜡塑形。正如洛克明确指出的，"人们是好是坏、有用无用，十分之九都是由他们的教育决定的"[79]。不过，洛克极力指出，无论对儿童的心智如何评价，没有哪两个孩子是相同的，他们有着各自"多样的脾性、不同的志趣，以及特定的天性"。这些都必须通过观察他们玩耍来发现，并相应地调整教育的架构，以适应他们的"天资与体格"。虽然人们可以据此制定出指导儿童养育的一般原则，但对这些原则的应用必须符合儿童个体的具体情况："亚当的孩子中少有格外幸运的，他们天生的脾性多少都带有偏差，而教育的任务就是去除或抵消这些偏差。"[80]

这里对于每个儿童个性的认识是迈向儿童本位社会的重要一步，还有许多其他方面的论述也存在类似的倾向。洛克提到，儿童应"被视为理性的造物"，应鼓励他们的好奇心、认真回答他们的问题。应尽一切可能使学习成为"孩子们的游戏和娱乐"，同时，"他们所有无伤大雅的蠢事、戏耍、幼稚的举动，只要能做到尊重在场的人，都应让其完全自由无拘地进行，要给予他们最大限度的宽容。"[81]

但是，洛克依旧强调教育的总体目标是培养一个合乎其身份与社会期望的成年人，这一目标不断打压着他刚刚萌发的儿童中心倾向。主导着《教育片论》这本书的正是作为教育最终目标的成人，"我想，一个明智的父亲宁可让他的儿子长大后成为能干而有用的人，也不愿其自小便是别人俊俏的伙伴，是人家消遣的对象"[82]。洛克还写道，妇女可能"以溺爱和柔情"害了孩子。丹尼尔·笛福（Daniel Defoe）也有此担心，他认为妇女可能对幼儿影响过大，然而幼年恰是"心智最早接受指导之时，这时候人的资质就像一块柔软的蜡，可以被塑造成人们想要的样子，吸收人们想传达的讯息。除了一些天性顽劣与天资不足的孩子，幼儿既能被培养成理性的人，也能被培养成一只野兽"[83]。

如果说洛克作品中展现的东西与许多教科书上的说法不一定相符，那么一些他未曾提及的东西也难免不被人们察觉。比如，上帝在此书中少有出现，书中没有丝毫迹象表明儿童养育的首要目的是培养一个基督徒。诚然，洛克曾提出，作为儿童获取"德行"过程的一部分，"应尽早在他的脑海里打上有关上帝真义的烙印，让他知道上帝是唯一至高的存在、万物的创造者，我们从上帝那里获得所有良善，上帝爱我们，并赐予我们万物"。此外，他认为儿童应背诵主祷文、使徒信条以及十诫，但这样做以及精心挑选《圣经》阅读的首要目的都是学习"简单而朴素的道德准则……好让他在一生的言行中随时能用得上"。[84]也就是说，对基督教道德准则的遵循是造就英国绅士的过程的一部分。在一定程度上，这种在儿童养育中淡化基督教教义的现象可能是由洛克著作的体裁造成的。可当我们考虑到洛克的书成为无数中产阶级家庭的育儿指南时，这种淡化就显得分外重要。到了18世纪中叶，该书已经有十几种英文版本。在 18 世纪期间，还出现了该书的法文、德文、意大利文、荷兰文和瑞典文版本。洛克的思想在 18 世纪的小说与诗歌中也有迹可循。比如，在塞缪尔·理查森（Samuel Richardson）的《帕梅拉》（*Pamela*）①中，B 先生给了他妻子一本《教育片论》并请她发表意见，她也给出很长的评论。[85]读者们是否注意到了洛克的书并不怎么强调基督教教义？对此我们无从知晓，但我们必须注意到这样一个事实：18 世纪最重要的儿童指导读物在语气和内容上主要是世俗化的。[86]

卢梭将洛克视为他的前辈，当他在 1762 年出版的《爱弥儿》（*Émile*）序言中写出以下语句时，几乎可以肯定他想到的人是洛克："最明智的作者们致力描写一个人应当知道什么，却不问一个孩子有能力学习什么。他们总是在孩子身上寻找成人，却不考虑成人在长大前是什么样子的。"卢梭坚称"我们对童年一无所知"[87]，他决心扭转这种局面，把儿童当作儿童来看待。正是这一点使他的书成为里程碑式的作品，也启发了其他作家、思想家以及父母们。卢梭的这种激进主义从一开始就表现得很明显，他抨击文艺复兴以来确立的父亲须负责养育孩子的传统："你们说母亲会溺爱孩子，这种做法无疑是错的，但像你们一样使孩子堕落，岂不是更糟？母亲希望自己的孩子在当下能幸福，这一点她是对的，倘若她的方式错了，那么就必须教她更好的方式。诸如野心、贪婪、暴虐、父亲的愚见、疏忽、苛刻等，对孩子的伤害要比母亲的盲

---

① 《帕梅拉》全名《帕梅拉，或贞洁得报》（*Pamela；or，Virtue Rewarded*），是英国作家塞缪尔·理查森（1689—1761 年）于 1740 年出版的书信体小说，讲述出身贫寒的女子帕梅拉与中产阶级领主 B 先生走入婚姻殿堂的故事。这本书出版后十分畅销，在英国小说史上占有重要地位。

目宠爱大一百倍。"[88]那么要如何才能使儿童获得幸福呢？就要用自然的方式培养孩子。这首先意味着要用母乳喂养，不使用襁褓。但从更根本的意义上讲，这意味着儿童应当从事物中学习，而不是向人学习。他应当从经验中习得石头是坚硬的、火能灼伤人，而不是被告知这些事实。一直到 12 岁前的早期教育应当"仅仅是消极的"，"把童年留给你的孩子去自然成熟……要留心他们今天想要的东西是否推迟到明天再给也无大碍。"简言之，"只要一反惯常的做法，你就几乎总是对的。"[89]因为"童年有着自己独特的观看、思考与感受方式"；童年"是理性的睡眠期"，因此你应当抛弃洛克（"在今天最时髦不过"）的建议，不要用理性去教育孩子，而要允许他们发现，真正幸福的秘诀是在能力与意志之间取得平衡。[90]

其他一些作者也曾对儿童的游戏与玩耍表示出一种居高临下的宽容姿态，但他们总是别有用心。比如，洛克写道："儿童们所有的游戏与消遣，都应被引导成良好而有用的习惯……"[91]卢梭则抛弃了这种思维方式，他指出，有许多儿童会早夭，那么他们一生都在为永远不会到来的成年期做准备。他主张儿童应有作为儿童的权利，并在其中得到幸福。此外，我们看到这样一种观点首次被表达出来，即童年可能是人生中最美好的时光，是值得怀念与回顾的事情：

> 热爱童年吧，放任孩子的运动、欢娱，以及愉悦的本能。谁不曾追悔那笑声常在嘴边，心境永远平和的年纪呢？为何要从这些无辜的小孩那里剥夺转瞬即逝的欢乐？为何要夺去

他们自己不可能滥用的宝贵天性呢？为什么要给短暂的年幼时光填满苦涩？这些日子逝去就不会再回来，对你和对他们来说都是一样。[92]

卢梭自己也承认，他以悖论的方式写作，而许多悖论本就是为了制造震撼效果，比如说"读书是童年的诅咒"[93]。况且卢梭的书中也并非没有矛盾之处，比如当写到青春期时，他出奇地说："儿童时期是如何度过的并不怎么重要，童年时可能形成的恶习并非不可纠正，而在此期间养成的美德也许要晚一些才能起作用。"[94]不过，读者如果要把这句话当成全书所传达的精神，那未免也太反常了。尽管卢梭在许多方面都与其他教育话题的作者一样重视培养出优秀的成人，但他的激进主义主要表现为：他认为实现这一点的方式是让儿童顺应自然地成长，而不是将道德规则与学问强加给他们。在此所形成的儿童与自然的联结，极大地影响了此后人们对童年的本质以及适当的育儿方式的思考。

《爱弥儿》与其他教育论著的不同还在于其书写方式。爱弥儿是本书的主人公，这个男孩以卢梭所推荐的方式被抚养长大。他的性别并不是个偶然的选择，因为在书的第二部分卢梭向我们介绍了索菲（Sophy），她成为对爱弥儿所精心培养的男子气概的陪衬，使得对爱弥儿的教育圆满。"男性应强大而主动，"卢梭写道，"女性则应柔弱而被动。"[95]于是全书以一段浪漫之爱收尾，可以说它始于一个乌托邦式的想象。卢梭表示，"你会告诉我，'这与其说是一部关于教育的论著，不如说是一个梦想家对教育的幻想'"[96]。同洛克一样，卢梭也特别重视家庭教师的选择。但洛克书中的家庭教师直接承担着最广泛意义上的教育任务，卢梭笔下的教师有时则是一个隐形的操纵者，他所操纵的一系列事件旨在把自然的教育传达给爱弥儿。在理想情况下，爱弥儿在成长过程中不应接触其他任何人，只是从大自然中学习。卢梭意识到这是不可能的："我所展示的是我们应努力达到的目标，我并没有说我们可以实现它，但我确信谁最接近这一目标，谁就离成功最近。"[97]

    有许多证据表明，人们确实有志于按照卢梭的教育方针来培养自己的孩子。例如，我们知道来自法国布列塔尼（Brittany）地区拉罗谢尔（La Rochelle）的商人让·雷松（Jean Ranson）买了很多"充斥着卢梭主义"的育儿和教育书籍，他还给自己的二儿子取名为爱弥儿，把自己孩子的美德归功于卢梭的教育方针。[98]1778年，德·斯塔尔夫人（Mme de Staël）①信心满满地宣称"每个人都采纳了卢梭的自然教育体系：这是确确实实的成功，不容置疑……他成功地使快乐重返童年"[99]。来自美国的证据则指向儿童衣着与家庭陈设的巨大变化：在17世纪与18世纪上半叶，它们的设计目的是让小孩早日站立起来，尽快长大成人；而到了1750—1830年，其重点则是使孩子按照自然的准则与时序成长。[100]在英格兰，18世纪末之前至少有200本关于教育的论著出版，它们都在某种程度上受到了《爱弥儿》的影响。[101]理查德·埃奇沃斯（Richard Edgeworth）②试图用卢梭式的方法抚养他的第一个儿子，其后果是灾难

---

    ①　德·斯塔尔夫人（1766—1817年）本名安娜·路易丝·热尔曼娜·内克（Anne Louise Germaine Necker），是法国评论家和小说家。

    ②　理查德·埃奇沃斯（1744—1817年）是英国政治家、作家与发明家。

性的——当这个男孩被介绍给卢梭本人时，他的态度极为粗鲁。另外还有一些近乎丑闻的荒唐事。畅销童书《桑福德和默顿》（Sandford and Merton）的作者托马斯·戴（Thomas Day）试图为自己找一个索菲，于是他从舒兹伯利孤儿院（Shrewsbury Orphanage）挑选了一个 11 岁的女孩，以卢梭式的方法来抚养她。例如，为使她能强硬地抵御痛苦，他往她的手臂上浇烧热的封蜡。值得庆幸的是，这个女孩没能达到他预期的效果。[102]诸如此类的事件给卢梭的批评者们提供了充足的不利证据，而他的批评者为数众多。由于卢梭拒绝承认教会权威，他的书受到了罗马天主教廷的谴责，但批评者的声音在某种程度上也证明了该书的成功。

《爱弥儿》最具直接影响力的是有关母乳喂养和襁褓的部分，这也是该书最无新意可言的部分，是卢梭事后加上去的，实际上他照搬了另一本书的内容。[103]卢梭既表达了围绕母性的一种新的感受性，又进一步扩大了它的影响力。从文艺复兴到启蒙运动期间，在主流的思维模式中，父亲在养育子女方面起着关键作用。随着浪漫主义的兴起，母亲重新获得了她们在中世纪所拥有的主导地位，儿童养育又变成了一项女性的事业，而父亲被降格到从属地位。这一转变带来的成果是惊人的：在 1750—1775 年，英国贵族中 5 岁以下儿童的死亡率下降了 30%。唯一合理的解释似乎是，从 18 世纪 60 年代末开始，贵族的母亲把更多的时间花在了孩子身上，并用母乳来喂养。历史学家伦道夫·特伦巴赫（Randolph Trumbach）写道：“孩子们之所以能活下来，与其说是因为他们对疾病免疫了或是营养更好了，不如说是因为他们得到了更多的爱。”[104]

儿童存活下来显然是好事，可联结童年与自然所带来的其他后果就不那么容易明确区分其好坏了。它们使得童年被划定为一个分隔的、特殊的世界，这方面最突出的证据或许要数专门为儿童而写的特殊文学类型的发展。我们已经看到，自宗教改革以来出现的一些教义问答和其他宗教文学作品，即使不是只写给儿童的，也主要是为儿童而创作的。但直到18世纪，一种更为世俗化的儿童文学作品才真正出现，它们有别于那些所有年龄段的人都会阅读的廉价小书。在英格兰，约翰·纽伯里（John Newbery）在18世纪40年代出版的作品一般被视为这类儿童文学的发端。到了18世纪下半叶，儿童文学已是一种成熟的文学类型。比如，在法国出现的代表作品有勒普兰斯·德·博蒙夫人（Madame Le Prince de Beaumont）从18世纪50年代到70年代为儿童创作的60册书，以及阿诺·贝尔坎（Arnaud Berquin）在18世纪80年代出版的《儿童之友》（The Children's Friend）。[105]

儿童也在面向成人的艺术作品中留下了深刻的印记。诗人们在其诗作中哀悼儿童的死亡，或忧心他们的未来。[106]而在18世纪下半叶的小说中，儿童的形象也十分突出。他们并非身份独特的主角，而是作为象征或符号而存在，代表着"天真、情感与单纯"[107]。人们对于儿童的描绘也发生了变化。一项关于美国家庭肖像的研究表明，在1750年以前，男性与穿着马裤的男孩（6岁以上）往往在画面中占据主导地位，而女性与身着衬裙的小孩则处于从属地位。在此以后，肖像画的格局变得更为复杂，从儿童的衣着及周遭的道具来看，他们都与成年男女更明显地区别开来。[108]在法国画家让-巴蒂斯特·格勒兹（Jean-Baptiste Greuze）与艾蒂安·

奥布里(Étienne Aubry)的画作中，也能看到类似的自然主义转变，儿童的位置变得更加突出。在英格兰画家托马斯·甘斯伯勒(Thomas Gainsborough)和约书亚·雷诺兹(Joshua Reynolds)的画作中，可以看到中上层阶级的儿童享受着"无论过去还是现在都被视为'自然的'童年，周围满是父母对其关爱的证据，这使他们⁶⁶与一些痛苦的经历隔离开来，置身于纯真因而也是幸福之所"[109]。雷诺兹还直接将他的曾侄女奥菲(Offy)的肖像画命名为《纯真年代》(*The Age of Innocence*，插图 2)。画中大约 6 岁的奥菲坐在乡间(儿童的"自然"环境)，提醒着成人观看者，纯真的年纪(至少是性方面的纯真)是值得珍惜的，因其总会过去。在画中，虽然孩子处于明处，但背景却是昏暗的，暗示着将要到来的事物。这幅画以及其他类似的画作在 19、20 世纪被大量复制，它们开创了一种描绘儿童的方式，并在现代意识中刻入了一种浪漫的童年观念。[110]

然而，这些天真自然的童年形象并未取得大规模、无争议的成功。对于这些形象的挑战来自三个方面。第一，清教对于原罪的强调依然存在。这使得成年人为儿童感到焦虑，他们还把这种焦虑投射到了孩子身上。艾萨克·沃兹(Isaac Watts)①令孩子们唱道：

> 我会在某个时辰死去，
> 不知这有多久会到来，

---

① 艾萨克·沃兹(1674—1748 年)是英国公理会牧师、神学家、赞美诗作者，一生创作了约 750 首赞美诗。

一千个小孩，与我一般大，

已被死神唤去聆听他们的末日。

　　这一清教传统在 18 世纪末的福音派复兴运动中得到了加强。1799 年，《福音杂志》（*Evangelical Magazine*）建议父母教导孩子"他们是有罪的、堕落的生灵"。同年，福音派复兴运动的领军人物之一汉娜·莫尔（Hannah More）①告诫人们，不要卷入把儿童当成无罪之人的风潮。[111]这些信念在 19 世纪初可能有所增强，一些文献可以鲜明地证明它们在实际中得到了贯彻。例如，在美国，一位浸礼会教徒记录了他如何将儿子关起来，48 小时不给他食物，直到他承认自己的错误行为。[112]在英国，塞缪尔·巴特勒（Samuel Butler）的自传体小说《血肉之路》（*The Way of All Flesh*）与埃德蒙·戈斯（Edmund Gosse）记述其与父亲关系的传记《父与子》（*Father and Son*）中，都详细描述了福音派教徒的童年。直到 19 世纪 60 年代，美国有关原罪论的表述才从通俗文学中消失；而直到 20 世纪初，长老会才正式摒弃婴儿有罪的教义。[113]不过在这一点上，教会本就落后于更为大众化的指导手册，几乎可以肯定教会也落后于大众信仰。例如，雅各布·阿伯特（Jacob Abbott）②在 1871 年便建议父母"不要告诉孩子们他们是有罪之人"。[114]

　　对卢梭主义观念的第二个挑战则更为微妙，它来自那些承认受到卢梭影响的人，从法国与英格兰用于道德教化的儿童文学中可发现这种挑战的端倪。这类作品的首要目的是指导与教诲，这

67

---

　　①　汉娜·莫尔（1745—1833 年）是英国作家、慈善家，在教育上强调宗教教导。

　　②　雅各布·阿伯特（1803—1879 年）是 19 世纪美国儿童与教育类书籍畅销作家。

与卢梭所赞同的做法相去甚远，但这类作品的另一个特点在卢梭那里却有权威性的支持：它们根本不给幻想性的文学留出任何时间。这类作品更多地带有洛克而非卢梭的印记，其中最为著名的例子是巴鲍德夫人（Mrs. Barbauld）的《儿童启蒙教程》（*Early Lessons*）①。它们更注重说理与道德培养，虽大体适应儿童的理解方式，但却将目光瞄准培养有用的成年人。[115] 18 世纪盛行的玩具也有这个特点，它们从洛克那里得到启发，主要用于教学。比如，一个美国人请她的英国朋友给她年幼的儿子买"一种新的玩具，我在信中附上了对它的描述，我将根据（我已认真学习过的）洛克先生的方法，教他用这玩具来学习"[116]。

第三个挑战卢梭主义观念的是其批评者们所反对的一种倾向，即父母越来越视孩子为证明自己地位的物件。阿里耶斯在 17 世纪的法国发现了一派批评言论，指责父母娇惯和溺爱孩子，把他们当作供成年人取乐的玩物。这种批评延续到了 18 世纪，但在此基础上又添了一层顾虑。批评者们认为"儿童已经成了父母愿意花大笔财富来供养的奢侈品"，我们必须在整个社会日益增长的消费主义背景下看待这个问题。与此同时，专为儿童提供的书籍、玩具和娱乐相继出现，这些现象在 18 世纪初尚不存在。J. H. 普拉姆（J. H. Plumb）在谈及英格兰时写道："在 1730 年还没有专卖玩具的店，但到了 1780 年到处都是玩具店。"同样，儿童文学也从 18 世

---

① 安娜·利蒂希娅·巴鲍德（Anna Laetitia Barbauld，1743—1825 年）是英国诗人和儿童文学作家。她编写了《儿童启蒙教程》《儿童散文赞美诗》等，是 18 世纪儿童文学的先驱。《儿童启蒙教程》系列共有四本，出版于 1778 年和 1779 年，是为 2 至 4 岁的儿童所写的，文字难度随年龄递进。这一系列书籍采用对话体，以一位母亲与儿子的对话展开。

纪 40 年代开始急剧扩张。当时存在一些洛克式的理性声音，痛斥这种为儿童过度消费和过度纵容儿童的行为，但并未阻止这一市场的扩张。[117]

浪漫主义诗人们无暇顾及这些消费主义潮流，但上述第二个挑战却是他们攻击的目标。查尔斯·兰姆（Charles Lamb）在给科勒律治（Coleridge）的信中写道："这些该死的人们！我指的是巴鲍德之流，他们打击和炮轰大人小孩身上所有的人性。"[118]浪漫主义试图为童年讨回想象的自由，这种自由恰是功利主义（utilitarianism）意欲扼杀的东西，它意味着儿童可以接触所有类型的文学作品。有许多证据表明，作为终将被讲求礼仪的世界遗忘的文学作品的廉价小书（chapbook）①中的关于魔法、勇气、机巧、力量和耐性的故事，恰恰在 18 世纪满足了许多儿童的想象力。华兹华斯（Wordsworth）痛斥当时流行的常识性和功利性的教育，认为"一种罪恶如今已殃及/这片土地上的儿童，一只害虫/它本可使我身心枯竭"[119]。

华兹华斯与洛克一样，都认为人刚出生时心灵是一块白板。但洛克希望从一开始就在白板上刻下好的习惯，从而培养出绅士；而华兹华斯则敦促人们应使儿童的心灵对各种情感与知觉敞开，其中最重要的是源于自然的情感与知觉。在这一点上，他似乎与卢梭相近。不过，对卢梭来说，儿童应从自然中学到经验，比如火能灼伤人；但对华兹华斯而言，自然将给儿童植入道德与美感

---

① 廉价小书是欧洲 17、18 世纪流行的一种故事书或诗集，通常只有 20 到 40 页，售价很低，大小一般在 15 厘米×10 厘米以内，便于携带。这类书起初是卖给流动商贩（chapmen）的，因此被称为 chapbook，后来成为工人以及许多儿童争相传阅的读物。

的基础，而这些基础又将形塑成年生活：

> 儿童是成人的父亲，
>
> 我希望终此一生，
>
> 都能贯穿这天然的虔敬。[120]

由此，浪漫主义者们提出了一种童年的理念，童年从为成年做准备的阶段变成了能够滋养一生的源泉。倘若成人不能在心中留有孩童般的自己，他们就会变成干瘪、苦涩的守财奴斯克鲁奇（Ebenezer Scrooge）①。

这正是浪漫主义的核心要旨，它首先由威廉·布莱克（William Blake）表达出来，但很快便与华兹华斯在《不朽颂》（*Ode on Intimations of Immortality from Recollections of Early Childhood*）中表达的另一种思想相混淆。在这首诗中，华兹华斯想象儿童生来：

> 并不是完全忘却，
>
> 也并不是抛却所有的一切，
>
> 而是追随模糊的光辉，从上帝，
>
> 从我们那家园来到这里：
>
> 婴幼时，天堂展开在我们身旁！②

---

① 斯克鲁奇是狄更斯的小说《圣诞颂歌》的主人公，后来人们用这个名字来指代守财奴。

② 该诗标题中文通常简译为《不朽颂》，本片段中译参考《华兹华斯抒情诗选》，黄杲炘译，上海译文出版社，2000。

这似乎不仅撤销了原罪，还代之以一种新的观念，即婴儿生来就得到了上帝的赐福。人们开始认为，儿童对美和真理有着比成人更为敏锐的感知力。在这个分外担心"奢华"可能会钝化感性或败坏道德的世界，童年开始取代"野蛮状态"成为美德之所在。人生则可被视为从童年之鲜活逐渐走向衰败的过程，而不是从童年上升到成熟的过程。对华兹华斯本人来说，他试图通过这首《不朽颂》理解自己诗性力量的不断衰退。这与他在其他许多作品中所表达的思想都不同，但这首颂诗却概括了一种被认为是针对童年的浪漫主义态度：童年是生命中最美好的部分。

69

浪漫主义的影响

我们怎么夸大华兹华斯这首颂诗的影响都不为过。芭芭拉·加里茨（Barbara Garlitz）称，该诗"对于 19 世纪童年观念的影响，就像弗洛伊德对当代童年观念的影响一样巨大"。基督徒们欣然接受了这样的童年观念，正如未来的红衣主教纽曼（Cardinal New-man）在 1830 年所言，儿童出自"上帝之手，心中印有一切方从天堂带来的教诲与思想"。斯托普福德·布鲁克牧师（Rev. Stopford Brooke）在 1872 年称，那些爬到我们膝上的孩子"是刚从上帝手中来的，是从上帝的圣爱之宫飘落的带给我们的活生生的赐福"[121]。对待童年的浪漫主义情感在整个 19 世纪和 20 世纪的大部分时间处于支配地位，它可能在 1860—1930 年达到了顶峰。在很大程度上，狄更斯作品中的儿童主人公们使得一种儿童形象在公众心中定型。儿童既是可怜的，如奥利弗·退斯特（Oliver Twist）①，又是"刚从上帝那儿来的"，是与生俱来的良善力量的化身，能够拯救苦闷的成年人。[122]不过，在19世纪的其他许多小说中，儿童也是中心人物。例如，在乔治·艾略特（George Eliot）的《织工马南》（*Silas Marner*）中，老守财奴被女孩爱比（Eppie）所救：

> 他与这个孩子之间的爱使他们融为一体，这孩子与世间万物都有着爱——从有着父母模样与腔调的成年男女，到红色的瓢虫和圆圆的卵石……昔日天使们来到人间，牵着人们的手，带他们逃离毁灭之城。如今我们无法看到白翼天使。但人们还是被带离了危险的毁灭：有一只手伸向他们的手，轻柔地将他们牵引到平静而光明之地，使他们不再回头。那只手可能就是一个小孩的。[123]

在此，红色的瓢虫和圆圆的卵石代表着童年与自然的联结，这是浪漫主义理念的核心，而小孩们则愈加被赋予了拯救成年人的使命。美国超验主义者（transcendentalist）布朗森·奥尔科特（Bronson Alcott）在其札记中坦白："童年拯救了我。"他的同胞拉尔夫·爱默生（Ralph Waldo Emerson）也说过："婴儿是永恒的弥赛亚，他们来到堕落者的怀抱，恳求人们回到天堂。"[124]

70　　在这种思想中我们可以看到，成年人想象自己生活的方式发

---

① 狄更斯小说《奥利弗·退斯特》（*Oliver Twist*，一般中译为《雾都孤儿》）的主人公，他从小在济贫院长大，后被卖给棺材店做学徒，备受欺凌。逃跑后他来到伦敦，历尽波折。

生了转变。在 18 世纪末以前，人们在回顾自己的人生历程时并未将童年看得很重要，现在一切都改变了。卢梭曾在其出版于 1783 年的《忏悔录》(*Confessions*) 中这样说："谁想了解我这个成年人，就得了解我还是孩子的时候。"人们在回忆过往生活时也越来越重视童年：在尼德兰的自传文学中，生于 1780 年左右的人最先开始这样做；在德国，对童年期自我的形成及其影响的兴趣出现得更早一些。[125] 人们开始将自我视为一个只有自己才能进入的私密的内在空间，而童年以及童年回忆对于自我的形成至关重要。童年及其代表的一切开始被赋予一种新的意义，这表现为人们对儿童的身心及其发展方式产生了新的兴趣。成人对儿童自然发展的干预则遭到了嫌恶，在 19 世纪和 20 世纪初的欧洲文化中，这种自然发展受到干预的儿童的原型是歌德笔下的米尼翁 (Mignon)①——一个因杂技训练而破相的孩子。米尼翁这个儿童形象引发了人们强烈的怜悯之情，她同时也成为观看其表演的人们已然失去的童年的象征。[126]

在浪漫主义的影响下，"儿童"不再像在伊拉斯谟和洛克那里一样被等同于男孩。童年开始成为生命中的一个特殊时段，性别在此期间不再是被强调的属性，相反，儿童的童真才是需要保护的品质。在 19 世纪 30 年代，无论对男孩还是女孩的推荐着装都是及膝裙装和白色长裤，并且都剪短发。这样穿着的目的很明确，就是为了模糊性别之分。19 世纪 20 年代到 40 年代间出版的指导

---

① 歌德小说《威廉·迈斯特的学习时代》(1795) 和《威廉·迈斯特的漫游年代》(1821) 中的人物，她也启发了许多音乐作品的创作，如舒伯特以米尼翁为主题创作的歌曲。

手册则强调，男孩和女孩都应避免发怒。这一时期可能是对无性别的儿童进行理想化的高潮，因为从这以后一直到 20 世纪初，针对儿童情绪表达的指导意见都存在更明显的性别区分。[127] 不过，科学为不区分儿童性别提供了一定的持续支撑。正如克拉夫特-埃宾（Richard von Krafft-Ebing）①写道：“儿童是无性的。”[128] 如果真要区分性别，人们更可能将浪漫主义的儿童想象为女孩而非男孩，这也许是因为在现实生活中，男孩从未充分学会与自然观念相协调的行为方式。在对童年的女性化想象中，一个突出的例子是托马斯·戈奇（Thomas Gotch）的画作《孩童登基》（*The Child Enthroned*，插图 3）。戈奇所画的是“童年的化身”，这幅画的宗教象征色彩极为浓厚。在 1894 年的皇家学院展览中，一些观画者以为这是一幅耶稣画像，于是孩童耶稣变成了女孩，观画者们则被召来在她脚下敬拜。[129]

71   浪漫主义还很容易引起矫揉造作之情。尽管在 19 世纪的头十年，菲利普·奥托·朗格（Philipp Otto Runge）②就开始在他的画作中为儿童注入生机与活力，并促使观画者从儿童的角度来看待世界，但这一范例似乎直到 19 世纪的最后几年才得到效仿。[130] 相反，一种精于修饰的浪漫主义主导着 19 世纪的人描绘儿童的方式。正如约翰·拉斯金（John Ruskin）③在 19 世纪 80 年代谈及人们对儿童的描绘时所言，“在阿林厄姆夫人（Mrs. Allingham）与凯

---

    ① 理查德·克拉夫特-埃宾（1840—1902 年）是德国精神病学家，性学研究创始人。
    ② 菲利普·奥托·朗格（1777—1810 年）是德国浪漫主义画家、制图师。
    ③ 约翰·拉斯金（1819—1900 年）是英国艺术评论家，英国工艺美术运动（Arts and Crafts Movement）发起人之一。

特·格林纳威(Kate Greenaway)①笔下，你看到的是英格兰草丛中的花朵又一次沐浴在圣洁的光辉与纯真之中"[131]。

在文学作品中，儿童主人公的死亡率很高，因为他们在童年之后并没有一种能被认可的生活状态。人们开始把童年当作人生中最美好的时光来回味，甚至可能希望自己像小说中的人物一样从未长大。在路易莎·奥尔科特(Louisa Alcott)出版于1868年的《小妇人》(*Little Women*)中，15岁的乔(Jo)不愿"去想我必须长大"，她的母亲也赞同这种想法，认为"孩子应尽可能久地做孩子"。[132]这种态度在许多小说中得到效仿，在现实生活中也可能引起了共鸣。

浪漫主义的语言与感受性潜入了关于儿童的指导手册和文学作品。美国的《基督教倡导者》(*Christian Advocate*)杂志在1898年为学校推荐音乐作品时，其言辞更多地受到了华兹华斯而非汉娜·莫尔的影响："趁着他们从天堂带来的露水还未干涸，应该让这些幼小的心灵随着最高的法则和谐地律动。"[133]一位来自爱丁堡的医生在20世纪伊始写了一本畅销的育儿指南，他也提到了华兹华斯，并承认"诗人精细的情感有时能够揭示那些在科学的冷酷审视下无法触及的特质"[134]。

不过，这时候我们需要注意，浪漫主义的影响是有限的。我们所描述的大部分内容是作为一种幻想而存在的，这种幻想对成年男性特别具有吸引力。但是，在中产阶级的世界里，即便成年男性通常是宠溺孩子的父亲，他们也并不怎么涉及育儿的日常事

---

① 海伦·阿林厄姆(Helen Allingham，1848—1926年)与凯特·格林纳威(1846—1901年)皆为英国插画家与绘本作家，尤以儿童书籍插画著称。

务。[135]相比之下，对于许多母亲来说，照看婴幼儿是一项全职工作。她们还被期望在其中得到满足感，但这也往往会引发焦虑。虽然浪漫主义针对育儿环境给出了建议（如乡间），但并没有一本可供母亲参考的浪漫主义育儿手册，依照浪漫主义的精神来养育子女要比逐字逐句遵照其指示来得容易。浪漫主义的确影响了人们的育儿方式，这首先表现在它为儿童打开了充满想象力的文学世界，若是全然由洛克的育儿精神主导，儿童根本接触不到这些作品。不过从总体上看，尽管浪漫主义的影响无孔不入，它却较少涉及具体细节。而且还存在其他许多更为传统的育儿建议，它们也全方位地占据了母亲们的视野。在 19 世纪 30 年代，小说家盖斯凯尔夫人（Mrs. Gaskell）在面对处理孩子哭泣的不同建议时感叹"书本上的内容真是千差万别"[136]。母亲们担心的不单是孩子应该或将会如何行事，还有他们能不能活下来。在这个问题上，人们强调的是卫生和习惯。而随着 19 世纪的演进，人们越来越笃信合理的育儿能降低儿童死亡的风险。"除了最严格地奉行福音主义的家庭，美国人在依赖天意之余还逐渐辅之以对人类行动力的信心。"[137]在实际生活中，这种信心更多是依照洛克的原则来践行，而非卢梭或浪漫主义的原则，中产阶级的儿童养育基本上仍是一种对习惯的训练。此外，还有一些影响力很大的人对于浪漫主义的儿童观念不甚关注。例如，一些人支持把男孩与父母分开，在英国的公学中培养他们的"男性气质"。

因此，浪漫主义作为一种思想体系的影响远甚于其对中产阶级家庭日常育儿实践所造成的影响。浪漫主义的重要性在于它引发了一系列有关童年的思考方式以及对儿童生活的组织方式，我

72

们将在接下来的章节中进一步探讨。浪漫主义的核心是对童年的崇敬与神圣化，这与清教徒强调儿童有罪的观念完全相反。浪漫主义使欧美人对童年重要性的认识根深蒂固，同时还有童年应是快乐的信念以及人们对童年寄予的希望，即只要童年的品质能在成年后得到保留，就能有助于拯救成人世界。在社会朝着这种更加儿童本位的方向发展时，有关童年与宗教关系的看法也发生了根本的转变。正如华兹华斯笔下的儿童，他们是：

> 灵验的先知！有福的观察者！
> 那些真理就由你掌握着，
> 而我们则花了毕生的精力在找寻。[138]

这些诗句表明，浪漫主义对人们思考童年的方式着实产生了革命性的影响，儿童从人类中最小、最不经思虑的存在变为了具有神一样的品质、理应受到崇拜的希望的化身。

注　释

[1] P. Gavitt, *Charity and Children in Renaissance Florence：The Ospedale degli Innocenti, 1450-1536*（Ann Arbor, 1990），p. 275.

[2] 引自 Ibid., pp. 278～279。

[3] Ibid., pp. 278～281.

[4] Ibid., pp. 281～284；*Collected Works of Erasmus*（Toronto, Buffalo, London, 1985），Vol. 25, p. xxiii.

[5] Gavitt, *Charity and Children*, pp. 282, 284.

[6] Ibid., pp. 273~275.

[7]‘A declamation on the subject of early liberal education for children’, in *Collected Works*, Vol. 26, pp. 299, 301, 307.

[8] Ibid., pp. 297, 301~302, 305.

[9] S. Shahar, *Childhood in the Middle Ages* (London, 1990), pp. 100~101.

[10]*Collected Works*, Vol. 26, pp. 299~300.

[11] M. Todd, *Christian Humanism and the Puritan Social Order* (Cambridge, 1987), pp. 107~108；关于伊拉斯谟对女孩教育的观点，参见 W. H. Woodward, *Desiderius Erasmus Concerning the Aim and Method of Education* (1904；New York, 1964), pp. 148~153。我怀疑他的宣言标题中的"pueri"向其读者传达的意思是"男孩"而非"儿童"。

[12]*Collected Works*, Vol. 25, p. xxii；Vol. 26, pp. 324, 339.

[13] Ibid., Vol. 25, pp. xxxv－vi, xvii；Vol. 26, p. 325.

[14] Ibid., Vol. 25, pp. xiii－xvii；G. Kennedy, Quintilian (New York, 1969), pp. 41~44.

[15]‘On good manners for boys’, *Collected Works*, Vol. 25, pp. 269~289；J. Revel,‘The uses of civility’, in R. Chartier (ed.), *A History of Private Life III：The Passions of the Renaissance* (Cambridge, MA and London, 1989), pp. 168~181.

[16]*Collected Works*, Vol. 25, p. 273；Vol. 26, p. 307.

[17] Ibid., Vol. 26, pp. 312, 321；约翰·厄尔之言引自 J. E. Illick,‘Child-rearing in seventeenth-century England and America’, in L. de Mause (ed.), *The History of Childhood* (1974；London, 1976), p. 317。

[18] Todd, *Christian Humanism*, p. 97.

[19] C. Hill,‘The spiritualization of the household’, in *Society and Puritanism in Pre-Revolutionary England* (London, 1964), pp. 443~481.

[20]引自 S. Ozment，*When Fathers Ruled：Family Life in Reformation Europe*(Cambridge，MA and London，1983)，p. 132。

[21]引自 P. Collinson，*The Birthpangs of Protestant England：Religious and Cultural Change in the Sixteenth and Seventeenth Centuries* （London，1988)，p. 60。

[22]参见 J. Morgan，*Godly Learning：Puritan Attitudes Towards Reason，Learning，and Education，1560-1640* （Cambridge，1986)，pp. 143～144。

[23]引自 Ozment，*When Fathers Ruled*，pp. 133～134。

[24]引自 Ibid.，p. 132。

[25] R. V. Schnucker，'Puritan attitudes towards childhood discipline'，in V. Fildes （ed.），*Women as Mothers in Pre-Industrial England* （London，1990)，pp. 108～121.

[26]引自 Morgan，*Godly Learning*，pp. 169～170。

[27] Collinson，*Birthpangs of Protestant England*，p. 78；P. Tudor，'Religious instruction for children and adolescents in the early English Reformation'，*Journal of Ecclesiastical History*，35 (1984)，p. 394.

[28] Tudor，'Religious instruction'，pp. 393～394.

[29]引自 Ozment，*When Fathers Ruled*，p. 164。

[30]引自 Ibid.，pp. 164～165。

[31]引自 J. Demos，*A Little Commonwealth：Family Life in Plymouth Colony* (New York，1970)，pp. 134～135。

[32] Ozment，*When Fathers Ruled*，pp. 170～172；Tudor，'*Religious instruction*'；I. Green，'"For Children in Yeeres and Children in Understanding"：the emergence of the Elizabethan catechism under Elizabeth and the early Stuarts'，*Journal of Ecclesiastical History*，37 (1986)，pp. 400～401.

[33]引自 Morgan，Godly Learning，p. 153。

［34］R．P．Hsia，*Social Discipline in the Reformation*：*Central Europe 1550-1750*（London，1989），pp. 147～148；另见 Morgan，Godly Learning，p. 143.

［35］引自 Morgan，*Godly Learning*，p. 169。

［36］W．Gouge，*Of Domesticall Duties*：*Eight Treatises*（London，1634 edn）.

［37］Morgan，*Godly Learning*，pp. 177～182.

［38］Ibid．，pp. 185～186，205～207.

［39］A．Fletcher，'Prescription and practice：Protestantism and the up-bringing of children，1560-1700'，in D．Wood（ed.），*The Church and Child-hood*（Oxford，1994），pp. 335～345.

［40］S．Schama，*The Embarrassment of Riches*：*An Interpretation of Dutch Culture in the Golden Age*（1987；London，1991），p. 521.

［41］P．Crawford，'The construction and experience of maternity in sev-enteenth-century England'，and A．Wilson，'The ceremony of childbirth and its interpretation'，in Fildes，*Women as Mothers*，pp. 3～38，68～107.

［42］S．H．Mendelson，'Stuart women's diaries and occasional memoirs'，in M．Prior（ed.），*Women in English Society 1500-1800*（London，1985），p. 196.

［43］Demos，*A Little Commonwealth*，p. 133.

［44］Schama，*Embarrassment of Riches*，pp. 537～538；R．A．Houl-brooke，*The English Family 1450-1700*（London，1984），p. 132；关于法国的证据可参见 E．W．Marvick，'Nature versus nurture：patterns and trends in seventeenth-century French child-rearing'，in de Mause，*History of Child-hood*，pp. 270～271。

［45］Houlbrooke，*English Family*，p. 136.

［46］Schama，*Embarrassment of Riches*，p. 517.

［47］Ozment，*When Fathers Ruled*，pp. 167～168.

[48] A. Macfarlane（ed.），*The Diary of Ralph Josselin 1616-1683*（London，1976），pp. 201～203；父母丧子之痛的其他例子可参见 J. J. H. Dekker and L. F. Groenendijk，'The republic of God or the republic of children? Childhood and child-rearing after the Reformation：an appraisal of Simon Schama's thesis about the uniqueness of the Dutch case'，*Oxford Review of Education*，Vol. 17（1991），pp. 325～326。

[49] J. B. Bedaux and R. Ekkart（eds），*Pride and Joy：Children's Portraits in the Netherlands 1500-1700*（Ghent and Amsterdam，2000），esp. pp. 262～263.

[50] Schama，*Embarrassment of Riches*，pp. 481～561，引文见 pp. 495，557，559。

[51] 引自 Houlbrooke，*English Family*，pp. 135～136。

[52] The Life of Adam Martindale，Written by Himself，*Chetham Society*，old series，4（1845），p. 154；P. Greven，*The Protestant Temperament：Patterns of Child-Rearing，Religious Experience，and the Self in Early America*（1977；New York，1979），p. 158.

[53] Greven，*Protestant Temperament*，多处。

[54] Ibid.，pp. 31，47.

[55] 引自 Ibid.，p. 36。

[56] 引自 Ibid.，p. 47。

[57] 引自 Hill，'The spiritualization of the houschold'，p. 447。

[58] Greven，*Protestant Temperament*，pp. 37，162，164～167.

[59] Ibid.，pp. 26～27，153～155.

[60] Ozment，*When Fathers Ruled*，p. 177.

[61] Ibid.，p. 163.

[62] Greven，*Protestant Temperament*，pp. 25～26.

[63] Collinson，*Birthpangs of Protestant England*，pp. 81～93，引文

见 p. 93。

［64］M. Foisil，'The literature of intimacy'，in Chartier，*A History of Private Life III*，pp. 345～348.

［65］Hill，'The spiritualization of the household'. 关于天主教谴责新教执着于原罪腐化儿童的问题，参见 Hsia，*Social Discipline in the Reformation*，p. 147。

［66］J-L. Flandrin，*Families in Former Times：Kinship，Household and Sexuality*（Cambridge，1979），pp. 130～140，158～160.

［67］P. Ariès，*The Hour of Our Death*（London，1981），p. 231；Foisil，'The literature of intimacy'，p. 348.

［68］P. Ariès，*Centuries of Childhood*（London，1962），p. 127；但需注意的是，这个女孩的母亲因她不是儿子而对她有所嫌弃，参见 Marvick，'Nature versus nurture'，p. 283。

［69］引自 Ariès，*Centuries of Childhood*，p. 128。

［70］Ibid.，pp. 40～41.

［71］Ibid.，pp. 98～124.

［72］Marvick，'Nature versus nurture'，p. 289.

［73］Ariès，*Centuries of Childhood*，pp. 111～112，118～119；Marvick，'Nature versus nurture'，p. 283.

［74］对这一论点的详细阐述，参见 L. Chatellier，*The Europe of the Devout：The Catholic Reformation and the Formation of a New Society*（Cambridge，1989）。

［75］Ariès，*Centuries of Childhood*，pp. 357～358.

［76］J. Locke，'Some Thoughts Concerning Education'，ed. J. W. and J. S. Yolton，*The Clarendon Edition of the Works of John Locke*（Oxford，1989），pp. 105，111，138.

［77］Ibid.，pp. 105，107.

[78]Ibid., p. 265, and Introduction, p. 38; J. Locke, *An Essay Concerning Human Understanding*, ed. P. H. Nidditch (Oxford, 1975), pp. 85, 95, 106~107, 116~117.

[79]Locke, 'Some Thoughts Concerning Education', p. 83.

[80]Ibid., pp. 122, 198, 265.

[81]Ibid., pp. 115, 119, 182~183, 208.

[82]Ibid., p. 185.

[83]Ibid., p. 84. 笛福之言引自 M. J. M. Ezell, 'John Locke's images *77* of childhood：early eighteenth century response to Some Thoughts Concerning Education', *Eighteenth-Century Studies*, 17 (1983), p. 150。

[84] Locke, 'Some Thoughts Concerning Education', pp. 195, 212, 213~214.

[85]Ibid., p. 65; Ezell, 'John Locke's images of childhood', pp. 139~155, esp. pp. 146~147; J. A. Leith (ed.), *Facets of Education in the Eighteenth Century*, *Studies on Voltaire and the Eighteenth Century*, CLXVII (1977), pp. 18~19; S. F. Pickering, Jr., *John Locke and Children's Books in Eighteenth-Century England* (Knoxville, 1981).

[86]J. H. Plumb, 'The new world of children in eighteenth-century England', *Past and Present*, 67 (1975), p. 69.

[87]J-J. Rousseau, *Émile*, ed. P. D. Jimack (London, 1974), p. 1.

[88]Ibid., p. 5.

[89]Ibid., pp. 57~58.

[90]Ibid., pp. 44, 53~54, 71.

[91]Locke, 'Some Thoughts Concerning Education', p. 192.

[92]Rousseau, *Émile*, p. 43; 有关怀念童年的其他表达，参见 P. Coveney, *The Image of Childhood* (1957; Harmondsworth, 1967), p. 52。

[93]Rousseau, *Émile*, p. 80.

［94］Ibid.，p. 193；又见 p. 378。

［95］Ibid.，p. 322.

［96］Ibid.，p. 2.

［97］Ibid.，p. 59.

［98］R. Darnton，*The Great Cat Massacre，and Other Episodes in French Cultural History*（1984；Harmondsworth，1985），pp. 209～249.

［99］Rousseau，*Émile*，pp. xxiii－xxvi；另见 R. Trumbach，*The Rise of the Egalitarian Family：Aristocratic Kinship and Domestic Relations in Eighteenth-Century England*（London，1978），pp. 210～211，214。

［100］K. Calvert，*Children in the House：The Material Culture of Early Childhood，1600-1900*（Boston，1992）.

［101］Coveney，*Image of Childhood*，p. 46.

［102］G. Summerfield，*Fantasy and Reason：Children's Literature in the Eighteenth Century*（London，1984），pp. 119～120，149～153.

［103］Rousseau，*Émile*，pp. xxiv～xxv；T. Zeldin，*France 1848-1945*，*Vol. I*（Oxford，1973），p. 317.

［104］Trumbach，*Egalitarian Family*，pp. 187～233，引文见 p. 208。

［105］L. Hunt，*The Family Romance of the French Revolution*（Berkeley and Los Angeles，1992），p. 27. 关于英格兰儿童文学的总体考察，一个好的作品是 Pickering，*John Locke and Children's Books*，该书涉及的范围比其标题显示的要广。

［106］R. Lonsdale（ed.），*Eighteenth-Century Women Poets*（Oxford，1989），pp. 115，135，270～271，459，506～507.

［107］Hunt，Family Romance，p. 26；另见 P. Stewart，'The child comes of age'，*Yale French Studies*，40—41（1968），pp. 134～141。

［108］K. Calvert，'Children in American family portraiture，1670 to 1810'，*William and Mary Quarterly*，XXXIX（1982），pp. 87～113.

78

[109]Hunt，*Family Romance*，p. 36；有关奥布里，可参见其画作《父母之爱》(*L'Amour Paternel*)，收藏于伯明翰大学芭伯艺术馆(Barber Institute of Fine Arts，University of Birmingham)；P. Crown，'Portraits and fancy pictures by Gainsborough and Reynolds：contrasting images of childhood'，*British Journal for Eighteenth-Century Studies*，7 (1984)，pp. 159~167，引文见 p. 159。

[110]M. Pointon，*Hanging the Head：Portraiture and Social Formation in Eighteenth- Century England* (New Haven and London，1993)，pp. 177~ 226；A. Higonnet，*Pictures of Innocence：The History and Crisis of Ideal Childhood* (London，1998)，pp. 15~35；J. C. Steward，*The New Child：British Art and the Origins of Modern Childhood，1730-1830* (Berkeley，1995).

[111]T. W. Laqueur，*Religion and Respectability：Sunday Schools and Working Class Culture 1780-1850* (New Haven and London，1976)，pp. 5~ 20；P. Sangster，*Pity My Simplicity：The Evangelical Revival and the Religious Education of Children 1738-1800* (London，1963)；H. More，'Strictures on female education'，in *The Works of Hannah More*，18 vols (London，1818)，Vol. 7，p. 67.

[112]W. E. McLoughlin，'Evangelical child-rearing in the age of Jackson：Francis Weyland's view on when and how to subdue the willfulness of children'，*Journal of Social History*，9 (1975)，pp. 21—43. 关于 19 世纪早期惩罚子女的现象有所增多的说法，参见 L. Stone，*The Family，Sex，and Marriage in England 1500-1800* (London，1977)，pp. 669~673；L. A. Pollock，*Forgotten Children：Parent-Child Relations from 1500 to 1900* (Cambridge，1983)，pp. 184~185.

[113]B. Wishy，*The Child and the Republic：The Dawn of Modern American Child Nurture* (Philadelphia，1968)，pp. 22，109.

［114］Ibid., p. 96；参见布朗森·艾尔科特在 1831 年所言"相信婴儿天性中带有原罪且必然堕落，这才真是不可饶恕的罪过"，引自 C. Strickland, 'A transcendentalist father：the childrearing practices of Bronson Alcott', *History of Childhood Quarterly*，I (1973)，p. 11。

［115］Summerfield, *Fantasy and Reason*, pp. 100～110；Coveney, *Image of Childhood*, pp. 50～51.

［116］J. Brewer, 'The genesis of the modern toy', *History Today*, 30 (Dec. 1980), pp. 32～39，引文见 p. 37。

［117］Plumb, 'New world of children', p. 90；另见 Locke, 'Some Thoughts Concerning Education', p. 191；有关 17 世纪末阿姆斯特丹的玩具店，参见 R. Dekker, *Childhood*, *Memory and Autobiography in Holland*：*From the Golden Age to Romanticism*（Basingstoke, 2000），p. 79。

［118］引自 Pickering, *John Locke and Children's Books*, p. 150。皮克林本人从浪漫主义者和后来的评论家将巴鲍德夫人抛诸脑后的企图中把她解救了出来，J. H. McGavran（ed.），*Romanticism and Children's Literature in Nineteenth-Century England*（Atlanta, 1991)等一系列文章进一步将她挖掘出来，并淡化了说教派与浪漫主义者的对立关系。

［119］Summerfield, *Fantasy and Reason*, pp. 23～71, 269～273，引文见 p. 271。

［120］Coveney, *Image of Childhood*, pp. 68～83，引文见 Wordsworth, p. 68。

［121］B. Garlitz, 'The Immortality Ode：its cultural progeny', *Studies in English Literature*, 6(1966), pp. 639～649. 布鲁克文中的"圣爱之宫"直接来自《不朽颂》。

［122］A. Wilson, 'Dickens on children and childhood', in M. Slater (ed.), *Dickens 1970*（London, 1970), pp. 195～227；M. Andrews, *Dickens and the Grown-Up Child*（London, 1994), esp. p. 9.

［123］G. Eliot，*Silas Marner*（1860），ch. 14.

［124］引自 Strickland，'A transcendentalist father'，pp. 8，45。

［125］Dekker，*Childhood*，*Memory and Autobiography in Holland*；J. Schlumbohm，'Constructing individuality：childhood memories in late eighteenth-century "Empirical Psychology" and autobiography'，*German History*，16（1998），pp. 29～42.

［126］C. Steedman，*Strange Dislocations：Childhood and the Idea of Human Interiority*，*1780-1930*（London，1995）；另见 A. Fletcher and S. Hussey，'Introduction'，in A. Fletcher and S. Hussey（eds），*Childhood in Question：Children*，*Parents and the State*（Manchester，1999），pp. 6～7。

［127］Calvert，'Children in American family portraiture'，p. 105；P. N. Stearns，'Girls，boys，and emotions：redefinitions and historical change'，*Journal of American History*，80（1993），pp. 36～74.

［128］引自 J. R. Kincaid，*Child-Loving：The Erotic Child and Victorian Culture*（London，1992），pp. 64～65；另见 pp. 13～16，106～107。

［129］P. Fuller，'Uncovering childhood'，in M. Hoyles（ed.），*Changing Childhood*（London，1979），pp. 93～96.

［130］R. Rosenblum，*The Romantic Child from Runge to Sendak*（London，1988）.

［131］J. Ruskin，'Fairyland'（1883），in *The Library Edition of the Works of John Ruskin*（39 vols，London，1903-1912），Vol. XXXIII，pp. 339～340.

［132］L. Alcott，*Little Women*（1868；Harmondsworth，1953），pp. 21，88；关于不想长大的主题，另见 A. Birkin，J. M. *Barrie and the Lost Boys*（London，1979）.

［133］Wishy，*The Child and the Republic*，pp. 162～163.

［134］W. B. Drummond，*The Child：His Nature and Nurture*（1901；

London，1909），p. 19.

[135]参见 L. Davidoff and C. Hall，*Family Fortunes：Men and Women of the English Middle Class，1780-1850* （London，1987），pp. 329～335；J. Tosh，*A Man's Place：Masculinity and the Middle-Class Home in Victorian England* （New Haven and London，1999），esp. pp. 79～101；R. Habermas，'Parent-child relationships in the nineteenth century'，*German History*，16 （1998），pp. 43～55。

[136]J. Uglow，*Elizabeth Gaskell：A Habit of Stories* （London，1993），pp. 94～95.

[137]N. S. Dye and D. B. Smith，'Mother love and infant death，1750-1920'，*Journal of American History*，73 （1986-1987），pp. 329～353，引文见 p. 338；Davidoff and Hall，*Family Fortunes*，pp. 338～343。

[138]引自 Drummond，*The Child*，p. 19。

第四章

家庭、工作与学校，1500—1900 年

　　　在 1500 年到 1900 年这四个世纪里，大多数儿童都出生并成长在家庭中。虽然家庭是更大的社区的一部分，但儿童最重要的成长经历是在家庭中发生的。在过去 40 年里，历史学家们试图用两种方法来书写家庭的历史，这两种方法很快便趋于融合。第一种方法被称为"家庭重构"（family reconstitution），历史学家们利用各种人口调查数据确立了一系列方法，从而使其较有把握地探讨家庭与家户（household）的规模和组成情况。第二种方法被称为"家庭经济学"或是"家庭策略"，其目的在于理解家庭或家户的特定形式，并解释其随时间发生的变化。人们认为家庭策略可能会随着外部状况的变化而发生改变，或者说，不断变化的家庭策略本身也会改变外部环境。因此，第一种方法可以使我们了解社区在某一时间点的概况，而第二种方法则探讨动态的变化。这两种方法的区别已逐渐模糊，因为学者们明确意识到，二者对于理解家庭史而言都是必要的。

　　　在这四个世纪里，儿童在家庭中的作用发生了很大的变化。在该时期刚开始时，大多数儿童从 7 岁左右开始的童年时光是缓慢进入成人工作世界的过程。到该时期结束之际，几乎每个国家都有了针对全体儿童的常规义务教育。许多历史学家认为，义务教育是一个历史阶段的终点。在这段旅程中，儿童及其家庭已经走出农业经济，并往往经由一种原始工业化经济最终走向了工业经济。这里的每一种经济形态都引导或者说迫使家庭采取不同的策略，也导致儿童在家中所起的作用发生变化。义务教育及其年龄上限提高的重要性在于，它把儿童可能给家庭带来经济贡献的时间点推迟到了遥远的未来，如果说真有这么一天的话。本来，父母可以合理地设想子女将来一定会带来经济贡献，不论他们还会带来其他什么好处或坏处，但义务教育使这种平衡发生了改变，也造成了巨大的影响。父母们现在知晓，子女将会成为其经济上的负担。经济价值开始从父母流向子女，而不再是从子女流向父母。

从事欧洲和北美民众史（区别于精英的历史）研究的学者，采用了来自人口学、经济学和人类学等学科的概念和语言。偏文字性的资料如指导手册或日记，构成了我们对精英阶层的研究的主要材料。但这些材料对于民众史而言要么不存在，要么被认为是不相关的，因为农民并不阅读指导手册。人口学能够告诉我们的是这些民众的行为，如他们成婚的年龄、所生孩子的数量，等等；经济学使我们能够推断出他们的家庭策略；而人类学则试图解释人们给其行为赋予的意义。我们从阅读一本日记中可能获得的贴近历史人物的假象并不会在以上这些方法中出现，个体的儿童及其家庭极少会在我们面前变得鲜活。从某种程度来说，相比于现代早期的相关研究，有关中世纪晚期的作品反而存在对童年生活更加生动的描绘，如勒鲁瓦·拉迪里的《蒙塔尤》，芭芭拉·哈纳沃特（Barbara Hanawalt）的《紧密的纽带》（*The Tie That Bound*）和

《成长在中世纪伦敦》(*Growing up in Medieval London*)。虽然 17 世纪的教会法庭记录为我们提供了了解家庭生活的机会，但它们更多地反映的是成人生活的各个方面，而非儿童或童年的情况。根本没有资料能让我们有把握书写普通民众家庭中的情感生活，劳伦斯·斯通在他的《1500—1800 年英格兰的家庭、性与婚姻》第一版中曾试图解决这个问题，但却因论述缺乏证据而受到了严厉批评，他在该书的缩略版中也完全删掉了这部分。在主导民众史领域的学科中，儿童更可能被视为经济资产或经济负担，而不被视为可能拥有或缺乏关爱的个体，或是自身可能具有某些情感的个体。家庭史是以父母为中心的历史。

当儿童走出家庭的私密空间，进入社区与学校时，有血有肉的儿童才更加清晰地在文献资料中出现。这些证据几乎都来自于成人，不过它们使我们进一步了解了儿童的行为方式，同时表明儿童可能存在自己的文化，有着他们自己的习俗、道德和语言。

农民家庭

家庭重构研究改变了我们对现代早期欧洲家庭结构的认识。北欧和中欧家庭的常态是由两代人组成的核心家庭(父母和子女)单独构成一户人家，在任何一个时间点，三代同堂的家庭所占的比例不到 10%，许多农民家庭从未有过三代同堂的情况，即使有过，也只是暂时的。[1] 在东欧和南欧，多代同堂的家庭则要普遍得多。关于核心家庭体系的起源，学界存在争议。麦克法兰提出，英国人对核心家庭形式独有的坚持可以追溯到日耳曼人大迁徙时期。对这种说法表示信服的历史学家寥寥无几，但人们一致认为欧洲北部和中部地区的核心家庭形式是在中世纪末期确立的，它的兴起在很大程度上要归功于中世纪教会在确立一夫一妻和与外族通婚等婚姻制度上的强大影响力。[2]

核心家庭的一个关键衍生现象是晚婚，女性在 20 多岁、男性在将近 30 岁时成婚。在结婚之时或结婚后不久，一方或双方的父母很可能已经去世。仅从人口学的角度来看，多代同堂的家庭是不太可能出现的。另外，即使多代同堂的家庭确实存在，它们也并非实行由祖父主导的家长制，权力往往掌握在中间一代人手中。他们与父母协商并达成了某种退休安排，使其在老年能够得到赡养，但祖父母一辈也被夺走了对土地的决定权。[3]

土地对于核心家庭形式和结婚年龄来说有着至关重要的影响。农民可以通过多种形式获得土地的使用权，虽然在大多数形式下他们并没有完全无限制的所有权，但所有这些形式都带有继承权。简单来说，存在两种主要的土地继承形式：一种是可分割的，即健在的子女们可以对土地进行分割；另一种是不可分割的，即土地归长子继承。实践中的继承形式在这两种形式的基础上存在许多变体，所有这些因素都影响到家庭的结构和子女的前程。农民家庭不得不采取一定的策略，使其既能确保土地传给下一代，又能确保土地得到成功打理。成功打理的关键是确保有足够的劳动力来耕种土地。有时候家庭不得不雇佣劳动力，但新婚的农民可以期待在将来其子女会构成主要的劳动力。几乎可以肯定的是，这也意味着子女的数量不能太多，这一点可以通过晚结婚和晚断奶来实现（因为哺乳有避孕的效果）。如果子女太多，超出土地劳动力需求的孩子就只能去别人家做仆人。

对于研究农民家庭策略的学者来说，儿童有着两方面作用：作为潜在的劳动力，以及作为土地的继承者。当然，从对儿童的投资来看，如果真要这样考虑问题，这种投入是很难产生多大回报的。经济学家们在儿童的"价值"上无法达成一致，其中许多人也从事当代农业社会的研究，但不论是古代还是当代，在最初六七年里对儿童的投资结果都只不过是净亏损。在这个年纪，家中最大的孩子可能刚开始在家中或田里承担一些琐碎但有用的活计，比如照顾年幼的弟弟妹妹、照看牲畜或吓走庄稼上的鸟儿。因此，在 16 世纪的卡斯提尔（Castile），男孩和女孩都要帮家里拾柴、放牧、协助耕作、给葡萄藤除虫、养蚕等。来自英国的证据则表明，至少要到儿童 10 岁时，人们才会指望儿童干的活比那些不怎么花时间的简单活计多一些。[4] 直到青少年末期，儿童的劳动投入才开始与成年人相当，并且有许多证据表明，儿童在农业经济中并未充分就业或者从未就业。[5] 农业生产本质上是季节性的，很难想象任何农业经济能够全年为儿童提供全职工作的机会。就像我们在接下来要看到的，学校教育往往集中在冬季月份，这时儿童很难找到为家庭经济做贡献的途径。历史学家们一直谨慎地避免浪漫化过去的家庭生活，但存在一个例外：他们仍然想象着有一种以农民家庭为单位的劳作整体，所有家庭成员根据其年龄、体力和性别为这个整体贡献力量。但实际上，除非当地有工业存在，许多儿童常常是空闲的。家中最大的孩子的劳动投入要到 15 岁时才可能与供其吃、穿、住的费用相抵，而整个家庭可能要到婚姻的第 18 年才会从养育孩子中获得净收益。[6] 不过，如果说生养儿童是一项开销，儿童对于农业经济来说却也是至关重要的，因为他们是正在萌芽的劳动力，也是未来的土地继承者。而要保持家庭经济微妙的平衡，则要求人们晚婚，且理想情况下家中大概有四五个孩子存活下来，最大的可能在最小的出生时已经离开了家。[7]

对于无法继承土地的青年人来说，婚姻是件风险极大的事，且人们通常会避免。在奥地利一个继承权不可分割的地区，长子会雇用他的弟弟妹妹在农场当仆人。这些弟弟妹妹几乎没有机会结婚，但他们也有性生活，这一点可以从当地80%以上的非婚生育率看出来。[8]婚姻与土地继承密切相关，历史学家们试图推测这种制度对家庭内部关系会造成什么样的影响。显然，在长子等待父亲去世或退休以便自己获得土地的情况下，两代人之间存在着许多竞争的可能性。而如果长子把弟弟妹妹当成仆人对待，同辈之间也会存在紧张关系。或者在继承权可分割的情况下，如果人们认为分配不公，也可能存在同辈之间的竞争。同样，性别平衡对于一个家庭来说也很重要，这样就能使劳动力的供应符合劳作中的惯常性别分工。但是，对这些问题的研究仍处在最为初级的阶段。理查德·鲁道夫（Richard Rudolph）在对"欧洲农民家庭与经济"的调查研究中写道，"对大家庭、主干家庭（stem family）、核心家庭进行比较研究，从而探讨不同家庭形态中情感关系的类型尤其是对待儿童态度的差异，将有极大的价值"[9]。的确如此，但这类研究还未实现，可能也无法做到。而且我们应当注意的是，在鲁道夫的设想中，这样的研究建立在何种假设之上。它假定家庭形态本身由经济系统和继承习俗所决定，且这些形态将是揭开人们对待儿童态度差异之谜的关键。也就是说，农民家庭的研究者们倾向于经济决定论。

将所谓的"农民家庭"作为讨论对象是否合理呢？诚然，不仅不同地区之间，如中北欧与东南欧（后者的农民越来越不自由）的家庭存在巨大差异，在同一地区内部，家庭也因农民所处的不同等级、地位而存在区别。而且在整个欧洲，尤其是在经济比较发达的地区，越来越多生活在农村地区的人没有土地，他们依靠工资生活，或以其他方式勉强谋生。我们将在下一章看到，这些人的子女构成了一个巨大的社会问题。不过，尽管存在以上顾虑，在这四个世纪中，农民家庭仍可被视为构成欧洲人口的大多数，即便他们的人口在逐渐减少。根据所在地域的不同（中北欧与东南欧），农民家庭可划分为两大类。在这些家庭中，儿童的生活主要受到以下因素支配：他们是否需要从幼年起就通过劳力为家庭经济做贡献，他们是否可能直接或经由婚姻继承土地。儿童对于农业经济至关重要，但我们不知道的是，他们的经济价值是否也反映在了情感方面，或者说，家庭中的情感关系是否与经济效用方面的考虑相分离。

原始工业化时期

许多农民家庭并不是纯粹意义上的农民，有时家庭成员中多余的劳动力会转移到其他经济领域。有时农田劳作是季节性的，因而在农闲时节也存在其他工作机会，人们往往通过迁徙来找到这些工作。在17、18世纪，家庭越来越频繁地成为工业制作的中心。长期以来，现代早期的乡村工业都是历史学家对这几个世纪的描述中的熟悉场景，但近年来它的重要性在"原始工业化"(proto-industrialisation)这一主题下得到了进一步凸显。我们无须跟进学界有关原始工业化确切特征的争论，但我们确实需要考虑乡村工业如何影响结婚年龄及子女在家庭中的作用。原始工业化的理论最早形成于20世纪70年代，当时的学者们认为，靠工业维生的家庭不再受到继承问题的牵制，也无须根据农田所能吸收的劳动力来限制子女的数量。于是早婚的障碍被移除了，随之而来的是家庭规模的扩大。只要一对年轻人决定建立单独的家庭兼生产场所，就可以进入婚姻，这只需要很少的资本。孩子们也自然而然地到来，他们还可以在早于适合务农的年纪就成为某种形式的有用劳动力。正如汉斯·梅迪克(Hans Medick)所言，原始工业化"偏爱一种特定的生育行为，即通过'生产'最大数量的儿童劳力提高家庭的生产力。家庭在组建之初往往挣扎于贫困的边缘，而这种生育行为能使家庭存活的可能性相对提升"[10]。儿童从事工业劳作并不是什么新鲜事。在波恩附近发现的一处考古遗迹可追溯到13世纪早期，在此发掘出的陶罐上有儿童的指印，这表明儿童参与的工作可能是将新制成的陶罐搬到晾干区域，这一带生产的陶罐当时还出口到了英国、斯堪的纳维亚、波兰等地。[11]但儿童在工业中的工作机会是在不断增长的——对大人来说也是一样。人们时常引述笛福的例子，他在英格兰的纺织工业区欣喜地发现，4岁的孩子们显然已经能够打工赚钱。他也许夸大了这些工人的年幼程度，但当时儿童在6岁左右就的确可能被全年雇佣。[12]而这些儿童可能在相对小的年纪就摆脱了家庭的束缚，不再被迫为家庭生计做实际贡献。他们还可能结婚，并组建自己的家庭和生产单元。

现在人们已经认识到，乡村工业形式不仅存在于较为边缘的农业地区，还存在于生产力较高的地区。此外，并非所有形式的乡村工业都呈现出上述原型的特征。比如，在比利时与军火有关的手工业生产中，人们在从事生产前需要有一定的培训，这便抑制了组建新家庭的倾向。[13]另外，原始工业化对人口发展的影响有时也比学者最初设想的要复杂。只有当建立一个新的生产单元所需的资本确实非常少，并且家庭从原始工业化中获得的收入明显高于农业生产时，才会出现较低的结婚年龄带来的人口快速增长。比如在莱斯特郡的纺织工业中，家庭用的织机是租的，成本很低。在其他地方，乡村工业更多的是作为副业，或是主要由女性从事的工作，而非本地经济的主要形式。这两种情况对人口的影响都要小得多。比如在诺曼底的一个地区，男性依然从事农业，女性则构成了工业劳动力，起初从事纺纱，后来从事织布，当地人仍维持着农业时期的较晚结婚年龄。[14]

不过，乡村工业的发展对儿童来说十分重要，因为它无疑提升了儿童的经济效用。乡村工业有助于吸收多余的儿童劳动力。在瑞士的苏黎世州，农民和手工业者家庭的子女往往在原始工业化类型下的纺织业工作。原始工业化为儿童提供了农业和传统手工业所无法比拟的固定工作机会。[15]

苏黎世的这个例子还指向另一个结论：在原始工业化的情况下，我们完全无法确定儿童是否在自己家里工作，或是否与家庭成员一块工作。从某种意义上说，他们无论在哪里找到了工作，都会去赚一些钱维生。正如理查德·沃尔（Richard Wall）在对

1851 年英格兰德文郡科利顿镇的研究中所总结的，"许多家庭并不是作为整体的工作单元运转的"[16]。

工业化时期

原始工业化与工业化之间的联系十分复杂，我们不必拘泥于此，只需考虑以下这一要素：原始工业化使人们习惯于见到年幼的孩子从事固定工作。除了少数例外，中上层阶级的观察者对此的回应是正面的，而且他们确实花费了大量精力试图创立儿童可以从事的工业劳作。洛克在发表《教育片论》来阐述绅士教育理念的十年间，还曾向贸易委员会（Board of Trade）建议：在每个教区为 3 岁以上的儿童设立工作学校（working schools），并在此教授他们纺织工业技能。据他估计，到 14 岁时，这些儿童创造的价值将超过当初花在他们身上的费用。[17]到了 18 世纪末，当工业化的进程促使纺织工业生产地点从家庭转向工厂时，人们也自然而然地将儿童视为工厂劳动力的重要组成部分。

工业化为一个长期困扰欧洲精英们的问题提供了潜在的解决办法，那便是儿童的闲散状态，但少有证据表明工人家庭认可这一方案的好处。正是在此刻，也就是工业化的开端，家庭策略这种研究方法的局限性变得格外显著。"家庭策略"一词所传达的意思，是家庭理性地（甚或是无情地）考量一系列摆在他们面前的选择，仿佛家庭掌握着自己的命运并能够主动选择。[18]当然，人们意识到家庭是在一定的制度、经济、地域、道德限度内进行选择的。尽管如此，选择仍是家庭策略研究的精髓，该方法认为人在历史中具有主动性，而非受到历史的支配。可大部分经历了工业化的家庭对此除了报以一声苦笑外，并不会由衷欢迎这一进程。事实上，当影响家庭"选择"的"限度"、"限制"和"影响因素"达到一定程度时，"选择"这个概念也变得毫无意义。如果这些家庭听说他们是从"家庭策略"的角度"选择"让自己的孩子在不健康的工厂里长时间工作，他们的回应将会是：这并不是一个选择，而是一种迫不得已，且他们对此深表遗憾。

现如今，学界不再认为工业化进程彻底改变了家庭的性质或规模。旧有的观点认为，工业化造成了从大家庭向核心家庭的转变，这种观点已被历史学家扔进了垃圾桶。如果要说工业化带来了什么转变的话，那只有家庭的规模略微变大了。同样，很难说家庭在工业化的重压下解体了。反过来同样也可以说，家庭变成了一种更核心的生存机制，人们若抛弃这一资源，必将自食其果。因为家庭不仅为人们提供了住处，还是人们得到工作的方式，许多早期的工业劳作是围绕家庭结构来组织的。

不过，人们在讨论工业化进程时，很容易仅仅将其带来的变化归结为生产地点从家庭向工厂的转移。尽管现在学界更强调的是家庭经历的连续性，工业化给儿童生活经历带来的变化仍然是巨大的。第一，工业劳作与农业劳作不同，与原始工业化劳作也有较小程度的不同。儿童的工业劳作具有贯穿全年的常规性质，虽然贸易周期可能会带来一段不景气和停工的时间，但原则上他们的工作达到了以日、周、年为准的常规性，这与工业化之前的做法甚为不同。第二，儿童不再分阶段逐步进入劳动力市场，第一天你还不是工人，第二天你就是了。第三，我们无法确定儿童是否会在家庭成员的监护下从事工作，这一点在原始工业化时期也是如此，但身处工厂这种大型工作单元，没有家人监护给儿童带来的冲击更显著。再加上儿童往往不到 10 岁就开始工作，工业革命时期由此重获它在近些年以前一直保有的名声——童年史上的黑暗时刻。家庭作为一种机构可能在工业革命中幸存了下来，但许多儿童却未能幸免于难。[19]

家庭策略使许多家庭别无选择，只能让孩子们到工厂打工，因为他们能带来的收入对家庭来说必不可少。一项对比利时家庭的调查发现，1853 年儿童贡献了 22% 的家庭收入，1891 年则是 31%。在 19 世纪 80 年代的美国，当家中的男性户主 50 多岁时，儿童的收入约占家庭收入的三分之一。在加泰罗尼亚（Catalonia）的一个纺织业城镇，这个比例要更高：当户主将近 60 岁时，儿童收入在家庭收入中所占比例超过了一半；当户主超过 60 岁时，这一比例则超过三分之二。除了让孩子去工厂打工，家庭的另一种选择是让母亲去工作，但通常来说"人们更倾向于让儿童而非母亲为家庭打工赚钱"[20]。此外，由于纺织工业偏向于招募青少年劳动力，成年男性的就业变得更加困难，家庭关系可能因此发生了转变，当孩子长到十几岁时尤其如此。不过，在实际情况中，似乎少有儿童能将其收入带来的名义上的权力落到实处，家庭还是凝聚在一起的。

儿童在工厂的工作最终引发了各国政府的干预和控制，我们将在第六章讨论这个问题。当前我们需要指出的是，各国政府在调查工厂童工时所面临的状况确实是一种新现象。虽然在中上层阶级中还有人为此辩护，但在工人阶级中间，基本没有人认为这

90

种工作比无可避免的不得已之举好到哪里去，还有许多人直接谴责这种做法。因此，毫不奇怪的是，在童年从初涉工作的时段向接受学校教育的时段转变的过程中，工厂童工成为了促成这一转变的关键因素之一。

人口学概况

人口学使我们能够较为准确地勾勒出儿童生活的轮廓。在 19 世纪后半叶以前，欧洲的人口结构一直保持着非凡的稳定性。这并不是说人口水平没有变化，变化当然存在，但与 20 世纪的情况相比，总体人口结构的变化是微乎其微的。

我们要探讨的是儿童的存活概率有多大。根据粗略的统计，大约五分之一到四分之一的儿童在 1 岁生日之前死去。在 1600—1749 年，英国的婴儿死亡率（infant mortality rate，指每 1 000 名活产儿中未满周岁死亡的人数）可能在 250～340 之间。在 17 世纪的最后三分之一时间里，法国的婴儿死亡率在 200 到 400 之间，婴儿在乡村的存活概率要比在城镇大。在 18 世纪，法国的婴儿死亡率似乎有所下降，这与生育率的下降有关。[21] 在 18 世纪后半叶，瑞典的年平均婴儿死亡率恰好是 200。到了 19 世纪，当婴儿死亡率的统计数据变得更易获得时，出现了一些反差较大的数据：像爱尔兰和挪威这样的以乡村人口为主的国家，每出生 10 个婴儿一般只有 1 人死去；而在德国，这一比例则是上述国家的两倍以上。不过，婴儿死亡率的主要趋势还是连续性。将 9 个国家 1840—1844 年和 1895—1899 年的平均婴儿死亡率进行比较，我们发现有几个国家（比利时、英国、法国）略有上升，其余几个国家（奥地利、丹麦、德国、尼德兰、挪威、瑞典）有所下降，但下降幅度通常也很小。总的来说，这9个国家的婴儿死亡率从177下降到了156。[22]令人惊讶的是，婴儿死亡率依然保持在很高的水平。

儿童在1岁之后的死亡率有所下降，但他们依然极度脆弱。在某些地区，几乎有一半的儿童活不过10岁。不过，如英国的数据显示，在有利的条件下，这一比例可能降到四分之一以下。在新英格兰殖民地，情况甚至要更好，1640—1729年在马萨诸塞安多佛出生的儿童有80%～90%能活到10岁。然而，到了18世纪后期，北美的情况又越来越接近欧洲的标准。[23]

儿童的死亡人数在死亡人口总数中占多数，在17世纪下半叶，佛罗伦萨一个教区的死亡人口总数中有将近三分之二是5岁以下的儿童。[24]年龄越小，死亡的可能性就越大。在生命最初的时日里，儿童最为脆弱。流行病或饥荒会使这些死亡数字朝更坏的方向发展，而在好的条件下则会变好。但从儿童死亡率的角度来看，比起1500—1900年这四个世纪与20世纪之间的差别，这四个世纪的内部差异就变得不那么明显了。在20世纪，儿童的死亡率迎来了几乎无间断的改善。不过，1岁以上儿童的死亡率比婴儿死亡率更早开始下降。在英格兰和威尔士，从19世纪60年代中期开始，1～4岁儿童的死亡率呈现出下降的趋势，而从19世纪40年代中期开始，5到9岁儿童的死亡率就已呈下降趋势。美国白人儿童的死亡率则从19世纪80年代开始下降。[25]

这种波及所有阶级的高死亡率曾被看成是社会不重视儿童的

表现。从上文来看，就富裕阶级而言，我们有理由对这种看法表示怀疑。那么，低收入阶级是否也是如此呢？为了回答这个问题，我们必须考虑影响死亡率的两个因素：弃婴和乳母喂养。弃婴行为又与是否存在弃婴收容院及其收容政策密切相关。一般来说，弃婴收容院主要存在于天主教地区，也就是说主要在南欧。从 16、17 世纪佛罗伦萨每十年的平均数来看，弃婴率始终高于 12%，其中至少有一些弃婴是婚生子女。欧洲的弃婴率在 17 世纪末、18 世纪初可能有所下降，但在 18 世纪末、19 世纪初又开始持续上升。[26] 在 1700—1720 年，巴黎被遗弃的儿童约为每年 1700 人，而在 1760—1789 年，这个数字上升到了每年 5000～6000 人。在图卢兹有记录的出生总人数中，弃婴所占比例的中位数从 18 世纪上半叶的 10% 上升到了 18 世纪下半叶的 17%，有时甚至达到 25% 以上。18 世纪初米兰的弃婴率为 16%，到该世纪末则上升到 25%。[27] 在 19 世纪上半叶乃至更后期，弃婴率仍持续上升。大卫·柯泽尔（David Kertzer）对 19 世纪初的情况作出了如下总结：

> 在法国、比利时和葡萄牙有大量的婴儿被遗弃，西班牙、爱尔兰、波兰和奥地利大部分省份的情况更为严重。在马德里、都柏林、华沙，所有婴儿中最多有五分之一被遗弃，在米兰则有三分之一，布拉格有五分之二，维也纳有一半的婴儿被遗弃。

据估计，在 19 世纪中期，欧洲每年有超过 10 万婴儿被遗弃。[28] 比起之前几个世纪，这一数字的增长显著。在 1820—1829

年，整个法国的弃婴数量是 1740—1749 年的 6 倍。佛罗伦萨的孤儿收容院（Ospedale degli Innocenti）在 1841—1850 年接收了该城 38% 的新生儿，而在 15 世纪，这一比例还不到 9%。虽然遗弃现象在婴儿刚出生时或出生后不久最为常见，但也可能在更后期发生。17、18 世纪罗马女童孤儿院的入院记录显示，孤儿院经常接收年龄较大的父母有一方死亡的孩子。[29]

在 18 世纪末和 19 世纪，法国也有越来越多的婴儿被送到农村，在 1 岁前交由乳母喂养。巴黎在 1769 年成立了官方机构乳母办事处（Bureau des Nourrices），在 18 世纪末，巴黎每年新出生的 21000 名婴儿中就有将近一半是由该机构来安排乳母的，另外还有 45% 是通过私人机构安排的。也就是说，在全部新生婴儿中有 95% 由乳母喂养，这是一个极高的比率。在 1801—1802 年，这一比率为 49%；到 1869 年才略有下降，为 41%。[30]

弃婴和乳母喂养都与婴儿的高死亡率有关。至于死亡率究竟有多高，则取决于婴儿被送到乡村乳母那里的速度，到达得越快越好。在条件恶劣的情况下，每 10 个弃婴中就有 9 个在 1 岁前死去。如果当地存在将儿童快速送达乳母的政策，那么即使在像佛罗伦萨这样弃婴率很高的地方，婴儿死亡率也有所下降，每千名活产儿中约有 300 人死亡。[31] 即便如此，被遗弃的儿童依然面临着特别不确定的未来。

是什么原因造成了这样高比例的弃婴和乳母喂养现象呢？有相当多的证据表明，这与贫困有关。在 16 世纪和 17 世纪初的意大利北部，经济危机的年份与弃婴的数量之间有着密切的联系。对 17、18 世纪马德里弃婴收容院的研究也得出了类似结论。用约安·舍伍德（Joan Sherwood）的话来说，"粮食价格一上涨，婴儿就挤满收容院"。在伦敦由教区来处理弃婴事务，弃婴数量"在 17 世纪末、18 世纪初随着面包价格的上涨而增长"。[32]同样，在法国的利摩日（Limoges），在 18 世纪 40 年代到 80 年代期间，被遗弃的儿童数量增长了三倍，这与谷物价格的提升有密切关系。奥尔文·霍夫顿（Olwen Hufton）发现，在整个法国，"弃儿数量的强劲增长势头大致与各省经济状况长期恶化的开端相对应"[33]。

弃婴数量的增长无疑也与非婚生子女的增加有关。人们选择弃婴收容院的一个理由是它们能让怀上非婚生孩子的妇女保全自己的名誉，在此遗弃婴儿可以隐秘、匿名地进行。同样，人们反对弃婴收容院的理由也在于它们消除了未婚生育带来的耻辱。在 18 世纪末，非婚生子女的比例无疑上升了，这一点在弃婴收容院的入院数据中有所体现：在 18 世纪的巴黎，70%～80%的弃婴是非婚生子女；到了 19 世纪，这一比例上升到了 80%～95%。在法国的大多数大城镇，被遗弃的婴儿中可能有 60%以上是非婚生子女。[34]在意大利，除了托斯卡纳和米兰，其他地方的几乎所有弃婴都是非婚生子女。当然，未婚生育的母亲们很可能十分贫困，贫穷和耻辱都有可能使她们作出遗弃婴儿的决定。在博洛尼亚，一些女性因过于贫穷而无法支付弃婴收容院的费用，她们不得不在那儿当一年无偿的乳母，很难想象她们是如何保全名誉的。在科西嘉岛，妇女似乎试图通过杀死她们的非婚生孩子来保全自己的名誉，而那些不太在乎名誉的穷人则会选择遗弃婴儿。[35]

贫困与未婚生育是否就是造成高弃婴率的主因呢？并不尽然。我们往回看会发现，在许多城镇，被遗弃的儿童中还有一半或一半以上是婚生子女。正如我们在利摩日看到的，在18世纪40年代到80年代期间，被遗弃的儿童数量增长了三倍，几乎可以肯定这其中大多数是婚生子女。在马德里，将近一半的弃婴是婚内所生。在莫斯科和圣彼得堡，婚生子女占弃婴总数的比例是三分之一到一半，而18世纪40年代和50年代的伦敦则有三分之一。在19世纪40年代，米兰的大多数弃婴是婚生子女，也就是说，在当地所有婚生子女中，有将近三分之一被送到了弃婴收容院。[36]

遗弃婚生子女和乳母喂养之间有着密切联系，遗弃等同于用公共经费来支付乳母喂养的钱，因为遗弃的用意是日后再领回孩子，有时候实际情况也是这样。在19世纪40年代和50年代，米兰有13000多名遗弃儿童被父母领回，其中近四分之三的儿童在弃婴收容院待了两年以上。[37]与其说这是对不断变动的经济条件作出的反应，不如说这似乎是家庭对母亲打工赚钱的持续需求。在任何时候，家中若同时有两个以上的孩子需要照看，母亲挣钱就会变得很困难，而弃婴收容院是让母亲工作这一策略得以实现的资源。和在乳母喂养中的操作一样，通常的做法是家庭日后再来弃婴收容院领回孩子，尽管孩子往往已经去世了。[38]弃婴收容院通常雇用的是最差的乳母，那些愿意花钱雇乳母的家庭更有机会在孩子断奶时见到他们还活着。除了上层阶级和中产阶级，有可能出钱雇乳母的家庭主要在一些由于存在手工业或商店而能让女性就业的城镇。比如，在18世纪的法国里昂，从事食品贸易或制丝业的女性有时需要离家工作，她们很可能把孩子送到乡村乳母那里去。这些乳母本身来自更加贫困的农村家庭，乳母的工资是一种"临时工经济"（economy of makeshifts）的重要来源。[39]这种经济体系在 19 世纪繁荣起来，直到第一次世界大战时告终，或许是因为女性在该时期退出了这类临时工作，而此前在这类工作中成为乳母是个显而易见的路子。[40]乳母喂养可能在法国最为盛行。有证据表明，在 17 世纪和 18 世纪初，伦敦附近的村庄也存在乳母喂养，但此后就不存在了。无论如何，这似乎还是主要满足富裕阶层需要的。[41]不过，乳母喂养这个行业的存在既取决于乳母的数量，也取决于对其服务的需求量。在斯德哥尔摩，乳母喂养持续到了 20 世纪，直到政府有了其他支持未婚母亲的政策才结束。[42]乳母喂养可能在欧洲大多数旧工业中心都存在，当然也包括米兰在内，因此，把它当成法国独有的现象是不对的。[43]

95　　让·梅耶（Jean Meyer）提出，法国与遗弃行为相关的证据"似乎表明了在 18 世纪法国的城镇中，儿童以及传统的家庭模式越来越不被重视"[44]。另一些学者则提出了相反的看法，认为在极端贫困的时期，遗弃行为至少可能为弃婴和家庭其他成员提供最大的生存希望，因为母亲一旦不用照看婴儿，便可能对家庭经济作出更大的贡献。[45]同样，把孩子送到乡村乳母那里也可被视为理性家庭策略的一部分，其目的是让母亲进入劳动力市场，从而使家庭收入和家庭成员的福利最大化。在当时，即便是未被遗弃也未被送给乳母喂养的孩子的死亡率也很高，我们需要在这个情境下看待这些策略。它们确实有可能表明人们接受了婴儿死亡的可能性，在一定程度上也接受了儿童死亡的可能性，但这种接受绝不意味着当孩子真的死去时人们就不会悲痛。

　　阿列特·法格（Arlette Farge）在考察父母对子女的态度时利用了巴黎的警察记录，这使他在上述大致合理的概括性说法的基础上提供了更有人情味的个体案例。比如我们得知在 1765 年，一个仆人的妻子路易丝·布鲁莱（Louise Brulé）把儿子送给乳母喂养，她本想在儿子 1 岁时把他接回来，但孩子在旅途中便死去了，使这位母亲伤心欲绝，"以泪洗面"。我们还得知，当时巴黎当局定期拘捕青少年，把他们送到路易斯安那或密西西比当移民。遇到这种情况，这些孩子以及他们的父母都很痛苦，许多父母迅速采取行动以确保孩子获释。[46]

　　尽管儿童的死亡率很高，他们在总人口中所占的比例还是远远高于现代社会的比例。当时，总人口中约三分之一到一半的人很可能都在 15 岁以下。[47] 在 20 世纪以前，任何社会都存在如彼得·拉斯莱特（Peter Laslett）所说的"一大群一大群的小孩"[48]。仅是该人口比例，就使人们不可避免地期望儿童能尽早为家庭经济作出贡献。如果完全依靠大人供养，这么多的儿童几乎不太可能存活下来。

　　这几个世纪的人口结构与 20 世纪、21 世纪截然不同的第三个特征是：许多儿童能够预料到在自己成年前父母一方或双方便已离世。对于 18 世纪中叶出生的英国儿童来说，约有 14% 的儿童在 10 岁前便失去了父母中的一方，约有 20% 的儿童在 15 岁前失去了父母中的一方。但从另　角度看，双亲皆已离世的孤儿在当时并不普遍，只有 2% 的儿童会在 10 岁前便失去双亲，有 4% 的儿童在 15 岁前失去双亲。[49] 如果父母中有一方去世，那么另一方几乎肯定会再婚。再婚在所有婚姻中可能占到了四分之一到三分之一。在像伦敦这样死亡率极高的城市中，儿童很可能不得不在某些时候与继母或继父以及继兄弟姐妹住在一起。[50] 到了 20 世纪、21 世

96

纪，因离婚而导致的家庭解体才取代了因死亡而导致的家庭解体。

第四个鲜明的人口学特征是：与 20 世纪、21 世纪的标准相比，1500—1900 年的家庭中，兄弟姐妹的年龄间隔要大得多。母亲可能会有至少十五年的生育期，大约每两年生一个孩子。在最小的孩子出生时，最大的孩子很可能已经离开了家。这种情况和高死亡率叠加，造成的一个后果是，儿童在成长过程中并没有很多兄弟姐妹的陪伴。在城市人口不断减少的地区，比如 15 世纪的法国兰斯或 16 世纪的英国考文垂，有四分之三有孩子的家庭中只有一到两个孩子。一般来说，在大部分有孩子的家庭里，无论何时，家中孩子都不会超过三个。[51]

那么儿童在几岁时离家呢？斯通曾估计，社会中下层的儿童“在 7 到 14 岁之间离家，开始做家仆、工人或学徒，在这些情况下，他们都住在雇主的房子里，而不是住在家里或租房子住”[52]。对人口普查数据更为细致的分析表明，上述估计是错误的。事实上，很少有儿童在 10 岁前离家，他们离家的高峰期在 13 到 16 岁之间，而且绝非所有孩子都在这个年纪离家。在英格兰，离家去做仆人的情况可能要比其他地方更为普遍，15 到 24 岁的人口中有将近 60% 成为仆人，但英格兰约三分之一的儿童在 15 岁或 15 岁以上还住在父母家中。在其他地方，20 到 24 岁的人口中有一半或一半以上仍住在家里。[53] 造成这种差异的因素包括对劳动力的需求和土地继承的实际情况。在没有土地的劳工家庭中，儿童很可能是最早离家的，因为他们即使留在家里也无法为家庭经济作出任何形式的贡献。在英格兰西部的郡县，贫穷人家的孩子在 9 岁时就会与农民订立契约，给他们做工，并与他们一起生活到 21 岁。

不过，如果家中有一些手工制作的副业或是有一定的财产，特别是最大的孩子有望继承遗产时，这些孩子离家的理由就会少一些。年纪处在中间的子女可能比年纪最长或最幼的更早离家。[54]

童年结束后最常见的出路是成为仆人，按年雇佣，并由雇主家提供住宿。紧随其后的出路是当学徒，学徒和仆人的起始年龄非常接近。在 16 世纪的法国可能低至 12 岁，但在 18 世纪、19 世纪的中欧通常是 14 岁，在 18 世纪的英国也差不多如此。[55]

在工业化的影响下，家庭不再是一个生产单元，而成为打工者的集合，父母劝说青少年离家的动力也小得多。当然，如果子女人数众多，家里可能面临空间上的问题，但除此之外，父母完全有动力把能赚钱的青少年都留在家里，以贴补家用。因此，青少年在 14 岁左右离家的俗制逐渐开始发生转变。不过，从我们掌握的资料来看，无论如何，男孩往往在结婚前就已经离开了家，在 1851 年，英格兰和威尔士约有四分之一的 15 岁男孩和超过 40％的 18 岁男孩不住在父母家里。[56]鉴于家仆仍主要是女性职业，女孩们似乎也很有可能在结婚前就离家。英国的证据表明，在 1700—1860 年，女孩的离家年龄在不断下降。[57]

社区

儿童无疑主要是通过家庭来了解他们身处的世界，了解他们能够在社会中扮演的角色。不过，家庭并不是唯一的社会化途径，儿童所生活的社区也在其生命中发挥着重要作用。很难说这个作用究竟有多大，我们知道得更多的是社区在童年刚开始和快结束时的影响，对于社区在童年期间所起的作用则知之甚少。例如，从许多方面来看，分娩是一种社区活动，尽管主要限于女性范围内。[58]而青少年们往往会组成具有政治和社会意义的团体。除此之外，从出生后到青少年早期的这段时间里，社区和儿童有着什么样的关系呢？在城市和乡镇，社区似乎至少起着帮扶赤贫人口和其他陷入困境之人的作用，这一点我们将在下一章展开。比如在英国的诺维奇，存在一个为患病儿童提供公共救助的体系。在同一个城市，被母亲过度殴打的孩子会被带离母亲身边。不过最重要的是，在童年即将结束时，学徒制使儿童进入更大的社会，而社区对学徒制存在一定程度的公共监督，这明确表明社区对儿童福利的关注。[59]

那么，在正式的制度之外，社区在儿童养育方面又起到哪些更为常见的作用呢？在19世纪后半叶以前，[60]我们对不同家庭之间相互分担早期育儿的情况知之甚少。在城市里，育儿恐怕不可避免地以一定形式存在于社区环境中，因为街道比拥挤的家里更具吸引力。在农村地区，儿童则可能更多地待在家里。不过，在一年中农业生产任务最重的时候，儿童肯定会出现在田里。

我们对儿童社会生活的了解主要来自长辈的抱怨，这些人常常谴责儿童团伙的活动搅乱了邻里的清静。在17世纪末的布里斯托尔，有人说儿童"像成群的蝗虫一样散布在每个街角"。在位于白金汉郡的小镇奥尔尼，诗人威廉·考珀（William Cowper）抱怨道，"街上每晚都充斥着7岁孩子的咒骂声与欢唱声"。儿童对教堂毫无敬意，1681年，有人发现他们在杜伦大教堂（Durham Cathedral）的圣餐桌上打牌。在特定的日子里，儿童一定程度的捣乱行为在许多情况下还得到了默许。[61]我们需要牢记的是，当时儿童在人口中占的比例比现在要大得多，相应地，他们的存在也格外醒目、刺耳。有时候人们对儿童的弱点有着真切的认识，在伊丽莎白一世治下的温切斯特，12 岁以下的儿童在户外随地解手并不算什么罪过。[62]

基思·托马斯（Keith Thomas）认为，在现代早期的英格兰，儿童生活在一种亚文化中，其价值观与成人世界的价值观存在显著差异。他指出，儿童"对私有财产持随意态度，恶作剧成瘾，对大多数成年人认为是噪音和污秽的东西情有独钟"。他们高度重视成人眼中（往往被蔑视）的游戏，并善于把自然物件变成玩具。他们在活动中执行与举行着精心制定的规则与仪式，还拥有自己的一套语言。在这一点上，他们听起来与现代儿童无异。比如，在对英格兰东北部儿童的研究中，"儿童通过重新阐释成人所传授的社会模式，构建了他们自己有序的规则体系"。正如奥佩夫妇（The Opies）①所言，在儿童的文化形态中可能存在显著的连续性。[63]

学校教育

社区是在家庭之外进行社会化的一个渠道，学校则是另一个途径。在此，我们将自下而上地考察学校教育，而在下一章，我

99

---

① 伊奥娜·奥佩（Iona Opie，1923—2017 年）和彼得·奥佩（Peter Opie，1918—1982 年）是研究过往与现代儿童文化的民俗学家，他们收集了大量的儿童文学作品、游戏、歌谣以及相关物件，这些是研究儿童文化的重要资源。

们的视角将是自上而下的。也就是说，本章的重点是人们对学校教育的需求水平。同时，需要立刻指出的是，我们很难把需求与供给分开来谈，且现有的史料更容易让我们从供给的角度来分析。因此，无论是在宗教影响下的 16 世纪，还是在世俗影响占主导地位的 18 世纪，都存在致力于增加学校数量并试图强制儿童入学的巨大力量，它们也往往取得了成功。那么，这些来到学校的儿童在何种意义上是自愿入学的？学校教育的供给又在多大程度上满足了人们的需求呢？

当然，学校教育的供给存在着巨大差异。一般来说，学校教育更偏向于出现在城镇地区、新教地区、低地而非高地农业地区，为男孩而非女孩而设。因此，在斯堪的纳维亚的农业地区，几乎没有学校存在。性别差异也许是学校中最为显著的差异，比如在 16 世纪初，德意志地区的勃兰登堡公国有 55 所男校，却只有 4 所女校。18 世纪末，在法国塔布教区，约有三分之二的适龄男孩上学，而适龄女孩中只有五十分之一上学。[64]

现代早期的学校教育能够为欧洲中下层阶级带来什么呢？首先是宗教教育。这是 16 世纪人们创办学校的主要动机，且没有理由认为当时不存在相应的需求。在天主教地区存在一些教义问答学校（catechism schools），主要功能是为即将初领圣体的儿童提供教导。[65]在新教中，阅读《圣经》以及学习教义问答是儿童宗教教育的基础，而大量教义问答文学的出现可能既创造了一种需求，也是对这种需求的回应。从 16 世纪中期到 17 世纪中期，英格兰地区出版的教义问答手册不下 350 种。[66]从 18 世纪末、19 世纪初英国主日学校（Sunday schools）得到的反响中，我们可以衡量人们对这种教育的需求。据估计，英国工人阶级的孩子去主日学校上学的比例非常高。[67]

父母可能鼓励或迫使孩子上学的第二个原因可以说是世俗性 100
的——学校教授阅读技能。正如我们所看到的，阅读技能在新教中至关重要，但由于世俗的原因，该技能也越来越受重视。初级水平之上的教育对于社会地位的提升甚为关键，随着政府官僚机构的扩张，这种提升社会地位的机会也越来越多。即使是初级水平的教育所带来的基本读写能力也受到了重视，原因有二：第一，它使人们能够理解政府颁布的大量制度和法令条文中对其的规约；第二，它使人们有机会接触到这一时期盛行的民谣、廉价小书、历书等通俗文学。

父母送孩子上学的第三个原因是学校能够提供便利的儿童照看服务。有些学校接收 3 岁及以上的儿童，尽管我们无法知晓这类学校的数量。在西班牙就有这样的学校，19 世纪的英格兰也有这样的学校，在妇媪学校（dame school）①中，约 40% 的孩子年龄在 5 岁以下。安特卫普的看护学校协会（Société d'Ecoles gardiennes）在 19 世纪 40 年代建了四个托儿所（nursery school），人们对此有着直接需求。从每天早上 7 点到晚上 7 点，这些托儿所照看了 1160 名 2 到 6 岁的贫民幼儿。[68]当儿童处于明显会影响到父母生产力的年纪，特别是当母亲不得不尝试外出寻找工作时，每周支付少量的费用来托人照看孩子也许是划算的。如果这种服务像

---

① 妇媪学校一般是已婚妇女在家中办的学校，收取一定的费用，教学内容为基本的读、写、算等技能。这类学校在英国兴起，在北美殖民地时期和 19 世纪初期的美国也很普遍。

在安特卫普一样是免费的，那就更有吸引力了。

学校教育的收费对家庭经济来说当然是个不利因素。尽管各种慈善基金提供了一些免费的学校，但绝大多数父母还是得为子女上学支付学费。[69]对于贫困家庭而言，付费是绝不可能的，他们占总人口的比例约在 20%。这些家庭的孩子往往是工作学校的目标人群，这类学校旨在利用儿童的工业劳动赚取办学经费。稍富裕一些的父母则会意识到：供孩子上学需要持续支付学费，而且孩子在上学期间还失去了赚钱能力。因此，不足为奇的是，儿童的出勤状况通常是断断续续、不太稳定的。在农村地区，学校教育可能仅限于冬季月份甚至更短。在 17 世纪的低地国家①和 18 世纪的挪威，学年都不超过 10 周。据称，19 世纪 70 年代和 80 年代，在意大利的利古里亚(Liguria)，"农民并非反感学校教育，只不过迄今为止，学校都未能适应农业生活的需求。每年到了丰收时节，学校里便空无一人。"在城镇中，学年可能更连贯一些，但总体来说出勤状况也并不乐观。此外，很少有儿童的上学时间会超过 3 年，许多人不足 3 年。[70]

一时的家庭困难或是童工的就业机会将导致上学人数减少。在法国收成差、粮价高的年份里(如 1589—1594 年，1693—1695 年，1711—1713 年)，"初等学校的上学人数明显减少"。在德国不来梅，随着儿童在烟草加工业中工作机会的增多，小学校(petty school)②的数量从 1788 年的 100 所左右减少到了 1810 年的 60 所。

---

① 指欧洲西北沿海地区的国家，包括尼德兰、比利时、卢森堡。
② 小学校一般是为 5 到 7 岁的男孩办的学校，教授教义问答和最初级的读写技能。

在工业革命的高峰期，当童工的工作机会达到顶峰时，英国兰开夏郡的识字率也有所下降。[71]

在现代早期欧洲的部分地区，要得出相关数据来反映当地较高的学校教育水平与识字率并不是一件难事。[72]不过，我们需要从家庭经济和儿童社会化的角度来正视这些数据。正是从这些角度看，现代早期的教育与19世纪末和20世纪的常规义务教育相比存在显著的差异。在现代早期的北欧和中欧（不同于东欧和南欧），绝大多数的男孩以及比例相对低得多的女孩都接受过一些学校教育，但这种学校教育所占的时间要比19世纪末和20世纪少得多。当时，儿童教育更加核心的部分是在家中开始工作，学校教育则穿插于这些工作以外的时间。一项对19世纪英格兰工人阶级自传的研究表明，这些作者们（可以假设他们是工人阶级中尤为注重学校教育的群体）"普遍认识到教育应从属于家庭经济需求"[73]。

尽管如此，有明确的证据表明人们对学校教育存在需求。正如大卫·文森特（David Vincent）所言，"教育远非外界机构强加给工人阶级社区的商品"[74]。有许多学校是由私人机构开办的，在18世纪中期的英格兰，这一比例可能在70%到80%，到了1875年仍高达四分之一。[75]这其中，有些学校是直接应父母要求设立的。大卫·洛夫（David Love）曾这样描述他的经历：

在一个大村落里，村民说服我办一所学校来教他们的孩子：他们给我找了一个大的空屋子，有点像谷仓，屋子尽头 *102* 有一个壁炉。他们很快配置了板凳和桌子，在第一周我就迎来了20多个学生，且每周递增，直到多达40多个学生。但我每周教阅读赚的钱不到 1 便士，教书写赚的是 1.5 便士，所以我的工资非常低，还时有拖欠。[76]

　　父母对学校教育的需求仅限于掌握技能，并根据技能相应地付费，为学习书写付的学费比学习阅读多。父母也有一定的控制权，他们可以将孩子从一所学校转到另一所，也确实这样做了。而且比起由教会或政府当局设立的学校，他们更偏向于私立学校。[77]

　　当然，对学校教育的需求可能更多地来自于父母而非子女。学校教育的组织方式对儿童而言几乎没有什么吸引力，相反，正如基思·托马斯在谈到现代早期英格兰时所言，学校教育中可能存在着"一种专制的体制，管理上独断专行，靠体罚来维持，只有教师的温和、无能或对学生的经济依赖才会对此稍有缓解"。儿童可能会想方设法推翻或逃避这种专制，也许正如在 18 世纪末的威尔士，孩子们告诉父母假期有五周而非一个月，从而设法挤出几天额外的假期。[78] 19 世纪美国新墨西哥州中部的情况反映了对学校更为暴力的反抗：教师在燕尾服下绑着一把六发左轮手枪作为防卫，但这也未能阻止一个大男孩用大铁链把他敲晕。[79] 这无疑是个特例，但我们当然也不能小看莎士比亚有关儿童"不情愿地去上学"这一断言。

　　不过，对于父母而言，只有当教会或政府当局开始强制儿童入学时，反对学校的迹象才开始出现。这种反对大多不是针对教育本身，而是针对教学的内容、学校的管控、规章制度以及对未出勤的罚款。在 1881 年，从法国奥利亚奈省传来的报告表示：

"我们的农民对新的义务初等教育法十分恼火……他们说，'政府可以建监狱来关我们，但监狱永远不会大到足以容纳我们所有人'。"1889 年，伦敦有近 13000 张传票是因父母未能让孩子上学而发出的，父母与儿童们显然很反感政府这种强制孩子入学的新权力，而他们在执法官那里也得到了不少同情。[80]

利益与情感

在这四个世纪里，家庭、工作与学校构成了儿童生活的环境。在 19 世纪以前，大多数儿童的工作是在家庭中进行的。因此，我们需要回到家庭，探讨一些最难的问题：在此期间，家庭关系的性质如何？男孩是否比女孩更受偏爱？兄弟姐妹们之间的关系如何？

人们在回答这些问题时，往往存在一个并未言明的假设。在现代世界里，儿童没有经济价值。人们很容易假定：仅凭这一点，父母才能够赤诚地爱孩子，在其他情况下，利益（即父母对儿童劳力的需求）会干扰情感。实际上，利益与情感往往被认为处于两个极端，是相互冲突的。在《19 世纪兰开夏郡的家庭结构》（*Family Structure in Nineteenth-Century Lancashire*）一书中，迈克尔·安德森（Michael Anderson）的分析似乎就建立在这种假设的基础上。安德森在研究纺织城镇普雷斯顿时，强调了家庭在这个不断扩张的城镇中对于工人的重要性：正是通过家庭关系，人们才能找到工作；在经济困难时期，人们也把家庭作为一种依靠。不过，安德森认为这些家庭纽带主要是工具性的，而不是情感性的。他得出的结论是：只有工业繁荣发展，并且有了福利国家，才能发展出真正强大的亲情纽带，以及对这种亲情关系不带算计的投入。[81]

一项对 19 世纪巴伐利亚家庭的研究也得出了类似的结论，而且更为极端。学者罗伯特·李（Robert Lee）认为，"总的来说，当时父母对子女的态度仍是由其经济效用决定的，这种经济效用还可以通过添加家庭成员来增加。儿童在接受某种特定技能或最基本技能的训练以前，或是在证明其对家庭经济的用处之前，无论是在经济上还是在情感上，他们都很少被接纳为正式的家庭成员"。一旦儿童具有了某种经济效用，"父母的态度就会明显改变"，但即便如此，"儿童在家中的待遇以及他们的社会化过程都是由经济因素决定的"，倘若他们超出了家庭对劳动力的需求，就会被送到外面去做仆人。[82]因此，无论我们考察的是农业社区还是工业社会，学者的论点都是冷酷的经济考量胜过了炽热的情感依恋，前者实际上还阻碍了后者的表达。

我们需要区分人们对婴儿的态度和对活过 1 岁的孩子的态度。
104 爱德华·肖特认为，人们对婴儿命运的冷漠是造成婴儿死亡的原因，而不能说婴儿死亡率高的现实迫使母亲们披上冷漠的铠甲来保护自己，以免自己承受心理负担。[83]诚然，有证据表明一些母亲把婴儿之死当成她们无法控制的事情（在许多情况下的确如此），但即使她们可能将孩子的死视为"可怕的宿命"，她们也并不是"冷酷无情"的。例如，对 20 世纪初纽约的爱尔兰裔和非裔母亲的研究就反映出这样的情况：她们在交代自己生的孩子和死去的孩子的数量时带有明显的自夸成分，但这与哀悼和丧亲之情并不相悖。[84]经济状况使得许多母亲别无选择，只能给婴儿不尽如人意的关怀。不仅遗弃孩子或把孩子送给乳母喂养的父母是如此,那些从事季节性行当的人也一样。因此,在蒙彼利埃地区幼蚕生长的时节,"妇女们自己不断奔忙于采桑或养蚕,孩子们则因疏于照顾而受苦死去。人们见惯了大量儿童在这个季节死去,还编出了一句谚语——'蚕生时节,众娃升天'"[85]。所有这类说法的问题在于,它们都源于外来的观察者,而当人们面临死亡时,即便感受到悲痛,也不太可能传达给来自另一个阶层的人。

有一些证据表明男孩的待遇比女孩要好。比如,"在葡萄牙的乡村有许多奇怪的习俗。当有女孩出生,人们会确保让女孩不要死去",我们如何看待 15 世纪波希米亚旅者的以上记录呢?这好像表示其他地方的情况正好与此相反。[86] 当婚生子女在被遗弃的儿童中所占比例较大时,婚生女孩比男孩更可能被遗弃,在 16 世纪的意大利锡耶纳,每 100 个被遗弃的女孩对应的男孩数是 76;在 17 世纪中叶的那不勒斯,每 100 个被遗弃的女孩对应的男孩数是 58。[87] 在 19 世纪的比利牛斯地区,人们鸣枪迎接男孩的出生,迎接女孩的则是"残酷的失落感"。而在利穆赞地区,没有儿子的母亲即使已经生下好几个女儿,还是会说自己没有"孩子"。[88] 19 世纪北美不同性别儿童的存活率也表明,父母对潜在经济价值更高的性别一方可能投入了更多的关爱,但这方面的证据很难评估。[89]

我们也很难找到好的证据来考察人们对更大一些的儿童的态度。只有到了 19 世纪和 20 世纪初,随着工人阶级自传和口述史资料的逐渐增多,我们才能开始构建家庭情感生活的图景。即使是在这些资料中,作者和口述者也往往很难超出程式化的表达,这些表达通常反映出父母的爱,或者至少是母爱。不过,有一点我

105

们还是有一定把握的：儿童是认同家庭对其的需求的。他们可能不满于自己的特定阶级出身，但他们与自己的家庭联系紧密，也知道他们被寄予能尽早为家庭做贡献的期望。在德国，强制入学实施得相对较早，自传的作者们视之为"一项妨碍儿童劳作的义务"[90]。子女对家庭用度的首次贡献常常给他们带来自豪感，但如果他们在幼年时受到残暴的对待，这种情况恐怕不会发生。如罗伯特·李所称，经济因素确实在很大程度上决定了儿童的"地位和功能"，但这并不需要以牺牲他们与父母的感情为代价，二者是相互交织的。同样，尽管出生的顺序会给孩子带来不同的前程，但并没有证据表明兄弟姐妹之间存在激烈的竞争。父母可能期望年纪最长的孩子比其他孩子更早地进入劳动力市场，或以其他方式对家庭经济作出贡献。而其他的孩子在家里没有劳动机会、家附近也没有打工机会的情况下，可能不得不离开家，但他们似乎对这些命运表示接受。[91]

一些自传作者谈起自己的幼年回忆便大肆抒情。威廉·特姆（William Thom）在他 1844 年的自传《一个手工织布工人的歌谣与回忆》（*Rhymes and Recollections of a Hand-Loom Weaver*）中，对读者说道：

> 噢，童年的日子啊！从今往后，无论我们航行在平稳或汹涌的水面，这些日子都将是永不褪色的路标。我们故乡山丘上的风信子可能会在漫长的年岁中消失于眼际，但只要我们再次触碰其苗壮的花枝，便可失而复得；但你那灿烂的幼年景象，纵使是我们每每黯然、次次旅途中的一丝希望之光，

我们却永远无法再遇见。

另一些人觉得，他们的童年并不像本该有的那样是人生中最幸福的时光，并为此感到遗憾，似乎德意志地区的人尤甚。阿德尔海德·波普(Adelheid Popp)于1869年出生在奥地利的一个乡村织工家庭，他叹息道："在我的童年里，没有明亮的时刻，没有阳光的照射，没有一丝舒适的家的感觉，没有本该陪伴我童年的母亲的关爱。"[92]显然，浪漫主义的童年观念已经在一定程度上深植于这些作者的内心。不过，作为出版自传的人群，他们当然具有一定的特殊性。他们的这种态度是不是普遍存在的呢？我们根本不知道。但在一些证据中，人们对工厂童工状况的反应还是说明了一些问题。工人们指出这种状况是如此令人发指，这也促使他们开始提出童年在更好的世界中应当如何的设想。然而，只有在20世纪，这些想法才变得普遍起来。

注　释

［1］M. Mitterauer and R. Sieder，*The European Family：Patriarchy to Partnership from the Middle Ages to the Present*（Oxford，1982），pp. 29～32.

［2］A. Macfarlane，*The Origins of English Individualism：The Family，Property and Social Transition*（Oxford，1978）；J. Goody，*The Development of the Family and Marriage in Europe*（Cambridge，1983）；D. Herlihy，*Medieval Households*（Cambridge，Mass. and London，1985）.

［3］Mitterauer and Sieder，*European Family*，pp. 32～35.

［4］D. E. Vassberg，'Juveniles in the rural work force of sixteenth-century Castile', *Journal of Peasant Studies*, 11 (1983), pp. 62～75; I. K. Ben-Amos, *Adolescence and Youth in Early Modern England* (New Haven and London, 1994), pp. 40～47.

[5] H. Cunningham, 'The employment and unemployment of children in England c. 1680－1851', *Past and Present*, 126 (1990), pp. 115～150.

[6] R. M. Smith, 'Some issues concerning families and their property in rural England 1250－1800', in R. M. Smith (ed.), *Land, Kinship and Life-Cycle* (Cambridge, 1984), pp. 68～71.

[7] Mitterauer and Sieder, *European Family*, pp. 42～43.

[8] R. L. Rudolph, 'The European peasant family and economy: central themes and issues', *Journal of Family History*, 17 (1992), pp. 132～133.

[9] Ibid., p. 133.

[10] H. Medick, 'The proto-industrial family economy: the structural function of household and family during the transition from peasant society to industrial capitalism', *Social History*, No. 3 (1976), pp. 304～305.

[11] J. M. Baart, 'Ceramic consumption and supply in early modern Amsterdam: local production and long-distance trade', in P. J. Corfield and D. Keene (eds), *Work in Towns 850-1850* (Leicester, 1990), p. 77.

[12] M. Spufford, 'First steps in literacy: the reading and writing experiences of the humblest seventeenth-century autobiographers', *Social History*, IV (1979), pp. 412～414; G. L. Gullickson, *Spinners and Weavers of Auffay: Rural Industry and the Sexual Division of Labor in a French Village, 1750-1850* (Cambridge, 1986), p. 75.

[13] Rudolph, 'European peasant family', pp. 128～129.

107　　[14] U. Pfister, 'The protoindustrial household economy: toward a formal analysis', *Journal of Family History*, 17 (1992), pp. 210～214; Gullickson, *Spinners and Weavers of Auffay*.

〔15〕 U. Pfister，'Work roles and family structure in proto-industrial Zurich'，*Journal of Interdisciplinary History*，XX（1989），pp. 83～105.

〔16〕 R. Wall，'Work，welfare and the family：an illustration of the adaptive family economy'，in L. Bonfield，R. M. Smith and K. Wrightson （eds），*The World We Have Gained：Histories of Population and Social Structure*（Oxford，1986），pp. 261～294，esp. p. 278.

〔17〕 Cunningham，'Employment and unemployment'，pp. 126～131；Gullickson，*Spinners and Weavers of Auffay*，p. 75.

〔18〕参见 S. L. Engerman，'Expanding protoindustrialization'，*Journal of Family History*，17（1992），pp. 244～245。

〔19〕 S. Horrell and J. Humphries，'"The exploitation of little children"：child labor and the family economy in the industrial revolution'，*Explorations in Economic History*，32（1995），pp. 485～516.

〔20〕 G. Alter，'Work and income in the family economy：Belgium，1853 and 1891'，*Journal of Interdisciplinary History*，XV（1984），pp. 255～276；M. R. Haines，'Industrial work and the family life cycle，1889-1890'，*Research in Economic History*，4（1979），pp. 325，328；C. Goldin，'Family strategies and the family economy in the late nineteenth century：the role of secondary workers'，in T. Hershberg（ed.），*Philadelphia：Work，Space，Family and Group Experience in the Nineteenth Century*（New York and Oxford，1981），p. 284；E. Camps I Cura，'Family strategies and children's work patterns：some insights from industrializing Catalonia，1850-1920'，in H. Cunningham and P. P. Viazzo（eds），*Child Labour in Historical Perspective*，1800-1985：*Case Studies from Europe，Japan and Colombia*（Florence，1996），p. 67；L. A. Tilly and J. W. Scott，*Women，Work，and Family*（New York，1978），引文见 p. 134。

〔21〕 P. Razzell，'The growth of population in eighteenth-century England: a critical reappraisal', *Journal of Economic History*, 53（1993），pp. 757～758. 关于重新审视这些数据的作品，参见 E. A. Wrigley and R. S. Schofield, *The Population History of England 1541-1871：A Reconstruction* (London，1981), p. 249; H. Kamen, *European Society 1500-1700* (London, 1984), p. 25; J-L. Flandrin, *Families in Former Times：Kinship, Household and Sexuality* (Cambridge，1979), pp. 199～201。

［22］根据 B. R. Mitchell, *European Historical Statistics 1750-1975*（2nd revised edn, London，1981), pp. 137～144. 计算得出。

［23］P. J. Greven, *Four Generations：Population, Land, and Family in Colonial Andover, Massachusetts* (Ithaca and London，1970), p. 191; J. Demos, *A Little Commonwealth：Family Life in Plymouth Colony* (New York，1970), p. 66. 弗吉尼亚和马里兰的人口状况要差得多，参见 R. W. Beales, 'The child in seventeenth-century America', in J. M. Hawes and N. R. Hiner（eds）, *American Childhood：A Research Guide and Historical Handbook* (Westport, Conn. and London，1985), pp. 18～23。

［24］R. Mols, 'Population in Europe 1500-1700', in C. M. Cipolla (ed.), *The Fontana Economic History of Europe：The Sixteenth and Seventeenth Centuries* (London，1974), pp. 69～70.

［25］E. A. Wrigley, *Population and History* (London，1969), pp. 166～167; S. H. Preston and M. R. Haines, *Fatal Years：Child Mortality in Late Nineteenth-Century America* (Princeton，1991), p. xviii.

［26］D. I. Kertzer, *Sacrificed for Honor：Italian Infant Abandonment and the Politics of Reproductive Control* (Boston，1993), pp. 72～73.

［27］V. Hunecke, 'Les enfants trouvés: contexte Européen et cas milanais（XVIII-XIX siècles）', *Revue d'histoire moderne et contemporaine*, XXXII（1985), p. 4; J. Boswell, The Kindness of Strangers：*The Abandonment of Children in Western Europe from Late Antiquity to the Renaissance*

(London，1989)，pp. 15~16.

［28］Kertzer，*Sacrificed for Honor*，p. 10.

［29］Hunecke，'Enfants trouvés'，p. 4；P. Gavitt，*Charity and Children in Renaissance Florence：The Ospedale degli Innocenti，1410-1536*（Ann Arbor，1990），p. 21；E. Sonnino，'Between the home and the hospice：the plight and fate of girl orphans in seventeenth-and eighteenth-century Rome'，in J. Henderson and R. Wall（eds），*Poor Women and Children in the European Past*（London，1994），pp. 94~116.

［30］G. D. Sussman，*Selling Mothers' Milk：The Wet-Nursing Business in France 1715-1914*（Urbana，Chicago and London，1982），pp. 110~112.

［31］P. P. Viazzo，M. Bortolotto and A. Zanotto，'Five centuries of foundling history in Florence：changing patterns of abandonment，care and mortality'，and D. I. Kertzer，'The lives of foundlings in nineteenth-century Italy'，in C. Panter-Brick and M. T. Smith（eds），*Abandoned Children*（Cambridge，2000），pp. 70~91，41~55.

［32］Kertzer，Sacrificed for Honor，p. 73；C. Larquié，'La mise en nourrice des enfants madrilènes au XVII siècle'，*Revue d'histoire moderne et contemporaine*，XXXII（1985），p. 129；J. Sherwood，*Poverty in Eighteenth-Century Spain：The Women and Children of the Inclusa*（Toronto，1988），p. 5；V. Fildes，'Maternal feelings re-assessed：child abandonment and neglect in London and Westminster，1550-1800'，in V. Fildes（ed.），*Women as Mothers in Pre-Industrial England*（London，1990），pp. 155~156.

［33］J-C. Peyronnet，'Les enfants abandonnés et leurs nourrices à Limoges au XVIII siècle'，*Revue d'histoire moderne et contemporaine*，XXIII（1976），pp. 418~430；O. H. Hufton，*The Poor of Eighteenth-Century France 1750-1789*（Oxford，1974），pp. 332~333；另见 C. Delasselle，'Abandoned children in eighteenth century Paris'，in R. Forster and O. Ranum（eds），*Deviants and the Abandoned in French Society*（Baltimore and London，1978），pp. 70～72。与此相反的例子可以考虑意大利的拉文纳（Ravenna），在 1720—1790 年，当地谷物价格上涨，但遗弃率水平降低或持平（参见 Kertzer，Sacrificed for Honor，p. 210）。

［34］Delasselle，'Abandoned children in eighteenth century Paris'，p. 62；R. G. Fuchs，*Abandoned Children：Foundlings and Child Welfare in Nineteenth-Century France*（Albany，1984），pp. 66～69；J. Meyer，'Illegitimates and foundlings in pre-industrial France'，in P. Laslett et al.（eds），*Bastardy and its Comparative History*（London，1980），p. 25；另见 L. Valverde，'Illegitimacy and the abandonment of children in the Basque Country，1550—1800'，in Henderson and Wall（eds）*Poor Women and Children*，pp. 51～64，该文认为遗弃率上升与非婚生育率下降相关，是因为对非婚生子女的责任从父亲（拥有资源）一方转移到了母亲（没有资源）一方。

［35］Kertzer，Sacrificed for Honor，pp. 42～43，102；S. Wilson，'Infanticide，child abandonment，and female honour in nineteenth-century Corsica'，*Comparative Studies in Society and History*，30（1988），pp. 762～783.

［36］Peyronnet，'Les enfants abandonnés'，pp. 418～430；L. A. Tilly，R. G. Fuchs，D. I. Kertzer and D. L. Ransel，'Child abandonment in European history：a symposium'，*Journal of Family History*，17（1992），pp. 7～10；A. Levene，'The origins of the children of the London Foundling Hospital，1741-1760：a reconsideration'，*Continuity and Change*，18（2003），pp. 201～236；Hunecke，'Enfants trouvés'，p. 19；Kertzer，*Sacrificed for Honor*，p. 80.

［37］Hunecke，'Enfants trouvés'，p. 14；Kertzer，*Sacrificed for Honor*，p. 79.

［38］Hunecke，'Enfants trouvés'，pp. 19～26.

［39］J. R. Lehning，'Family life and wetnursing in a French village'，

Journal of Interdisciplinary History，XII（1982），p. 655；Sussman，*Selling Mothers' Milk*. Olwen Hufton 在其书 *The Poor of Eighteenth-Century France* 中探讨了"临时工经济"。

［40］Sussman，*Selling Mothers' Milk*，pp. 161～188.

［41］F. Newall，'Wet nursing and child care in Aldenham，Hertfordshire，1595-1726'，in Fildes，*Women as Mothers*，pp. 122～138.

［42］S. Hedenborg，'To breastfeed another woman's child：wet-nursing in Stockholm，1777-1937'，*Continuity and Change*，16（2001），pp. 399～422.

［43］Hunecke，'Enfants trouvés'，pp. 15～17.

［44］Meyer，'Illegitimates and foundlings'，p. 258.

［45］Peyronnet，'Les enfants abandonnés'，pp. 440～441.

［46］A. Farge，*Fragile Lives：Violence，Power and Solidarity in Eighteenth-Century Paris*（Cambridge，1993），pp. 51～62.

［47］Kamen，*European Society*，p. 26；Wrigley and Schofield，*Population History of England*，pp. 216，443～450.

［48］P. Laslett，*The World We Have Lost*（2nd edn，London，1971），pp. 109～110.

［49］M. Anderson，'The social implications of demographic change'，in F. M. L. Thompson（ed.），*The Cambridge Social History of Britain*，3 vols（Cambridge，1990），Vol. 2，pp. 48～50.

［50］Kamen，European Society，p. 28；V. Bıudsky，'Widows in late Elizabethan London：remarriage，economic opportunity and family orientations'，in Bonfield，Smith and Wrightson，*The World We Have Gained*，pp. 136～140.

［51］C. Phythian-Adams，*Desolation of a City：Coventry and the Urban Crisis of the Late Middle Ages*（Cambridge，1979），pp. 224，233～234.

［52］L. Stone，The Family，*Sex and Marriage in England 1500-1800*

110

(London，1977)，p. 107；J. Gillis 提出了相同的观点，引自 Mitterauer，*A History of Youth* (Oxford，1992)，p. 72。

[53] R. Wall，'The age at leaving home'，*Journal of Family History*，3 (1978)，pp. 189~190；A. Kussmaul，*Servants in Husbandry in Early Modern England* (Cambridge，1981)，pp. 3，72；Mitterauer，*History of Youth*，pp. 73~74.

[54] Wall，'Age at leaving home'，pp. 192，197~198；id.，'Leaving home and the process of household formation in pre-industrial England'，*Continuity and Change*，2 (1987)，pp. 91~92；Cunningham，'Employment and unemployment'，132~133；Mitterauer，*History of Youth*，pp. 72~74，89~92；另见 K. D. M. Snell，*Annals of the Labouring Poor：Social Change and Agrarian England*，*1660-1900* (Cambridge，1985)，pp. 323~332。

[55] Mitterauer，*History of Youth*，pp. 69~70；Snell，*Annals of the Labouring Poor*，p. 236.

[56] Anderson，'Social implications of demographic change'，p. 69.

[57] Snell，*Annals of the Labouring Poor*，pp. 325~326.

[58] A. Wilson，'The ceremony of childbirth and its interpretation'，in Fildes (ed.)，*Women as Mothers*，pp. 68~107.

[59] M. Pelling，'Child health as a social value in early modern England'，*Social History of Medicine*，I (1988)，pp. 135~164；id.，'Apprenticeship，health and social cohesion in early modern London'，*History Workshop*，37 (1994)，pp. 33~56.

111　[60] 见 E. Ross，'Survival networks：women's neighbourhood sharing in London before World War I'，*History Workshop*，15 (Spring 1983)，pp. 12~13。

[61] H. Cunningham，*The Children of the Poor：Representations of Childhood since the Seventeenth Century* (Oxford，1991)，pp. 22~23；K.

Thomas, 'Children in early modern England', in G. Avery and J. Briggs (eds), *Children and Their Books* (Oxford, 1989), pp. 51~55.

[62] Pelling, 'Child health as a social value', p. 140.

[63] Thomas, 'Children in early modern England', pp. 57 ~ 63; A. James, 'Confections, concoctions and conceptions', in B. Waites et al. (eds), *Popular Culture* (London, 1982), pp. 294~307; I. and P. Opie, *The Lore and Language of Schoolchildren* (1959; St Albans, 1977).

[64] R. A. Houston, *Literacy in Early Modern England : Culture and Education 1500-1800* (Harlow, 1988), pp. 33~38, 50.

[65] Ibid., p. 15.

[66] I. Green, ' "For Children in Yeers and Children in Understanding": the emergence of the Elizabethan catechism under Elizabeth and the early Stuarts', *Journal of Ecclesiastical History*, 36 (1986), pp. 400~401; 参见 R. B. Bottigheimer, 'Bible reading, "Bibles" and the Bible for children in early modern Germany', *Past and Present*, 139 (1993), pp. 66~89。

[67] T. W. Laqueur, *Religion and Respectability : Sunday Schools and Working Class Culture 1780-1850* (New Haven and London, 1976).

[68] Houston, *Literacy*, p, 11; P. Gardner, *The Lost Elementary Schools of Victorian England : The People's Education* (London, 1984), p. 24; C. Lis, *Social Change and the Labouring Poor : Antwerp, 1770-1860* (New Haven and London, 1986), p. 122.

[69] Houston, *Literacy*, pp. 48, 51~52.

[70] Ibid., p. 54; C. M. Cipolla, *Literacy and Development in the West* (Harmondsworth, 1969), pp. 32~34, 引文见 p. 33。

[71] Houston, Literacy, pp. 39, 53; M. Sanderson, 'Education and social mobility in the industrial revolution in England', *Past and Present*, 56 (1972), pp. 75~104.

[72] Houston, *Literacy*, pp. 49~50.

[73] D. Vincent, *Bread*, *Knowledge and Freedom*: *A Study of Nine-teenth-Century Working Class Autobiography* (London, 1981), p. 94.

[74] Ibid., p. 102.

[75] T. W. Laqueur, 'Working-class demand and the growth of English elementary education, 1750-1850', in L. Stone (ed.), *Schooling and Society* (Baltimore and London, 1976), pp. 192, 202 ~ 203; *Gardner*, *Lost Schools*, p. 76.

[76] Vincent, Bread, *Knowledge and Freedom*, p. 103.

[77] Laqueur, 'Working-class demand', pp. 195~201; Vincent, *Bread*, *Knowledge and Freedom*, pp. 100~103; P. McCann, 'Popular education, socialization and social control: Spitalfields 1812-1824', in P. McCann (ed.), *Popular Education and Socialization in the Nineteenth Century* (London, 1977), pp. 28~30; Gardner, Lost Schools.

[78] K. Thomas, Rule and Misrule in the Schools of Early Modern England (Reading, 1976), 引文见 p. 14; id., 'Children in early modern England', pp. 66~67。

[79] E. West, 'Heathens and angels: childhood in the Rocky Mountain mining towns', in H. J. Graff (ed.), *Growing Up in America*: *Historical Experiences* (Detroit, 1987), p. 373.

[80] G. Dallas, *The Imperfect Peasant Economy*: *The Loire Country*, *1800 — 1914* (Cambridge, 1982), 引文见 p. 91; D. Rubinstein, 'Socialization and the London School Board 1870-1914: aims, methods and public opinion', in McCann, *Popular Education and Socialization*, pp. 231~264; J. Davis, 'A poor man's system of justice: the London Police Courts in the second half of the nineteenth century', *Historical Journal*, 27 (1984), pp. 329~330.

[81] M. Anderson, *Family Structure in Nineteenth-Century Lancashire*

112

(Cambridge，1971)，p. 178.

［82］R. Lee，'Family and "Modernisation"：the peasant family and so-
cial change in nineteenth-century Bavaria'，in R. J. Evans and W. R. Lee
(eds)，*The German Family*：*Essays on the Social History of the Family in Nine-
teenth- and Twentieth-Century Germany* (London，1981)，pp. 96～97.

［83］E. Shorter，*The Making of the Modern Family* (London，1976)，
pp. 202～203.

［84］R. H. Bremner (ed.)，*Children and Youth in America*：*A Docu-
mentary History*，2 vols (Cambridge，Mass.，1971)，Vol. 2，p. 17；Lady
Bell，*At the Works*：*A Study of a Manufacturing Town* (1907；London，
1911)，pp. 269～270；M. E. Loane，*From Their Point of View* (London，
1908)，p. 124.

［85］Shorter，*Making of Modern Family*，p. 172.

［86］引自 Wilson，'Infanticide，child abandonment，and female honour
in nineteenth-century Corsica'，p. 778。

［87］Kertzer，*Sacrificed for Honor*，pp. 111～112；see also D. L.
Ransel，*Mothers of Misery*：*Child Abandonment in Russia* (Princeton，1988)，
pp. 130～149.

［88］C. Heywood，'On learning gender roles during childhood in nine-
teenth-century France'，*French History*，5 (1991)，p. 451；Boswell，*Kindness
of Strangers*，p. 35

［89］E. A. Hammel，S. R. Johansson and C. A. Ginsberg，'The value
of children during industrialization：sex ratios in childhood in nineteenth-cen-
tury America'，*Journal of Family History*，8 (1983)，pp. 346～366；D. T.
Courtwright，'The neglect of female children and childhood sex ratios in nine-
teenth-century America：a review of the evidence'，*Journal of Family Histo-
ry*，15 (1990)，pp. 313～323. B. A. Hanawalt 提出，在中世纪的伦敦，相对

113

而言人们可能更忽视女孩，参见她的书 *Growing Up in Medieval London*：*The Experience of Childhood in History* (Oxford，1993)，p. 58。

[90] M. J. Maynes，'The contours of childhood: demography，strategy，and mythology of childhood in French and German lower-class autobiographies'，in J. R. Gillis，L. A. Tilly and D. Levine (eds)，*The European Experience of Declining Fertility*：*A Quiet Revolution*，*1850-1970* (Oxford，1992)，p. 117.

[91] L. A. Tilly，'Linen was their life: family survival strategies and parent-child relations in nineteenth-century France'，in H. Medick and D. W. Sabean (eds)，*Interest and Emotion*：*Essays on the Study of Family and Kinship* (Cambridge，1984)，pp. 300～316. 'Dimensions of inequalities among siblings' are considered in a special number of Continuity and Change，7，Part 3 (1992).

[92] Vincent，*Bread*，*Knowledge and Freedom*，pp. 91～92；Maynes，'The contours of childhood'，pp. 101～124，引文见 p. 101。

第五章

欧洲的儿童、慈善团体与政府，
1500—1860 年

　　　这一时期面向儿童的政策可以分为两个大的时段：1500—
1750 年和 1750—1860 年。区分这两个时段的因素是中央政府参与
的程度。不过，这两个时期都面临着两个基本问题，它们迫使志
愿团体和政府制定与实施针对儿童的政策。第一个问题是许多在
此期间出生的儿童是父母不愿意或无法抚养的，他们可能是非婚
生子女或孤儿，但也可能是已婚夫妻的子女。第二个问题是学校
教育，且人们愈发意识到最好能将学校教育扩及所有人。

儿童与贫困问题

　　　有证据表明，在整个欧洲，儿童在生命周期的大部分时间里
都在助长而非缓解贫困，而且人们也意识到了这一点。这种意识
最为激进的表现是弃婴。每当地方官员和慈善团体处理贫困问题
时，也要面对这一问题。儿童在贫困人口中占了很大比例。16 世
纪、17 世纪英国各教区的贫困人员名单显示，儿童占总数的 42%
到 53%，其中 10 岁以下儿童约占 25%。诚然，这只比儿童在整体
人口中所占的比例稍高一些，但对于《济贫法》的执行人员来说，
儿童的存在感特别强。[1]在 19 世纪初，英格兰和威尔士有 195 000

名贫民子女接受教区的长期救济。[2] 在这一点上，英国的情况并不是个例。1541 年，鲁汶的一个教区有 765 个符合救济条件的人，其中一半以上是儿童。在 18 世纪的蒙彼利埃，救济院所收容的贫民中，儿童占三分之一，其中绝大多数在 10 岁以下。[3]

大多数贫困儿童还是在家庭中长大的。里昂建于 16 世纪 30 年代的救济院在其章程中指出，"贫穷的家庭和工匠抚养子女的负担沉重"，这样的贫困应得到救济，一般家里有 3 个孩子就可达到救济标准。1552 年，在一项对伦敦 400 个贫困家庭的调查中，有 350 个家庭是"不堪抚养子女重负的穷人"。16 世纪末，在埃塞克斯郡的哈洛，一些有工作的人由于"要养年幼的孩子，负担很重"，也需要救济。[4] 在 17 世纪的诺福克，有人说"一个人孩子越多，生活就变得越差"。17 世纪末，洛克认为，一个男人和他的妻子仅"凭其普通劳动"是无法养活两个以上的孩子的。[5] 而在 17 世纪、18 世纪的普罗旺斯地区的艾克斯，"一个男人和他的妻子普通的薪水加起来只能较宽裕地养活一个孩子"，如果一家有四个 14 岁以下的孩子，慈善机构可以接收其中一个。正如奥尔文·霍夫顿（Olwen Hufton）所言，"对任何贫困家庭来说，儿童的存在本身便招致经济灾难"[6]。

在 1500—1750 年这两个半世纪里，人们对以上问题的回应发生了决定性的转变，慈善行为从主要由教会发起并控制转变为由世俗人士主导。中世纪的教会不仅建立并控制了诸如医院等慈善机构以满足全民需求，从 14 世纪起还为被遗弃的婴儿与儿童开办了弃婴收容院。据传说，这一运动的起源至少可以追溯到罗马渔民将淹死在台伯河中的婴儿的尸体捞起并带到教皇英诺森三世面前之时。从 13 世纪、14 世纪开始，弃婴收容院在意大利城市兴起，在 15 世纪、16 世纪传到西班牙，17 世纪传到葡萄牙和法国。[7] 比如，在 16 世纪的西班牙，塞维利亚、马德里、托莱多、巴利亚多利德、萨拉曼卡、科尔多瓦、圣地亚哥—德孔波斯特拉这些城市都设有弃婴收容院。[8] 在以上许多地方，南欧民间组织的根基比宗教指令的影响更为深远，而且这些收容院通常是由世俗的管理委员会与教会协商后负责运营的。[9] 有时，民间组织的创始人会有意与教会保持距离。意大利的弗朗西斯科·达蒂尼（Francesco Datini）自己婚内没有子女，他将创立弃婴收容院的事业视为驻存自我、光耀城邦的方式。而且他打定主意，认为其遗产应由普拉托市议会负责管理，而不是交给教会。达蒂尼的遗愿恰好在邻近的佛罗伦萨孤儿收容院付诸实现，这所收容院见证了公民人文主义（civic humanism）而非教会的力量。[10] 这种对个体不朽与城邦未来的渴望在接下来几个世纪激发了人们发起捐赠与成立组织的热情，富裕阶层普遍开始留下资金，用以设立学校、为贫困女孩提供嫁妆，或是资助穷苦男孩成为学徒。[11]

　　经济危机及其造成的混乱有时是慈善事业世俗化的契机，比如在 16 世纪 30 年代的里昂，但世俗化进程本身并不依赖于这类危机。正如锡西·费尔柴尔德（Cissie Fairchilds）指出的，"西欧几乎所有主要城镇的商人都在 15 世纪末、16 世纪初开始建立由他们而非教会控制的新慈善机构"。娜塔莉·戴维斯（Natalie Davis）则从中发现，"1520 年后的几十年间，欧洲出现了一场致力于福利改革的国际性运动"[12]。从 1522 年到 1545 年，在德国、低地国家、法国和瑞士，约有 60 座城镇重新制定了社会政策；在尼德兰、法国、英格兰、苏格兰和西班牙，中央政权也同样对此十分积极。[13]
这在一定程度上涉及公共秩序问题——由于儿童在流浪者和乞讨
者中所占比例显著，从16世纪起各国当局便决心整治。在16世纪
20年代，西班牙人文主义者胡安·路易斯·比维斯（Juan Luis
Vives）向布鲁日的参议会提交了《论贫民救济》（De Subventione
Pauperum）。该文的影响很大，描述了"穷人们的幼儿如何被糟糕
地带大，他们（母亲们）和儿子们躺在教堂外面，或四处流浪乞
讨"[14]。在16世纪的里昂，镇民们抱怨道，"镇上大量小孩因饥寒
交迫而日日夜夜地哭喊，在教堂里大吵大闹"。在16世纪中叶的
威尼斯，人们担心"儿童无赖和乞丐的数量大增，他们在圣马可和
里亚尔托广场上游荡，晚上就睡在人家门口"[15]。在17世纪的斯
德哥尔摩街头，乞讨和流浪的儿童比比皆是。17世纪50年代，为
了准备克里斯蒂娜女王的加冕典礼，成百上千的儿童被关押起来，
在典礼结束后被释放到城外。而在1682年，斯德哥尔摩的总督任
命了专门的卫兵，用来阻止街头流浪儿童在布道期间溜进教
堂——对于这些孩子来说，教堂大概能提供一定的庇护与温暖。[16]
在18世纪的法国南部，"常常有一大群无家可归的孩子在路上游
荡，他们在彼此那里找到了庇护与友谊"。在普鲁士，据说三分之
一以上的行乞人口是儿童。[17]

对此类问题的解决办法是把这些儿童安置在某种机构里，在
那里他们可能被培养为模范臣民。在布鲁日，比维斯提议让学得
快的男孩教其他人，而后进入"牧师的神学院，让其他人根据自己
的天赋进入各种工坊"。女孩们如果表现出学习意愿，可以允许她
们继续学习，但前提是"一切都应引导她们具有更好的言谈举止"。

117

他还提议，应任命两名审查员，他们应由"有分量且品行端正的人担任"，职责包括检查"孩子们在做什么，取得了何种进步，他们的行为、天赋、前程如何，以及是否有人做错了事"。[18]一种典型的方案是建立或接管收容院来照看贫困或被遗弃的儿童，为活过婴儿期的孩子提供某种形式的教育，以及资助男孩的学徒费和女孩的嫁妆。[19]还有更为新锐的方案，如威尼斯让乞讨的儿童当船工学徒，由此既解决了儿童乞讨的问题，又满足了政府对水手的需求。[20]在很多方面，儿童都是这些改革方案的核心，他们为未来带来了希望。如在艾克斯，儿童慈善可能是所有慈善事业中最为普遍和最受欢迎的。基督教人文主义为这些举措提供了哲学根基，在此名义下，街道上的乞讨者被清除，穷人被安置于相关机构，这也促成了费尔柴尔德所说的"对他们道德状况的监控"，以及对值得救助的人与不值得救助的人的更为明确的区分。但与此同时，或许也正如比维斯的文章所言，更为聪慧的男孩们由此获得了机会。[21]虽然这些举措由世俗人士掌控，但无论在欧洲天主教地区还是新教地区，它们都充斥着一种宗教精神。[22]

虽然所有研究现代早期的历史学家都重点指出了慈善事业世俗化的进程，但这并不意味着社会政策的制定与实施完全独立于教会或是政府当局。情况恰恰相反：除了英格兰是由政府颁布的《济贫法》来确保对农村和城市地区的覆盖，其他许多慈善机构最好被视为市政机构。它与每个城镇的政府、教会、社会、经济结构紧密结合，并通过各种渠道获取资金——部分来自慈善捐赠，部分来自税收。比如，在葡萄牙，收容孤儿的机构由城镇议会直接管理，或是外包给慈善协会负责。这是在王室资助下建立的非宗教性兄弟会，它旗下的每个分支都很好地融入了当地社区的权力结构。[23]

此外，中央政府越来越多地在与童年相关的问题上发挥主导作用，这反映出政府对穷人道德教化的增强，以及对不道德行为的经济后果的明确认识。在整个欧洲，人们对杀婴采取了一种全新的严苛态度。在神圣罗马帝国，一项 1532 年的法律规定，如果发现一个非婚生的孩子死亡，其母亲会被认定为有罪，除非她能证明孩子是死胎或自然死亡，刑罚将是活埋或木桩穿心而死。在 1556 年的法国，未婚少女或是寡妇怀孕后，需到地方官那里通报，这一方面是为了防止杀婴，另一方面是为了查清谁是父亲，并强制要求其为非婚生子女提供经济支持，隐瞒怀孕与生产消息的女性本人也可被处以死刑。法国 1586 年颁布的《穆兰敕令》则试图更为积极地赡养被遗弃的和贫困的非婚生子女，尽管这一法令充其量只是得到了部分落实。在英格兰，同样是从 16 世纪中期开始，越来越多的法令试图通过严厉的惩罚来遏止杀婴行为。最终，在 1624 年的一项法令中规定，杀婴将被处以死刑。在瑞典（1627年）、符腾堡（1658 年）、丹麦（1683 年）、苏格兰（1690 年）和巴伐利亚（1751 年），也出现了类似的法律。[24] 在德国，根据这类法律，1500—1800 年，至少有 30 000 名女性因杀婴被处决。[25]

受到国家、教会、市政和慈善团体资助的儿童常常在公共仪式中被用于展示。在意大利北部的节庆活动中，孤儿们会在广场游行。[26] 任何重要的葬礼若不从弃婴收容院请来一批儿童，都不算完整。阿里耶斯曾写道，在巴黎，来自圣灵收容院、红童收容院和三一收容院①的孩子们"成为了死亡专家"[27]。在里昂和普罗旺斯的艾克斯，男孤儿们也参与公共和宗教游行。[28]卡斯蒂利亚各地的儿童教义学院收留贫困男孩，为他们提供衣、食、住，教他们阅读和写作，指导他们学习基督教教义，并要求他们参与葬礼游行。[29]从弃婴收容院和其他慈善机构的角度看，这些展示都是筹款的机会。在 17 世纪的斯德哥尔摩，在校的孩子们每年参加的葬礼多达 300 场。这一安排使学校和儿童得以生存下来，但实际上也是变相对富人征收死亡税。曾有一个寡妇为筹集丈夫葬礼的花费，等了好几年才给他下葬。这种制度在斯德哥尔摩最终被取缔了，但在其鼎盛时期，无论在当地还是其他地方，都表明了儿童在代表社区和展示富人恩惠方面所起到的重要象征性作用。[30]

学校教育

教会也开始丧失在提供学校教育方面的专有地位，但学校教授宗教教义的重要性并未减退，它仍是人们创办学校的主要动机。不过，学校教育同时也被视为一种使人们遵守秩序和规训并掌握有用工作技能的手段。无论从宗教还是世俗的目的来看，学校教育都很可能引起政府的关注，因为政府一定会质疑宗教异端或是无知对于良好秩序的影响。然而，直到 18 世纪，各国政府才开始在支持学校教育方面发挥主要作用。在 16 世纪、17 世纪，主要是

① 圣灵收容院(Hôpital du Saint-Esprit-en-Grève)建于 1363 年，收容弃儿；红童收容院(Hôpital des Enfants-Rouges)建于 1531 年，其收容的孩子主要是神恩收容院(Hôtel Dieu)的穷困人群所生的子女，因这里的儿童身着红衣而得名；三一收容院(Hôpital de la Trinité)建于 1545 年，主要收容在监狱或医院的人所生的子女。

世俗人士和教会在起主导作用，由此带来了学校数量的激增。比如在英格兰，1480—1660 年新创立的各类学校可能约为 800 所；而在 1660 年以后，特别是在 18 世纪初，实行非古典教育的学校的增长速度则要高于以往。[31]

　　在新教国家，家庭曾被视为理想的教育场所。但 16 世纪 20 年代德意志内战的经历使得路德确信，必须将教育的重心从家庭转移到公共教育上，不能依赖家庭来对广大民众进行教育。1530 年，路德提出了国家强制教育的主张。他认为，如果父母无法满足教育需求，"儿童便不再属于父母，而落入了上帝与社会的关怀范畴"。有时，人们的措辞更为强势。如 1547 年，改革者们在斯特拉斯堡议会上宣称，"儿童不属于父母，而属于上帝和社会——我们所指的社会既是宗教的也是政治的"，并称"基督教改革所需要的，首先是一个积极让父母履行职责的政府，父母有责任养育子女以服务于社会的共同目标"。在此，人们毫不掩饰学校的政治与宗教功能，但也认为这两种功能是相互协调的。这些主张带来的后果是一系列鼓励建立学校的政令的出台，例如 1583 年诺德豪森的政令提到："虽然没有必要用政令来勒令父母履行其对子女的职责，但我们知道父母存在巨大的失责，因为他们中的许多人并不知道教导孩子意味着什么。因此，父母及监护人应将子女送入学校，使其在幼年便能学会祈祷、认识上帝，养成纪律、礼仪和可靠的技能。"宗教与世俗的目的相互渗透，但宗教目的还是第一位的。没有什么比将教义问答提升为首要的教学工具更能说明这一点，其问答方法旨在将基督教信仰的基本原理铭刻在年轻人的脑海中。[32]

120

杰拉尔德·施特劳斯(Gerald Strauss)写道,在德国,"上学几乎在各地都是一种要求(使用强制一词过于强烈,但这的确是政府的意图),并且得到了不懈推动"。大多数儿童,甚至包括农村地区的儿童,似乎都有机会进入某种形式的学校,虽然并不是所有人都会去上学。他们中的大多数人可能都有一定的识字能力,尽管随着年龄的增长,他们明显容易忘记此前学过的教义问答。[33]

　　在苏格兰,加尔文宗教改革旨在建立由熟知圣经的信徒组成的国家。与德国一样,教会与政府之间存在合作,由此促成了苏格兰议会在1616年颁布的法案,规定每个教区都应有一所学校和一名教师。这一法案在17世纪逐步得到落实,它使得人口众多的中央低地区域实现了普遍乃至全民识字。在瑞典,类似水平的识字率并不是由学校教育带来的,而是在路德教派的教会带领下结合了两方面因素而实现的:其一是鼓励在家庭中教授教义问答,并通过每周日的公共问答加以强化;其二是教会与政府间的紧密合作。由此,民众在一定程度上受到了教会与政府的监控,地方牧师则肩负着关键的教育职责。[34]

　　这种学校教育的全面政治化在英格兰也很显著,但表现形式却十分不同。当地的识字率比德国、苏格兰或瑞典要低得多,主要原因在于,在负责学校教育方面,教会或政府给每个教区施加的压力要小得多。结果是教育主要留给了地方来主导。到了17世纪末、18世纪初,除了各地的独立行动,所谓的慈善联合会或是为满足特定需要而成立的社团也加入了为各地提供学校教育的努力中。基督教知识传播会(The Society for the Propagation of Christian Knowledge,SPCK)是由英国圣公会的平信徒成立的,目的是为穷人的孩子设立"慈善学校",并通常融合宗教、阅读和写作教学。这些学校一经成立便取得了成功,"为贫困儿童提供初级教育的慈善事业成为当时慈善人士最大的热情之所在"。到了1729年,共有1419所这样的学校,在校学生达到22303名。[35]但如果把这场运动视为非政治性的,那就大错特错了。基督教知识传播会的目的在于巩固英国圣公会的力量,并与其对手相抗衡,无论其对手是天主教会还是宗教异端,都无可避免地与政治紧密相关。在18世纪初,该运动涉嫌拥护流亡在外的斯图亚特王朝后裔为王,因此自汉诺威王朝入主英国(1714年)以来受到了辉格党人的坚决镇压,以确保学校能成为维系社会秩序的支柱。[36]

新教无疑刺激了学校教育的发展,但天主教亦然。天主教对学校教育的推动有时是为了应对新教的威胁,比如在巴伐利亚[37],有时则是出于自发。在16世纪30年代,意大利北部一个世俗的兄弟会自发建立了基督教教义学校,在周日和宗教节日传授教义、阅读、写作。在特伦特大公会议(Council of Trent)①的支持下,这类学校的规模不断扩大。例如,在1591年的米兰,共有7000名男孩和5750名女孩就读于这类学校。[38]在安特卫普,镇上的手工业人士先向穷人的孩子传授知识,然后每十人为一组,每周日上午到乡村教授阅读、写作、算术和宗教,并最终将这些孩子带到镇上,由牧师教他们准备初领圣体。[39]

为穷人提供初级的学校教育是天主教和新教教育政策的一个共同特征,但这并不是其教育政策中最重要的部分。中等教育和

---

① 特伦特大公会议是天主教会于1545—1563年在意大利北部的特伦特与波隆纳召开的大公会议,是天主教会对宗教改革的回应。

大学教育所拥有的地位要重要得多，也是二者关注的焦点。耶稣会在这一时期对教育的影响不言而喻，他们几乎完全专注于中等教育。这一时期区别初等和中等教育的关键因素是：前者完全使用本地语言，后者则侧重于拉丁语的学习。由此产生的是一种明确的意识，即中等教育应是专门为富裕家庭的男孩而设的，是为他们从事有声望的职业作准备的教育。来自贫困家庭的聪慧男孩有一定的机会进入中学，但这样的机会十分有限，且与之相抗衡

122 的是一种十分普遍的观念。如西班牙知识分子所言，进入文法学校的机会应仅限于那些"天生优越"的阶级所有，这种观念蕴含的社会偏见有时在一些文字中表露无遗。例如，1768 年，一个匿名的蒙彼利埃市民写道："一个轿夫、一个街头杂工、一个卑劣之人，若是有人把儿子送到中等学校……而这些普通人的孩子，既无教养又没情操，竟能和好人家的儿子混在一起，树立坏榜样，传播不良行径，这可真是于礼不容。"[40]对于女孩来说，反对其继续上学并接受与男孩一样的中等教育的偏见也同样强烈。有一些学校为富裕家庭的女儿们提供初级水平以上的教育，但它们都具有精修学校（finishing school）①的特征。在现代早期的欧洲，古典课程是走向成功的通行证，但女孩们没有机会接触这些课程，有时还被明令禁止学习。比如，在 1594 年英格兰的班伯里和 17 世纪的不伦瑞克就存在类似禁令。[41]

---

① 精修学校是一种为欧洲上流社会女性开设的侧重于培养社会礼仪的学校。

1750—1860 年

1750—1860 年这一时期的突出特征是：中央政府越来越多地参与到儿童事务中来。虽然诸如英国在内的一些国家基本未受此影响，但这是其他标榜开明专制主义(enlightened absolutism)的国家的一个显著特征。与此相关，需要援助的儿童人数也大大增加。可见，中央政府职责的扩大有时是主动的，有时则是被动的。但也并不尽然，尤其是在促进教育发展方面，开明专制主义君主及其顾问萌生了建立国家化教育制度的想法。他们往往从教育的最高等级开始建立大学和精英中学，这些学校的功能也逐渐从为教会服务转向为政府培养公仆。布列塔尼法官拉夏洛泰(La Chalotais)于 1763 年出版了《论国民教育》(*Essaid'éducation nationale*)一书，这本简短的著作在法国国内外的影响几乎不亚于同年出版的《爱弥儿》。它的主题是教育具有改变整个国民性格的巨大力量，尽管在拉夏洛泰看来，对多数民众进行教育是个错误。[42]该书在波兰的影响很大，有观点指出："根据公共利益的要求，一个国家应由一个政府统治，应有一种统一的教学方式、学习方式、学生用书以及同样的法律法规。如果不能将学校置于共同的监督之下，这便不可能实现，而谁又能比国王更能胜任这一职责呢？"[43]学校开始被视为实现国家认同的手段，玛丽亚·特蕾莎(Maria Theresa)①在 1770 年宣称"学校是且永远是国家的事务"。她的一位颇具

123

---

① 玛丽亚·特蕾莎(1717—1780)是哈布斯堡王朝统治者，统治范围覆盖奥地利、匈牙利、克罗地亚、波希米亚等。

影响的顾问约瑟夫·冯·索南费尔斯（Joseph von Sonnenfels）写道："公共教育是对祖国之爱的真正源泉，务必恪守其主要目标：给儿童的心灵注入一种信念，使其确信他们的福祉与国家的福利密不可分。法律是明智的，违法者是不幸且愚蠢的人。"[44]

这并不意味着基督教教义将被排除在课程之外，事实远非如此：基督教教义仍是课程的核心，是许多新教育举措的灵感来源。[45]在18世纪初的普鲁士，虔敬主义对国王腓特烈·威廉一世产生了巨大的影响。在奥地利，天主教改良主义的影响同样重要。[46]成立于1784年的尼德兰公益协会建基于对一种改良的、积极的基督教信仰的追求，这种信仰也是促使该国初等学校教育传播的思想源泉。许多国家的法律也蕴含着基督教应是教育之基这一信念。波兰在1783年规范初等学校的法律中宣称，其目的在于"在宗教方面对人民进行教导，并让他们了解其产业应缴的税费，以及与其产业相关的劳动和手工业生产情况"。而丹麦1814年的法律则规定在农村地区实行义务教育，并称"儿童教育的目的"是"根据基督福音的教导，把他们培养成遵纪守法的好人，掌握作为国家的有用公民所必备的知识和技能"[47]。然而，这些受到推崇的基督教教义往往与基督教其他形式的教义相对立。特别是在天主教国家，自18世纪50年代末起，耶稣会士受到了镇压，并时常被驱逐。因此这些国家需要寻找新的机构和教师来办教育，有时也通过没收耶稣会财产来资助初等学校网络的建立，比如在奥地利便是这样。[48]不过，在大多数新教国家，倡导推进教育的一方也是新教中的改革派，他们渴望与开明的政府合作。19世纪初，尼德兰的小学在全欧洲颇受赞誉，尼德兰公益协会在建立教师培训体系、编写教科书以及设立督察部门等方面投入了大量精力。所有这些都是该国教育取得成功的关键，而这种成功得益于"志愿团体与国家机构之间的和睦联盟"[49]。

在 18 世纪或 19 世纪初，有相当多的国家尝试建立义务教育制度。其间虽然存在疑虑与例外[50]，但义务教育的确是大势所趋。124普鲁士实行义务教育制度的尝试始于 1717 年，腓特烈大帝在 1763 年又重申了这一主张。奥地利于 1774 年确立了义务教育的原则，规定 6 到 12 岁的儿童一年中至少有一部分时间要上学，且每周至少要上 5 天学，对于没来上学的孩子，要对其父母处以罚款。在 1777 年，这一规定扩展到了匈牙利。在大革命时期的法国，1793 年国民公会投票决定建立国立小学，原则上实行义务教育。不过到了 1795 年，这种强制性被淡化了，家长可以自行决定是否送孩子上学。在尼德兰，1806 年的一项法律规定国家政府有责任为 6 到 12 岁的所有儿童提供教育。丹麦 1814 年的法律规定，儿童从六七岁开始到坚信礼（confirmation）①前——通常在 14 岁进行——必须接受义务教育，在丰收时节有 4 周假期，10 岁以上儿童的上学时长可以得到部分减免，以便下田劳作。[51]这些法律表明国家对于教育有一定程度的控制，一般认为这种控制在 19 世纪 80 年代到 20 世纪 20 年代更多地出现。不过政府实际上很难执行这些法律，各地的牧师仍是主要的教师队伍，因此政府别无选择，只能依靠他们，虽然对于许多改革者来说牧师所代表的是黑暗倒退的力量。同样，政府也难以维系办学经费。比如在葡萄牙，479 所小学赖以

---

① 坚信礼是基督教的一种仪式，象征人与上帝关系的巩固，在一些教派中儿童只有被施坚信礼后才成为教会的正式成员。

生存的税款被挪用到了更为显赫的教育产业上。[52]一般认为普鲁士的教育成就卓越，可在当地，"中央为改善初等教育所作的尝试几乎总在地方的抵制中落空"[53]。普鲁士1717年的法令"不过是一厢情愿的做法"，且"根本没有得到落实"，而1763年的《普通学校法》(General-Landschul-Reglement)也没有得到很好的执行。奥地利的情况较为成功，因为来自耶稣会和其他渠道的钱款减轻了本应落在地方和家长身上的财政负担。但是，正如德雷克·比尔斯(Derek Beales)所说，"几乎无法想象一个社会能在18世纪建立任何一种世俗化的普及教育体系，更不用说有能力负担这笔开销"[54]。有时这种意愿是存在的，但尚不具备实现它的条件。

各国政府也越来越多地参与到应对广大被遗弃的儿童或贫困儿童的举措中，该进程中的一个关键时刻或许是法国王室从17世纪70年代起为巴黎的弃婴收容院提供财政支持。该收容院由文森特·德·保罗(Vincent de Paul)在1638年建立，在整个欧洲享有盛誉，其他专制君主或未来的专制统治者们很有可能效仿了法国王室的举措。[55]

125　　　王室控制权的日益增强一定程度上是由于慈善事业的失败。遗赠的显著减少、贫困程度的增加以及管理不善等去基督教化现象的发生，意味着慈善机构远不能满足需要。在法国，大约从1760年起，启蒙思想家们猛烈批评慈善机构，并敦促政府发挥更积极的作用。慈善捐赠的减少带来的影响是巨大的。在蒙彼利埃，在1740—1741年有44.9%的遗嘱中含有慈善捐赠一项，而在1785—1786年这一比例只有24.3%。即便存在慈善捐款，它们也往往被误导，捐给了那些看起来最值得救助的人，而非最需要援助的人。

克莱蒙的让·鲁齐埃（Jean Rouziére）死后留下了一万法镑，用于在其家乡建立一个机构来抚养12名孤女。但当孤儿院于1782年开门时，只能找到两名这样的女孩。在1760年以后的法国，"传统的市镇慈善组织这种曾经行之有效的机构走向了消亡"，中央政府填补了这些私人慈善机构失败后留下的空缺。[56]

由于遗弃儿童的现象迅速增加（如第四章所述），情况变得更加令人绝望。当然，政府的政策也有可能是导致遗弃激增的原因。也就是说，当存在接收弃儿的机构且遗弃行为在一定程度上被准许时，人们便会对此加以利用。伦敦弃婴收容院的情况也许最为形象地说明了这一点，该机构在1739年开放，但刚开始是有选择地收容弃婴，在18世纪50年代的前半段时期，它每年约接纳150人。1756年，弃婴收容院为了获得政府资助而全面放开了限制，一时间人满为患，在接下来的5年里，每年约有3000名婴儿进入该机构，其中超过三分之二死亡。1760年政府资助结束后，弃婴收容院又恢复了限制性的入院政策，从1801年起，它只接收非婚生子女。[57]伦敦的数据显示，无论是已婚夫妇还是怀有非婚生孩子的单身母亲，都对弃婴收容院提供的服务有着巨大的需求，欧洲其他地区的数据也充分证实了这一点。遗弃儿童的历史昭示了这样一个事实：始终有大量刚出生的儿童是父母无力抚养或不愿抚养的，而一旦有收容机构存在，这些家庭便会把孩子送过去。

尽管一些新教国家在18世纪对弃婴收容制度存在一时的兴趣，但在很大程度上这还是天主教国家特有的现象，这些国家针对弃婴的政策促使遗弃的规模达到了18世纪、19世纪的高水平。当然，这并不是说新教国家不存在贫困或非婚生育问题，但它们对这些问题的反应与天主教国家不同，弃婴的数量也少得多。根据我们所掌握的英格兰弃婴数据，在伦敦的 7 个教区，受洗的弃婴占受洗婴儿总数的比例在 16 世纪 90 年代是 1%左右，在 18 世纪初上升到了 6%以上，从 18 世纪 20 年代开始有所下降。这一水平远低于天主教国家的弃婴率，且从 18 世纪 20 年代开始的下降趋势也与其他地方的情况相反。这可能是由于有大量的弃婴隐藏在了《济贫法》所救助的儿童的数据中，因为英格兰让 15 000 个教区各自负责落实《济贫法》，自行处理遗弃儿童问题，特别是被遗弃的非婚生子女。英格兰相关证据的不寻常之处在于，并没有明确的迹象表明婴儿从一出生就被遗弃了。[58]一些研究弃婴制度的史学家在探讨英格兰的情况时，考虑到一些私人开设的婴儿农庄（baby farm）曾在 19 世纪曝出一系列农庄经营者杀害受其照看的儿童的丑闻，怀疑这些婴儿农庄是不是就等同于弃婴收容院。但是，并没有证据表明这类农庄曾普遍存在。弃婴收容院的支持者们可能会提出：如果缺乏收容弃儿的机构，英格兰的杀婴率会高于其他地方。但正如我们在第四章中看到的，有必要将造成杀婴的情况与导致遗弃的情况区分开来看待。在 18 世纪，最有可能犯杀婴罪的是那些未婚的家仆，如果存在弃婴收容院，他们确实有可能把孩子送到那儿。但是，他们杀婴的主要目的是掩盖所有关于生孩子的证据，而在较小规模的社区中，杀婴无论如何都能比弃婴更有效地达成这一目的。况且，没有任何证据表明英格兰的杀婴率极高。事实似乎是这样的：英格兰的家庭和母亲们在婴儿出生后选择供养他们，这些儿童日后成为了《济贫法》需要救助的对象。[59]在英格兰以外的地方如德国，收容儿童的典型机构并不是弃婴收容院，而是孤儿院。尽管我们无法确定，但一部分被当作"孤儿"的小孩可能实际上是被遗弃的。伦敦弃婴收容院院长的一项提议或许为这种可能性提供了线索，该院长曾提议将弃婴收容院的名称改为孤儿收容院，因为在他看来"一般人普遍认为弃婴一词带有蔑视的意味，而孤儿一词则带有同情的意味"[60]。有理由怀疑这项提议所针对的不仅仅是"一般人"，更是为其提供财政支持的人。

没有一个 18 世纪的统治者能够完全抗拒热心于儿童事业所带来的声望。莫斯科和圣彼得堡的弃婴收容院都是在凯瑟琳二世的指令下建造的，莫斯科的弃婴收容院甚至可与克里姆林宫在孰能"主宰莫斯科中央天际线"的问题上一争高下。[61] 由于启蒙思想的影响，弃婴收容院似乎一度要彻底断绝其与天主教的联系。这些收容院传入了德国和斯堪的纳维亚半岛。[62] 英国政府分别于 1730 年和 1747 年在爱尔兰的都柏林和科克开设了两所弃婴收容院，二者都隶属于使爱尔兰皈依新教的更大战略。[63] 不过，最先开始吸引各国王公与爱国人士的还是弃婴收容院的世俗性好处。它可以防止杀婴罪行的发生，还可以使街头弃婴和流浪儿童带来的丑闻消失。更重要的是，它可以使人口增长，而这些人口可以从年少起就接受训练，成为士兵、水手、仆人，或仅仅是从事苦力的成年人，从而为国家效力。早在 1670 年，路易十四就将弃婴视为潜在的士兵。18 世纪 60 年代，一个德国人也提出，弃婴就像是"年幼的植物，国家可以好好利用他们，以造福未来子民"[64]。18 世纪 80 年代，一位法国时评人主张，弃婴没有家庭的牵绊，可以被训练成"对死亡和危险无动于衷之人，同样也能胜任水手、充当民兵，或是填充殖民地人口"[65]。在俄国，伊万·贝茨科伊（Ivan Betskoi）

是创办莫斯科和圣彼得堡的弃婴收容院的关键人物，他还有更大的雄心：希望国家出资抚养的这些儿童能在西部边境安家，过上中产阶级生活。[66]法国在 1811 年颁布的法令建立了安置弃婴的国家制度，在这一制度设想下，国家把男性弃婴养到 12 岁，再交由海军处置。在更普遍的意义上，这一法令希望一个照看和管控弃婴的良好体系能够补充人力、增强国力。在法国大革命前后，这些雄心勃勃的国家育儿政策达到了顶峰。在 1790 年领主司法权被废除后，抚养弃婴的职权收归国家，更确切地说是归于地方政府，国家鼓励地方政府将这些弃婴视为"祖国的儿女"[67]。尽管语言存在差异，但这些观点类似于 19 世纪末、20 世纪初将儿童视为彰显国力的重要因素的主张。正如奥托·乌尔布利希特（Otto Ulbricht）所言，"弃婴收容院的体制……构成了……一种较大规模的儿童保育措施，有可能涵盖所有的贫困儿童"。或者用雅克·唐泽洛（Jacques Donzelot）的话来说，弃婴收容院和其他机构可被视为"观察工人阶级行为的实验室，由此投放出来的是一系列有针对性的策略，用以应对这些行为给社会带来的负面影响，并根据社会经济要务来重组工人阶级家庭"[68]。

与抚育弃婴为国效力的希望并存的，是一种更为普遍的观念。人们相信训练贫困儿童从事劳动既能带来直接的利益也有长远的好处，开始认为儿童是某些行业蓬勃发展的关键因素。当然，这并不是什么新颖的想法。从 16 世纪末开始，莱顿的布匠就从孤儿院和济贫院招募了几十名男孩从事生产。在 17 世纪后期，这一体系被充分地组织起来。在 1638—1671 年，约有 8 000 名年轻工人被带到莱顿工作。[69]在 16 世纪、17 世纪，英格兰多次尝试建立工作学校来减轻济贫院的负担，同时希望借此获利。慈善学校是18世纪初英格兰最重要的教育举措，正如我们在上文所见，最初这些学校意在通过教授教义问答来巩固英国圣公会的势力，但人们很快便意识到把工作纳入课程的必要性。到了18世纪20年代，人们认识到"工作学校在各方面都好于不含劳动成分的学校，而且更能代表当下民意之所向"[70]。这一趋势持续发展。在18世纪下半叶，人们建立了工业之家，让穷人从事工作，这其中有许多儿童。例如在都柏林，1773年成立的工业之家很快就挤满了儿童，最终不得不将他们分开安置在不同的楼房。从18世纪80年代开始，工业之家开始改名为工业学校，也就等于含蓄地承认儿童是工业之家的主要人口。这些发展绝不限于英格兰和爱尔兰。法国在18世纪60年代就建立了工作学校，到了1789年，光是里昂就有6所这样的学校。在德国，工作学校也得到了支持。英国首相威廉·皮特（William Pitt）在1796年信心满满地宣称："我们的经验已经表明儿童的辛勤劳动能够取得多大的成果，而及早让他们在力所能及的制造行业中从事生产也好处良多。"[71]

这种做法一方面对儿童有好处（使其习惯于常规工作），另一方面对于落实《济贫法》有利（可以减少开支），还对工业界有好处（工厂越来越依赖童工从事生产）。1781年，安特卫普的纺织厂把当地的男孤儿院称为"工厂培训学校"。根据德国1824年的一份报告，"自18世纪中叶以来，几乎没有一个制造商在波茨坦或柏林建工厂时不会去孤儿院招募童工。招募时开出的条件总是相似的，归根结底是由孤儿院出资供养孩子，制造商——出于爱国之情——出资训练孩子掌握所需技能，除了住宿和供暖之外不付工钱"。在波茨坦，女子孤儿院与两个商人签订了合同，他们承诺对200到300名女孩进行缎带生产培训。女孩们的"学徒期"为7年，每天工作9小时，前5年不领工资，此后按一般工资水平的六分之一领取工资。制造商们无疑乐意将此伪装为"爱国主义"。在整个中欧，工业生产都利用了孤儿的劳力。[72] 还有国家试图利用贫困儿童的劳力，达到社会控制和工业增产的双重目的。玛丽亚·特蕾莎在1761年颁布政令，要求穷人的孩子"应养成辛勤劳作的习惯……我们的制造商非常需要纺纱工人，他们很乐意雇用童工来从事这一工作"。而腓特烈二世也在1775年给勃兰登堡行政长官的信中说道："如果您能确保目前在乡村的闲暇儿童能利用空闲时间来纺纱，我认为这将是极为有益的事情。"纺纱学校在18世纪60年代开始出现，并取代了此前随意得多的纺纱会（spinning bees）①，后者更多是一种社交活动。[73] 儿童读物也有力地传达了这种观点，1787年，J. F. 费德森（J. F. Feddersen）在其《给儿童读的耶稣生活》（*Life of Jesus for Children*）第五版中说道："上帝的旨意是让人们避免闲散怠惰，尽早开始工作。"[74]

18世纪后半叶这种将贫困儿童变为高效自律国民的希望从未完全实现，英格兰的工厂在雇用这类儿童时出现了丑闻。至于弃婴收容院，其反对者们有效利用了以下理由来驳斥其建设：开放接收条件的弃婴收容院会诱发更多不道德行为。[75] 法国大革命中福利政策的灾难性失败也刺激了一些国家限制大规模的政府项目。

---

① 纺纱会是现代早期欧洲农业社区平民的一种活动，通常是在冬季农闲时节一天常规劳动结束后，傍晚时分年轻的未婚者（不限于女性）聚在一起纺纱或从事编织、缝纫等手工活。纺纱会同时也是年轻人的一种社交场合。

不过，到了 18 世纪末这一阶段，许多国家的政府已经深深卷入了弃婴收容院的运营中，不太可能轻易抽身。弃婴收容院开始在国家经济中发挥重要作用，弃婴们成为了"城乡交换体系中一种短时效的商品"。在 19 世纪 80 年代的俄国，每年有 7 万名乳母被雇来照看弃婴，遗弃儿童体系的存在也因此关系到成千上万人的整个生活方式。在社会政策史上，一个反复出现的主题是：政策所针对的帮扶或管控对象往往能够削弱政策制定者的本意，利用原本别有用途的政策来满足自己的需要。在俄国，复杂的乳母生意既满足了该行业经营者的需求，也满足了政府的需要。[76] 同样，在 19 世纪中叶的加拿大，父母把孩子留给所谓的孤儿院通常是暂时性的，"除去特殊情况，大多数孤儿院收容的非孤儿比孤儿要多得多"[77]。

在这些收容机构被建立起来以后，面对人们对此日益增长的需求，政府和慈善机构也试图遏制救济对象的大量涌入。弃婴收容院的外墙本来设有回转摇篮（turning cradle），可以让人们匿名留下婴儿，这种做法曾受到拿破仑的鼓励。回转摇篮曾在意大利约 1 200 个城镇和乡村存在，在其他地方也有，但各地开始逐步淘汰这种设施：法国在 19 世纪 40 年代到 60 年代、西班牙在 19 世纪 50 年代、葡萄牙和意大利在 19 世纪 60 年代都开始废弃回转摇篮。关闭这一通道可能对遗弃行为发生的频率产生了极大影响，例如，佛罗伦萨弃婴收容院接纳的人数在 1873—1877 年减少了一半以上。到 19 世纪末，意大利、西班牙和希腊是欧洲仅剩的三个仍在使用回转摇篮的国家。[78] 一些地方开始向未婚母亲提供资助，从而试图劝服她们自己抚养孩子。唐泽洛指出，从这一政策起步，距离人们提出应当为所有贫困母亲提供带有附加条件的资助就只差较小的一步。[79]

这种资助是对下一个历史阶段的前瞻。尽管欧洲大陆不同地区的发展速度存在显著差异，但大约在 19 世纪中叶以前，这一阶段针对儿童的政策已走向尾声。该阶段的特点是由开明的专制主义主导，坚信中央政府能够有效介入对儿童的抚育，使其成为对国家有用之人。这一观念在法国大革命时期达到了顶峰，正如丹东（Georges Jacques Danton）所言，"儿童在归属家庭之前首先是属于社会的"，又如罗伯斯庇尔（Maximilien de Robespierre）所称："国家有权养育其儿童，不应将此事交付给傲慢的家庭或是带有成见的个体。"[80] 这类说法是不太可能在法国大革命后期出现的，但统治者们仍花了半个世纪的时间才从他们曾热情拥护的儿童政策中抽身。就学校教育而言，政府的介入并未减退，但也没有更大的发展。诚然，在此阶段一些促进教育的重大法案陆续出台，如法国在 1833 年、瑞典在 1842 年都有里程碑式的立法。但直到 19世纪 80 年代，当各国开始坚决贯彻义务教育并提供经费来确保学校教育免费时，至为关键的下一阶段才得以展开。与此同时，许多国家内部出现了一些新的举措，它们逐渐构建出一种新的童年形象，并且这是所有儿童都应享有的。

注　释

[1] P. Slack, *Poverty and Policy in Tudor and Stuart England*（London，1988），pp. 73～80.

〔2〕H. Cunningham，'The employment and unemployment of children in England c. 1680-1851'，*Past and Present*，126（1990），p. 133.

〔3〕H. Kamen，*European Society 1500-1700*（London，1984），p. 168；C. Jones，*Charity and Bienfaisance：The Treatment of the Poor in the Montpellier Region 1740-1815*（Cambridge，1982），p. 62.

〔4〕N. Z. Davis，*Society and Culture in Early Modern France*（Cambridge，1987），p. 22；Slack，*Poverty and Policy*，pp. 27，65～66，71.

〔5〕T. Wales，'Poverty，poor relief and the life-cycle：some evidence from seventeenth-century Norfolk'，in R. M. Smith（ed.），*Land，Kinship and the Life-Cycle*（Cambridge，1984），p. 375；Cunningham，'Employment and unemployment'，p. 128.

〔6〕C. C. Fairchilds，*Poverty and Charity in Aix-en-Provence，1640-1789*（Baltimore and London，1976），pp. 85～86；O. H. Hufton，*The Poor of Eighteenth-Century France 1750-1789*（Oxford，1974），p. 329.

〔7〕V. Hunecke，'The abandonment of legitimate children in nineteenth-century Milan and the European context'，in J. Henderson and R. Wall（eds），*Poor Women and Children in the European Past*（London，1994），pp. 119～121；参见 J. Boswell，*The Kindness of Strangers：The Abandonment of Children in Western Europe from Late Antiquity to the Renaissance*（London，1989），pp. 415～416，作者认为弃婴收容院在 14 世纪得到了更为迅速的传播。

〔8〕L. Martz，*Poverty and Welfare in Habsburg Spain：The Example of Toledo*（Cambridge，1983），pp. 224～245.

〔9〕D. I. Kertzer，*Sacrificed for Honor：Italian Infant Abandonment and the Politics of Reproductive Control*（Boston，1993），pp. 9～10.

〔10〕P. Gavitt，*Charity and Children in Renaissance Florence：The Ospedale degli Innocenti，1410-1536*（Ann Arbor，1990），pp. 33～59.

132　　　[11] Ibid., pp. 107~140; B. Pullan, *Rich and Poor in Renaissance Ven-ice: The Social Institutions of a Catholic State, to 1620* (Oxford, 1971), pp. 163~169, 183~185; W. K. Jordan, *Philanthropy in England 1480 – 1660: A Study of the Changing Pattern of English Social Aspirations* (London, 1959), pp. 155~215, 268~270; J. Morgan, *Godly Learning: Puritan Atti-tudes Towards Reason, Learning, and Education, 1560-1640* (Cambridge, 1986), p. 185.

[12] Fairchilds, *Poverty and Charity*, p. 21; Davis, *Society and Culture*, pp. 17~64, 引文见 pp. 51~52。

[13] C. Lis and H. Soly, *Poverty and Capitalism in Pre-Industrial Eu-rope* (Hassocks, 1979), pp. 87~89.

[14] F. R. Salter (ed.), *Some Early Tracts on Poor Relief* (London, 1926), pp. 8~9; 另见第 47 页有关伊珀尔(Ypres)的情况。

[15] Davis, *Society and Culture*, p. 24; Pullan, *Rich and Poor*, p. 307.

[16] B. Sandin, 'Education, popular culture and the surveillance of the population in Stockholm between 1600 and the 1840s', *Continuity and Change*, 3 (1988), pp. 370~371.

[17] Fairchilds, *Poverty and Charity*, pp. 110~113; J. V. Melton, *Ab-solutism and the Eighteenth-Century Origins of Compulsory Schooling in Prus-sia and Austria* (Cambridge, 1988), p. 141.

[18] Salter, *Some Early Tracts on Poor Relief*, pp. 18~19.

[19] Fairchilds, *Poverty and Charity*, pp. 89~92; Davis, *Society and Culture*, pp. 42~44; R. A. Mentzer, 'Organizational endeavour and chari-table impulse in sixteenth-century France: the case of Protestant Nîmes', *French History*, 5 (1991), pp. 11~16.

[20] Pullan, *Rich and Poor*, pp. 307~308.

[21] Fairchilds, *Poverty and Charity*, pp. 83, 24; Salter, *Some Early*

Tracts on Poor Relief，pp. 18～19 和 p. 93 可见路德给莱斯尼希镇（Leisnig）的建议。

［22］参见 Gavitt，*Charity and Children in Renaissance Florence*，pp. 187～271，特别是 p. 243；Mentzer，'Organizational endeavour and charitable impulse'，pp. 1～29。

［23］I. d G. Sá，'Child abandonment in Portugal: legislation and institutional care'，*Continuity and Change*，9（1994），pp. 80～83。

［24］D. L. Ransel，*Mothers of Misery: Child Abandonment in Russia*（Princeton，1988），pp. 14～15；Hufton，*The Poor of Eighteenth-Century France*，pp. 320～324；P. C. Hoffer and N. E. H. Hull，*Murdering Mothers: Infanticide in England and New England*（New York and London，1981）.

［25］M. Jackson（ed.），*Infanticide: Historical Perspectives on Child Murder and Concealment，1550-2000*（Aldershot，2002），p. 98.

［26］Gavitt，*Charity and Children in Renaissance Florence*，pp. 295～296；*133* Pullan，*Rich and Poor*，p. 261.

［27］P. Ariès，*The Hour of Our Death*（London，1981），pp. 165～168.

［28］Davis，*Society and Culture*，p. 56；Fairchilds，*Poverty and Charity*，p. 15.

［29］Martz，*Poverty and Welfare in Habsburg Spain*，p. 223.

［30］Sandin，'Education，popular culture and the surveillance of the population in Stockholm'，pp. 370～376.

［31］L. Stone，'The educational revolution in England 1560-1640'，*Past and Present*，28（1964），pp. 45～46；R. S. Tompson，'English and English education in the eighteenth century'，in J. A. Leith（ed.），*Facets of Education in the Eighteenth Century*，*Studies on Voltaire and the Eighteenth Century*，CLXVII（1977），pp. 68，80～81.

［32］G. Strauss，*Luther's House of Learning: Indoctrination of the Young in the German Reformation* (Baltimore and London，1978)，pp. 8，13～28，45，130，151～175.

［33］Ibid.，pp. 130，197，200～202，279，282.

［34］R. A. Houston，*Literacy in Early Modern Europe：Culture and Education 1500-1800* (London，1988)，pp. 42～43；Sandin，'Education，popular culture and surveillance of the population in Stockholm'，pp. 359～362.

［35］C. Rose，'Evangelical philanthropy and Anglican revival：the Charity Schools of Augustan London，1689-1740'，*London Journal*，16（1991），pp. 35～65，引文见 p. 36；M. G. Jones，*The Charity School Movement* (Cambridge，1938)，p. 72。

［36］C. Rose，' "Seminarys of Faction and Rebellion"：Jacobites，Whigs and the London Charity Schools，1716-1724'，*Historical Journal*，34（1991），pp. 831～855.

［37］Strauss，*Luther's House of Learning*，pp. 171～172.

［38］P. F. Grendler，'The Schools of Christian Doctrine in sixteenth-century Italy'，*Church History*，53（1984），pp. 319～331；Pullan，*Rich and Poor*，pp. 401～404；L. Chatellier，*The Europe of the Devout：The Catholic Reformation and the Formation of a New Society* (Cambridge，1989)，p. 22.

［39］Chatellier，*Europe of the Devout*，p. 22.

［40］Houston，*Literacy in Early Modern Europe*，p. 19；R. Darnton，*The Great Cat Massacre，and Other Episodes in French Cultural History* (Harmondsworth，1985)，p. 132.

［41］Houston，*Literacy in Early Modern Europe*，pp. 19～22；Morgan，*Godly Learning*，pp. 176～177；A. Fletcher，*Gender，Sex and Subordination in England 1500-1800* (New Haven and London，1995)，pp. 364～375.

134 ［42］H. Chisick，*The Limits of Reform in the Enlightenment：Attitudes toward the Education of the Lower Classes in Eighteenth-Century France* (Princeton, 1981), pp. 90~92, 239; R. R. Palmer, *The Improvement of Humanity: Education and the French Revolution* (Princeton, 1985), pp. 53~59.

[43] G. L. Seidler, 'The reform of the Polish school system in the age of Enlightenment', in Leith, *Facets of Education*, p. 344.

[44] B. Becker-Cantarino, 'Joseph von Sonnenfels and the development of secular education in eighteenth-century Austria', in Leith, *Facets of Education*, pp. 41, 29; 另见 Houston, *Literacy in Early Modern Europe*, p. 46。

[45] D. Beales, 'Social forces and enlightened policies', and H. M. Scott, 'Reform in the Habsburg Monarchy', in H. M. Scott (ed.), *Enlightened Absolutism: Reform and Reformers in Later Eighteenth-Century Europe* (London, 1990), pp. 50~51, 174~175.

[46] Melton, *Absolutism and the Eighteenth-Century Origins of Compulsory Schooling*.

[47] H. van der Laan, 'Influences on education and instruction in the Netherlands, especially 1750-1815', pp. 285~311; Seidler, 'Reform of the Polish school system', 引文见 p. 350; C. Gold, 'Educational reform in Denmark, 1784-1814', 引文见 p. 54, 以上皆出自 Leith, *Facets of Education*。

[48] Scott, 'Reform in the Habsburg Monarchy', p. 175.

[49] S. Schama, *Patriots and Liberators: Revolution in the Netherlands 1780-1813* (London, 1977), pp. 532~541, 引文见 p. 540; van der Laan, 'Influences on education and instruction in the Netherlands', pp. 271~311。

[50] Beales, 'Social forces and enlightened policies', p. 51; Chisick, *Limits of Reform*, 见于多处。

[51] Melton, *Absolutism and the Eighteenth-Century Origins of Compulsory Schooling*, pp. 46, 174~175; Scott, 'Reform in the Habsburg Monarchy', p. 176; L. Hunt, *The Family Romance of the French Revolution* (Berkeley and Los Angeles, 1992), pp. 67, 161; Schama, Patriots and Libera-

tors，p. 536；Gold，'Educational reform in Denmark'，pp. 54～55.

[52] Houston，*Literacy in Early Modern Europe*，p. 47.

[53] T. C. W. Blanning，'Frederick the Great and Enlightened Absolutism'，in Scott，*Enlightened Absolutism*，p. 267；另见 R. S. Turner，'Of social control and cultural experience：education in the eighteenth century'，*Central European History*，21（1988），p. 303；Houston，*Literacy in Early Modern Europe*，p. 48。

[54] Melton，*Absolutism and the Eighteenth-Century Origins of Compulsory Schooling*，pp. 46，171～239；Beales，'Social forces and enlightened policies'，p. 53.

[55] R. G. Fuchs，*Abandoned Children：Foundlings and Child Welfare in Nineteenth-Century France*（Albany，1984），pp. 8～9；O. Ulbricht，'The debate about Foundling Hospitals in Enlightenment Germany：infanticide, illegitimacy, and infant mortality rates'，*Central European History*，XVIII（1985），p. 212.

[56] Fairchilds，*Poverty and Charity*，pp. 131～146，引文见 p. 144；Jones，*Charity and Bienfaisance*，pp. 87，75，253。

[57] R. K. McClure，*Coram's Children：The London Foundling Hospital in the Eighteenth Century*（New Haven and London，1981），pp. 76～123，251，261.

[58] V. Fildes，'Maternal feelings re-assessed：child abandonment and neglect in London and Westminster，1550-1800'，in V. Fildes（ed.），*Women as Mothers in Pre-Industrial England*（London，1990），pp. 139～178.

[59] K. Wrightson，'Infanticide in earlier seventeenth-century England'，*Local Population Studies*，15（1975），pp. 10～22；R. W. Malcolmson，'Infanticide in the eighteenth century'，in J. S. Cockburn（ed.），*Crime in England 1550-1800*（London，1977），pp. 187～209；Hoffer and

Hull，*Murdering Mothers*；M. Jackson，*New-Born Child Murder：Women，Illegitimacy and the Courts in Eighteenth-Century England*（Manchester，1996）.

［60］McClure，*Coram's Children*，p. 173.

［61］Ransel，*Mothers of Misery*，pp. 31～61，引文见 p. 56。

［62］B. Pullan，*Orphans and Foundlings in Early Modern Europe*（Reading，1989），p. 8；Ulbricht，'The debate about Foundling Hospitals in Enlightenment Germany'，pp. 211～256.

［63］J. Robins，*The Lost Children：A Study of Charity Children in Ireland，1700-1900*（Dublin，1980），pp. 15～100.

［64］Ulbricht，'The debate about Foundling Hospitals in Enlightenment Germany'，见于多处，引文见 p. 223；McClure，*Coram's Children*，pp. 14～15；另见 J. Sherwood，*Poverty in Eighteenth-Century Spain：The Women and Children of the Inclusa*（Toronto，1988），pp. 100～102，180～187；Sá，'Child abandonment in Portugal'，p. 77。

［65］引自 J. Donzelot，*The Policing of Families*（London，1980），p. 10。

［66］Ransel，*Mothers of Misery*，pp. 31～61.

［67］Fuchs，*Abandoned Children*，p. 24；A. Forrest，*The French Revolution and the Poor*（Oxford，1981），pp. 122～123.

［68］Ulbricht，'The debate about Foundling Hospitals in Enlightenment Germany'，p. 228；Donzelot，*Policing of Families*，p. 26.

［69］Lis and Soly，*Poverty and Capitalism in Pre-Industrial Europe*，pp. 112～113.

［70］Morgan，*Godly Learning*，p. 176；H. Cunningham，*The Children of the Poor：Representations of Childhood since the Seventeenth Century*（Oxford，1991），pp. 24～26，33～35，引文见 p. 34。

［71］Robins，*Lost Children*，pp. 103～107；Cunningham，*Children of the* *136*

Poor, pp. 26～32, 引文见 p. 32; H. Chisick, 'Institutional innovation in popular education in eighteenth century France: two examples', *French Historical Studies*, 10 (1977), pp. 44～45; M. J. Maynes, *Schooling in Western Europe: A Social History* (Albany, 1985), p. 44. 在北美洲，一个促进布匹制造业发展的协会在 1751 年成立，并雇用了"正有大量闲暇时间的妇女和儿童"；1791 年，亚历山大·汉密尔顿表示"儿童在制造行业中变得比他们在其他地方更有用"。见 W. I. Trattner, *Crusade for the Children: A History of the National Child Labor Committee and Child Labor Reform in America* (Chicago, 1970), pp. 25～27。

[72] Lis and Soly, *Poverty and Capitalism in Pre-Industrial Europe*, pp. 162, 170; Melton, *Absolutism and the Eighteenth-Century Origins of Compulsory Schooling*, pp. 131～133.

[73] Melton, *Absolutism and the Eighteenth-Century Origins of Compulsory Schooling*, pp. 132～141; 另见 H. Medick, 'Village spinning bees: sexual culture and free time among rural youth in early modern Germany', in H. Medick and D. W. Sabean (eds), *Interest and Emotion: Essays on the Study of Family and Kinship* (Cambridge, 1984), pp. 317～339。

[74] R. B. Bottigheimer, *The Bible for Children: from the Age of Gutenberg to the Present* (New Haven and London, 1996), p. 97.

[75] Ulbricht, 'The debate about Foundling Hospitals in Enlightenment Germany', p. 254.

[76] Ransel, *Mothers of Misery*, pp. 176～255, 引文见 p. 198。

[77] P. T. Rooke and R. L. Schnell, 'Childhood and charity in nineteenth-century British North America', *Histoire Sociale — Social History*, XV (1982), pp. 167～168, 177, 引文见 p. 177; B. Bradbury, 'The fragmented family: family strategies in the face of death, illness, and poverty, Montreal 1860-1885', in J. Parr (ed.), *Childhood and Family in Canadian History*

(Toronto，1982），pp. 110～128. 有关"孤儿"这一标签的好处的更多证据，参见 C. Stansell，'Women，children，and the uses of the streets：class and gender conflict in New York City，1850-1860'，in H. J. Graff（ed.），*Growing Up in America：Historical Experiences*（Detroit，1987），pp. 307～308，313。

[78] Kertzer，*Sacrificed for Honor*，pp. 84，103 ～ 106，155 ～ 162；Ransel，Mothers of Misery，p. 68；L. A. Tilly，R. G. Fuchs，D. I. Kertzer and D. L. Ransel，'Child abandonment in European history：a symposium'，*Journal of Family History*，17（1992），p. 6.

[79] Fuchs，*Abandoned Children*，pp. 28 ～ 61；Donzelot，*Policing of Families*，pp. 26～30.

[80]引自 Hunt，*Family Romance of the French Revolution*，p. 67。

第六章

救助儿童，1830—1920 年

正如我们在上文所见，几个世纪以来，各国政府与慈善家制订并实施了一系列针对儿童的政策。那么，为什么要把1830—1920年这段时期拿出来单独讨论呢？答案是，对相当多的改革者来说，这一时期儿童政策的宗旨超脱了旧有的束缚：在19世纪以前，这些政策要么是出于对儿童心灵的宗教性关切制订的，要么是出于对国家未来人力需要而出台的；在19世纪和20世纪初，上述考虑依然存在，但加入了一个新的宗旨——为了让儿童享受童年而救助他们。我们在第三章所追溯的新兴的童年观念，在此时开始影响公共行动。

慈善事业是这些救助儿童活动的核心力量。慈善人士为孤儿和其他未被妥善照看的孩子开办并运营儿童之家，组织儿童移民计划，开办幼儿园和学校，成立防止虐待儿童协会，还组织了许多探访穷人的方案。尽管我们很难衡量这些活动的具体范围，但它们无疑比18世纪的规模要大得多，在一些城市区域之外的活动也比16世纪或17世纪的规模要大。这与18世纪至少在法国可见的慈善事业的衰退形成了鲜明对比。

这些慈善人士是什么样的人？又是什么促使他们行动呢？他们当然与此前几个世纪从事慈善活动的人有所不同，后者相信对

穷人施以馈赠将极大地助益自己的救赎。不过，他们中的绝大多<mark style="background: transparent" data-is-page-marker="true">数人还是基督徒，这一点在他们自己的生活中以及其建立的组织 138</mark>
中通常都是相当明确的。不同教派之间的竞争在一定程度上也驱
使着慈善人士的行动，但这只是一部分动因。更为重要的是，他
们带有一种传教士般的热忱。在他们眼中，那些住在工业化世界
的新兴城市的贫民窟的人仿佛和非洲或波利尼西亚群岛的"野蛮
人"一样未开化，他们急于向这些人伸出援手。当然，这种传教士
般的热忱有其局限性：有时，这种热忱会表现为一种对所谓"危险
阶层"的极度恐惧。例如，1840年，沙夫茨伯里（Shaftesbury）曾描
述，他看到"道德与政治领域的两大恶魔——社会主义和宪章运动
（Chartism）①……正在这片土地上徘徊"，他敦促人们停止忽视儿
童，以预防这些潮流的冲击。尼德兰的 W. H. 苏林格（W. H. Sur-
ingar）和德国的 J. H. 维歇恩（J. H. Wichern）是欧洲最著名的慈善
家，他们也有类似的担忧，并且都率先为无人照看的儿童提供看
护。[1]这里所表达出来的对革命运动的忧虑或许既是一种煽动无动
于衷之人的情绪的修辞手段，也是一种激励积极的慈善人士的动
力。不过，后者肯定无意搅乱现有的社会秩序，而是要进一步加
强现有的社会秩序。慈善人士并非乌托邦主义者或是革命家，他
们所从事的活动顺应了所处时代的经济、社会与政治结构，正是
这一点给他们带来了权力与影响力。当然，他们也时常面临批评，
如亨利·梅修（Henry Mayhew）指出，19世纪的贫民免费学校助
长而非降低了犯罪率。更为严厉的批评者则质疑慈善人士将儿童

---

① 皆为当时英国工人阶级中流行的主张与运动。

送到加拿大定居的政策和做法，巴纳多之家（Barnardo's）①和英国的全国防止虐待儿童协会（National Society for the Prevention of Cruelty to Children）在活动范围与方向上都曾受到严厉批评。[2]但总的来说，针对儿童的慈善组织还是得到了较为正面的报道，也在其活动的社区乃至全社会得到了认可。

在19世纪的慈善事业中，儿童并不是唯一的关注对象，但他们在慈善计划中占据着重要位置。儿童被认为是未成形的，因而还能够被拯救，他们代表着未来。波士顿儿童之友协会（Boston Children's Friend Society）认为，儿童的"可塑性"使其"可以被塑造成完美无瑕的形象，或是无比可憎的形象"。[3]而且相对来说，以儿童的名义提出的情感诉求比较容易让大众买单。此外，女性在19世纪的慈善事业中起到越来越重要的作用，而她们从事与儿童相关的慈善工作似乎既合乎自然又在政治上是稳妥的。据估计，1893年英格兰有500 000位女性"持续且半职业性地"从事慈善工作，其中许多人参与的是与儿童相关的慈善事业。[4]

在慈善人士传教士般的话语中，我们常常可以读到中上层阶级惊诧于他们在慈善事业现场所看到的童年状况，因为他们所见与自己理想中和真实经历的童年相比存在很大的差距——他们看到的是"没有童年的儿童"。在19世纪上半叶，一种本质上是浪漫主义而非基督教的童年观念开始占据主导地位。这种观念认为童年是依附于他人并与成人期分隔的时段，应受到妥善的保护，它成了调动每个慈善人士积极性的参照标准。美国进步主义者爱德

---

　　① 巴纳多之家是由托马斯·巴纳多（Thomas Barnardo）于1866年创办的儿童慈善机构。

华·T. 迪瓦恩（Edward T. Devine）在 1910 年写道："摆在我们面前的理想，是一个受保护的童年。"从弗洛伦丝·达文波特－希尔（Florence Davenport-Hill）对劳教所儿童的反应中，我们可以看到这种观念的具体呈现："要抛开我们理想中天真烂漫的童年，认识到我们中有成千上万的孩子熟知骇人的恶习，这真令人痛心……"她的补救之道，当然是尽量把这些儿童安置在能让他们变得"天真烂漫"的环境中。[5]

大约从 19 世纪 30 年代开始，就可以看到这种童年观念在许多国家起推动作用。帕特里夏·鲁克（Patricia Rooke）与 R. L. 施内尔（R. L. Schnell）在对 19 世纪英属北美殖民地儿童慈善事业的研究中提出，我们所认为的现代童年概念中的大部分内容在 19 世纪 80 年代以前就已存在。当时有政策强调必须保护儿童，将儿童与成人的世界分隔开来，并使儿童依附于成人。当时缺少的只是推迟儿童工作的政策，因为人们确实期望儿童在很小的时候就对经济作出贡献。如果说加拿大的情况是这样，那么英国的情况就更是如此，英国提供了一系列儿童政策的范例，并为加拿大人所效仿。[6]

在试图推广这种童年观念的过程中，慈善人士致力于让儿童沉浸在"具有良好影响的关系网"中。[7]换言之，许多工人阶级的孩子开始受到慈善机构的某种监督或控制。慈善机构在对工人阶级生活进行公共干预方面开拓了广阔的领域，因为尽管其工作极少涉及政府，但这些机构绝对是公共性的而非私人的。

不过，慈善人士并非唯一活跃在公共领域并关涉儿童事业的群体。有时人们会对儿童事业的两个时期加以区分——从 19 世纪中叶开始历时约三十年的儿童拯救（child rescue）时期，和从 19 世纪 80 年代以来更加雄心勃勃、影响深远的儿童救助（child-saving）时期。在这一分期中，人们认为：在儿童拯救时期，主要是慈善人士和志愿机构在从事相关工作，而在儿童救助时期，政府和越来越多的关注童年的职业人士发挥着更为显著的作用。的确，从 19 世纪 80 年代以来，有关儿童的各种行动的重心逐渐由慈善事业向政府倾斜，职业人士与专家们越来越多地参与到救助儿童的工作中来。到了 19 世纪末，人们逐渐感到只有政府行动才能确保所有的儿童都享有童年，而各国也开始从慈善人士手中接过救助儿童的关键责任。在各国政府推进"救助儿童"事业的过程中，除了可被称为儿童本位的缘由之外，还存在各种动机：对人口发展水平的关注；对民众"文明"水平的担忧；对培育出在 20 世纪具有竞争力的种族的渴望。"救助儿童"也意味着将儿童置于现代国家政治议程中更为核心的位置。

童工问题

英国工业革命中面临着新工作环境的童工，率先使新的童年观念在政策制定中发挥作用。社会对于童工的管控可以追溯到数个世纪以前，当时的社会假定大部分儿童首次接触的全职工作将是仆人或者学徒，也就是说他们不会住在父母家里，主人与仆人或是师傅与学徒双方的规约具有完全法律效力。此外，政府有责任为相关公共机构收容的儿童寻找学徒机会。英国颁布于 1802 年的法令有时被称为英国第一部《工厂法》，但它更适于被看作一系列学徒法令中的一项。在该法令中，政府力图保护棉纺行业中的贫困学徒。因此，政府干预童工市场的政策方针并不是 1830 年以后的新事物，这一方针在此前早已确立。1830 年以后的新变化是儿童有权完全不工作的主张被首次提出。

这一主张经历了约 50 年的漫长酝酿期。从 1780 年左右起，我们就可以听到有人质疑当时的一个普遍假设，即贫困儿童应当从幼年起就习惯工作。1766 年，乔纳斯·汉威（Jonas Hanway）在其重要作品《为贫困儿童恳求怜悯》（*An Earnest Appeal for Mercy to the Children of the Poor*）中曾呼吁，在贫困儿童成为学徒后，"应考虑如何使他的劳动尽可能地愉快，或者说更贴近心灵，尽可能减少令人厌烦的工作，并细心照顾到年轻人体力或心力的限度"[8]。汉威是一个重商主义者，他对于培养年青一代为国效力的重要性有充分的认识，但他显然质疑洛克观点的合理性。洛克认为贫困儿童应在 3 岁时就被安排工作，"每天吃面包果腹"，在寒冷时节，"如果有必要，就再添些热粥"，这一观点在当时仍被奉为权威。[9]汉威还为那些被雇来扫烟囱的男孩和偶尔也受雇的女孩发声。在很大程度上，正是由于汉威，施加在这些孩子身上的残酷行径才开始为人所知：为了让男孩们从烟囱里往上爬，人们不得不用针刺他们的脚或是在炉膛点火，即便逃过了窒息而亡的命运，这些孩子仍然很容易得阴囊癌。汉威出版于 1785 年的《扫烟囱者的悲惨史》（*A Sentimental History of Chimney Sweepers*）不单单阐述了这些残酷行径，他还用修辞手段对这些叙述加以渲染，从而调动人们的情绪，并诉之以人性、基督教教义、怜悯、同情、理性、激情，以及国家荣誉与传统。他写道：爬烟囱的男孩"也是孩子，是我们待之以怜悯之情和至善之心的对象"。汉威开创了一种文学体裁，这些作品把爬烟囱的男孩当成被剥削者的典型，他们像奴隶一样被偷盗和贩卖。更加令人愤慨的是，正如谢菲尔德的一位儿童福利运动者在 19 世纪 30 年代所写："他们是所有人类中最可爱、最动人的，是所有需要保护、安抚与关爱的人中最重要的。他们是儿童！"[10]

人们对棉纺厂儿童工作的关注源于儿童身体遭受的损伤。在 18 世纪 80 年代，棉纺行业中暴发的热病引起了兰开夏郡医生的警觉，他们制订了一条准则：对 14 岁以下的儿童来说，"童年和青少年时期积极的娱乐活动对人体的生长、活力与正常体型的形成都是必要的"。他们认为童年中至少有一部分时间是用来玩耍的，不然儿童便无法发展出成功的成年生活所必备的体力，而在棉纺厂工作的儿童无法实现这一点。不过，在这种功利主义态度之上还掺杂着汉威及浪漫主义诗人们所确立的一种情感主义态度。人们对工作中的儿童的反应开始呈现出异样：在 18 世纪的大部分时间里，人们的反应一直是对组织这类工作的人表示崇敬；但到了 18 世纪末，连萨拉·特里默夫人（Mrs. Sarah Trimmer）①这样一个心肠并不软的福音派教徒都觉得自己"想到那些在工厂工作的小孩"，就无法"不感到极度同情"。这些小孩就像扫烟囱的男孩们一样，开始被比作奴隶，如 S. T. 科勒律治（S. T. Coleridge）所言："我们棉纺厂中的小孩啊，我们那可怜幼小的白人奴隶。"[11]

科勒律治自己也曾为一项控制儿童劳动的议会法案而奔走。

---

① 萨拉·特里默（1741—1810 年）是英国儿童文学作家与评论家，她在其教区创建了许多主日学校和慈善学校。

1802 年的法案主要针对的是贫困的学徒，但很快就有必要把法案关涉的主体扩大到儿童的所谓"免费劳动"上，这指的是生活在自己家中的儿童而不是国家公共机构收容的儿童所从事的劳动，当时的工厂已经开始招募这些待在家中的儿童。批评者们对于称这些劳动为"免费"的说法表示鄙夷，如科勒律治写道，"如果这种劳动实属免费，那么签下这份劳动合同对其中一方而言近乎自杀，对另一方而言则近乎过失杀人"。1819 年的法案首次针对这种"免费"劳动作出规定，虽然它的力度使改革者们感到失望，但改善儿童工作条件的运动的势头并未轻易减弱。这一势头在 19 世纪 30 年代初达到高潮，当时正逢英属殖民地解放奴隶运动时期，拯救儿童运动的感召力部分来自于这样一种说法，即比起白人奴隶，英国政府似乎更关心黑奴。理查德·奥斯特勒（Richard Oastler）在 1833 年写道："众所周知，黑奴、马、驴、野兔、家兔、鹧鸪、野鸡、卷心菜和草莓的健康都受到法律保护，可与此同时，穷人的孩子却得不到法律的保护……"[12]

政府也承认必须为此做些什么，但却坚决不肯向改革者们要求的 10 小时工作制让步，因为这样做不仅会限制儿童的工作时间，还会限制成人的工作时间。相反，政府把重点放在了儿童身上，禁止 9 岁以下儿童在工厂工作，并将 14 岁以下儿童每天的工作时间限制在 8 小时。政府还为该法的执行配备了一个监察部门，这一法令实际上将童年定义为了需要法律保护的时期，而作为政府顾问的皇家委员会（Royal Commission）出于实际考虑，谨慎划定了童年的界限。该委员会提出，从 14 岁开始，"所谓的童年时期就结束了，而青春期（puberty）从此开始，这时身体变得更能承受长时间的劳动……"这种生理的变化与社会地位的变化相吻合，因为：

> 一般而言，14 岁左右的年轻人不再被当成儿童。他们通常不会再受体罚，同时他们在家庭中的情况也有一个重要变化。在大多数情况下，他们不再受到父母和监护人的完全控制。他们开始留下自己的一部分工资，他们常常为自己的衣食住行买单。他们通常会自己签订合同，在这个意义上，他们成为了自由行为者（free agents）。

143

儿童由此被定义为非"自由行为者"，是依附于他人的，因此需要法律的保护。[13]似乎没有任何一个儿童比那些在地下劳动，负责把煤车推到矿井的儿童更需要受到保护。1842 年，另一个皇家委员会在调查中不仅描述了矿井里发生的情况，还附上了儿童劳作的绘画（插图 4）。这些画面令当时的人们感到震惊，也从此成为工业革命中童工状况的写照。

政府行动部分针对的是那些让子女过早从事有害工作的无良父母。工厂检查员伦纳德·霍纳（Leonard Horner）将工厂中发生的问题归咎于父母，他拒不接受父母权利的说法。他写道："如果说父亲有其自然权利，那么孩子也有，倘若父亲剥夺了孩子的这些权利，那么国家就必须成为其监护人，并把权利归还孩子。"不过，除了愿意考虑对早已确立起来的父母权利进行侵犯，人们也意识到经济动力的作用往往不利于儿童，因为市场对童工的需求巨大。皇家委员会认为，造成这种需求增长的原因是"机械的改进趋向于把越来越多的工作交给儿童,从而取代成人劳动力"。有人认为,造成这种趋势的动因"就像物理定律一样稳定运行"。制造商们在相互竞争中会试图降低劳动力成本,达到该目的的一个方法是采用能让最廉价的劳动力操作的机器,而最廉价的劳动力便是儿童。工厂制度的捍卫者们指出,这是在解决数百年来存在的普遍问题,即如何为儿童找到充足的工作机会。但是,除此之外的其他人不得不接受这样一个事实:资本主义看不见的手可能并不总是造福所有人,有必要通过一系列法律,同时加强监管,以防止市场力量驱使人们逐步雇佣更多的儿童、更少的成人。在 19世纪 30 年代和 40 年代对英国官方思想影响较大的功利主义者(utilitarians)也持这一看法。[14]

需要强调的是,市场力量在很大程度上已经在起作用了,年轻的童工对于 18 世纪末和 19 世纪初工业的收益至关重要。1835年,英国制棉工业中 43% 的工人年龄在 18 岁以下。从 19 世纪初到 1832 年,美国东北部制造业劳动力中女性与儿童的比例从 10%上升到了 40%。1852 年,在曼彻斯特和索尔福德,76% 的 14 岁女孩和 61% 的 14 岁男孩都在制造作坊中工作。用一家羊毛作坊的管工在 1833 年的话来说:"没有儿童,工厂就无法运转……现行体制带来的一个影响是:孩子们开始从事和父亲一样的工作,男孩们在工作中取代了成年男子。"[15]这一过程并不仅限于纺织业。梅修在 19 世纪中叶对伦敦手工业进行调查时,裁缝、靴鞋匠、木匠都向他反映,并不是机器或技术革新致使童工取代成年劳力,原因恰恰在于竞争和分工。师傅为了生存,不得不降低劳动成本。一位木工行业的小师傅告诉梅修,"20 年前没有一个小孩从事我们这个行当"，如今"我们行当的处境是：除非一个人有孩子们帮他一起做工，否则他根本无法生存"。[16] 在此进程中，人们似乎是为了与同行竞争而大量使用童工，从而压低劳动力成本。

功利主义者们原则上并不反对雇佣童工，只是反对过度使用童工。他们认为，童年的时间必须留给学校教育和身体发育。但除此之外，当儿童的年龄超出一定的最低限制，便没有任何理由不让他们出去工作，为家庭经济做贡献。因此，儿童应该半工半读，一半时间用来工作，一半时间用来上学。这是解决工厂用工问题的一个办法，它在 19 世纪中叶赢得了广泛支持。像沙夫茨伯里伯爵这样的福音派教徒也接受这种做法，他是《十小时工作法案》(Ten Hours Act)最积极的拥护者之一，因为他不断重申，自己的主要顾虑是确保儿童能有时间上学。[17]

不过，受浪漫主义影响的人却开始觉得，儿童哪怕从事一丁点工作，其童年都是不自然的。浪漫主义的童年观念在 19 世纪 30 年代和 40 年代得到了广泛阐述与传播，并融入了工厂运动的话语中。因此，在菲利普·盖斯凯尔(Philip Gaskell)出版于 1836 年的《工匠与机器》(*Artisans and Machinery*)一书中，当提及对工厂状况的调查时，就直接引用了华兹华斯的《不朽颂》。他写道：

145　　　有人真切而美妙地领会到，"在我们幼时天堂就在身边"。或许可以把这句话进一步延伸，变成"在我们幼时天堂就在身边，也在心间"，因为童年的幸福既来自对外部事物的新奇感受，也来自对喜悦的内在意识。只要激情得以适当引导，幼时的心灵的确是一切美好亲切事物的源泉，洋溢着欢乐与柔情。幼小的心灵也是生产爱的人间作坊，将大量的爱撒向四方。

在此，童年成为了浇灌成年期干涸土壤的源泉，它着实被当成对人类失落了的伊甸园的某种补偿。童年曾是或者说应是"疲惫的一生中悠长而欢乐的假期"，作者在此使用假期（holiday）的古旧拼写（holyday），更强调了童年在上帝对人类的计划中所拥有的地位。[18]

伴随着以上愿景，关于儿童权利的主张开始带有一种情感色彩，这是功利主义者和福音派的主张所缺乏的。在这种主张中，情感优于理性，人们将这些情感倾注于在工厂、矿井和烟囱里工作的儿童身上。父母的权利与儿童的权利也不再冲突。事实上，问题不再是儿童与父母的对立，而是儿童与"工厂制度"也即一种新的、非自然的生产模式之间的对立。在自然状态下，年幼者把时间用于生长和玩耍，而在人类社会中或至少在"工厂制度"下，儿童们则被迫工作。正如伊丽莎白·巴雷特·勃朗宁（Elizabeth Barrett Browning）在她的诗作《孩童的悲泣》（*The Cry of the Children*）中所言：

> 小羊羔在草原上咩咩长啼，
> 小鸟在巢中喳喳叽叽，
> 小鹿正与自己的影子嬉戏，
> 小花儿被吹拂向西——
> 但那小小的孩童们，噢我的兄弟，

他们却在痛哭流涕！

他们在别人的游乐时光中悲泣，

在这自由的国度泪流不已。

　　对英国人来说，人们对童年犯下的罪行正因为发生在这"自由的国度"——英格兰而更显严重。但从本质上说，勃朗宁与其他受浪漫主义影响的人所要求的是为世界各地的所有儿童提供一个合乎自然的童年，其中没有体力劳动的位置。谢菲尔德的塞缪尔·罗伯茨（Samuel Roberts of Sheffield）在 1837 年写道，"每遇到一个劳累的孩子都使我们感到悲伤"。三年后，《笨拙》（Punch）杂志创始人之一道格拉斯·杰罗德（Douglas Jerrold）在提及工厂童工时称他们为"没有童年的儿童"[19]。他甚至无须展开论述这样说的原因，浪漫主义者们已经帮英国人牢牢确立了有关童年应当是何种样子的观念。

　　在 19 世纪中期以前，对工业化进程中童工问题的争论主要集中在英国。但随着其他国家逐渐实现工业化，它们也开始立法保护儿童。法国 1841 年的《童工法》"标志着监管和保护童年开始成为一项重要的政府事务"。虽然该法规并未得到十分有效的执行，但 19 世纪 60 年代中后期人们"对童工问题急剧增长的关注"进一步巩固了这一法规。历史学家将这些事件的起因部分解释为"到 19 世纪 60 年代后期，一种对童年阶段的新认识成为了法国优裕阶级的普遍心态，他们认为应当延长童年期，并将其用于培养与教育儿童"[20]。改革的势头只被 1870—1871 年的事件①短暂中断，随后，在 1874 年，法国又通过了一项《童工法》，规定 12 岁是允许儿童工作的最低年龄。在普鲁士，1853 年的一项法令规定，12 岁是在工业领域就业的最低年龄。但直到 1878 年的另一项法令颁布后，该规定才得到持续贯彻。从 19 世纪 40 年代起，在新英格兰实现了工业化的地区中，各州陆续通过了童工法案。[21]可以较有把握地断言，对于处于工业化进程中的国家，控制童工的关键举措在 19 世纪 80 年代之前便已出现。虽然功利主义者和福音派的观点往往有助于这些立法的形成，但与这些观点匹敌且对其造成影响的是一种日益增强的认为儿童不应该工作的观念。美国的进步主义者(Progressives)们较迟才开始在州以上的联邦层面力求政府对童工现象作出回应，这一运动发生在 20 世纪初，用其中一位运动发言人的话来说，他们发起运动的原因在于"童工一词是一个悖论，因为当劳动开始了……儿童便不再是儿童"，另一位运动发言人也说："儿童是工业中的禁忌，侵犯儿童权利就是亵渎圣物。"[22]在此需要强调的是，人们对童工问题的回应发生了大幅度的变化：在 18 世纪的大部分时间里，慈善人士和政府都试图为处在一定年纪的儿童创造工作机会；而到了 19 世纪后期，人们则认为处在同样年纪的儿童应被送去上学。至此，已经很少有人会公开否认应当把儿童从工作中解救出来。

---

① 指 1870—1871 年的普法战争。

流浪儿童

工业革命中的儿童面临的工作环境是全新的，这种环境毫不意外地引发了人们的强烈反应。与此相反，流浪儿童是延绵了数百年的历史难题。但在 19 世纪中后期，人们对此问题的回应融入了浪漫主义的元素，希望为儿童保存童年，而不是令其习惯于常规劳作。也许，单单是流浪儿童的数量就足以使人们采取这一态度。在 1849 年的纽约，警察局长在报告中称"流浪儿、小混混和暴力儿童的数量持续增长"，他表示这些儿童的数量"几乎不可思议"。沙夫茨伯里估计伦敦本地可能有超过 3 万"赤身裸体，肮脏不堪，四处游荡，无法无天，遭人遗弃的孩子"。19 世纪上半叶，巴黎的流浪儿童与弃儿的数量比法国大革命以前还要多。[23] 对于贫穷的儿童来说，城市就像磁铁一样吸引着他们。在法国，几个世纪以来，这些儿童从萨瓦省和奥弗涅来到巴黎，靠扫烟囱和街头贩卖艰难维生。在 19 世纪的意大利，亚平宁山脉附近的贫穷村落人家把他们的孩子交给专门的童丐头子，这些孩子被带到巴黎、伦敦、纽约、莫斯科和其他许多城市的街头，通过动物表演或演奏乐器谋生。[24]

人们同情这些孩子，特别是当他们表现出合乎童稚之举时。有时，一些慈善人士听说了特别可怜的案件，会同意领养本要进监狱的孩子。[25] 但人们也惧怕这些孩子。在沙夫茨伯里看来，一些孩子的举止像"一帮无法无天的劫掠者"，这导致"社会状况比以往任何时候都更危险"。欧仁·德拉克罗瓦（Eugène Delacroix）所创作的巴黎街垒景象①在公众心中树立了 1830 年七月革命中的顽童形象。托克维尔（Alexi de Tocqueville）在谈及 1848 年革命时重申了这一点，他写道，"巴黎的顽童们通常是发起暴动的人"。巴黎与伦敦这两个城市的作者争相书写这类儿童带来的威胁。在伦敦，一位作家在 1849 年声称，"我们这里有一拨儿童与巴黎的危险阶级生出来的孩子一样野蛮，甚至可能比他们更加不可救药"[26]。

　　这种现象越来越多地被称为"青少年犯罪"（juvenile delinquency），人们对此的恐慌是否具有事实依据呢？可能并没有多少。有人访问了在伦敦被捕并等待审判的男孩（这些人几乎都是男孩），得到的印象是，这些来自贫困家庭的工人阶级孩子为维持生计而违法。例如，男孩亨利·安德伍德（Henry Underwood）"偷的是生活供给，如面包和培根之类的东西"。一个男孩是否被捕往往取决于偶然因素，而一旦进入刑事司法机关，他就极有可能从事进一步的犯罪活动。因为一旦进过监狱，就很难再找到工作，也很难重新过上不违法的生活。或许是由于这个缘故，一些男孩乐意接受流放，想象着在一个新的国家能有个全新的开始。[27]

　　接触过少年犯或其他流浪儿童的中产阶级评论者们发现，这些孩子缺乏所有公认的儿童特质，其中的一个标志便是他们独立于成年人。正如沙夫茨伯里所说，他们享有一种"不受任何监督和约束的野蛮自由"。人们开始称这些儿童为"野蛮人"，这一称呼表明他们在人们心中的印象是"懒散的，厌恶任何固定居所或稳定工

148

---

　　① 欧仁·德拉克罗瓦（1798—1863 年）是法国著名浪漫主义画家，其代表作品为《自由引导人民》（*Liberty Guiding the People*），又名《街垒上的自由》（*Liberty on the Barricades*），这里指的就是这幅画作。

作，不愿接受任何管束"。这种生活带来的自由使他们迅速去除任何童年的迹象，这一点在他们的肢体语言中体现得十分明显。梅修在采访一个卖水芥菜的 8 岁女孩时，发现她"已经完全没有任何童稚的举止"，她的脸上"本该有酒窝的地方"都起了皱纹。据称，犯事的男孩们呈现出"一副孩子的面孔，却没有一丝童真之气"。[28]

从这种论断中产生的解决方案是，犯事的少年"必须重新变为一个儿童"。英格兰的玛丽·卡彭特（Mary Carpenter）在 19 世纪 50 年代提出了一个再简单不过的方案。她说，儿童需要爱，没有爱，"他们就不再是儿童"。因此，对待年轻的罪犯，必须考虑到"他们作为儿童的天性。我们决不能把他当作成年人看待"。最后，"必须逐渐使其回到童年的真正状态……他必须……被安置在一个家庭中"。这不单单是对他们未能实现的童年表示遗憾与伤感，尽管这无疑是其中的一部分，但它同时也是浪漫主义观念内化的结果。在这一观念中，唯有享受合宜的童年，才能带来尚可的成人生活。而且在童年期，儿童必须生长在家庭或是代养家庭的氛围中，应当依赖于他人并且受到保护。[29]

早在 15 世纪，处理被遗弃或犯罪的儿童的方式便是将他们安置于相关机构中。从 19 世纪 30 年代开始，这些机构的建设迎来了高峰期，它们接纳各种被认为有需要的儿童。在欧洲，汉堡附近的劳厄之家（Rauhe Haus）创设于 1833 年、图尔附近的梅特赖（Mettray）创设于 1840 年，这两所机构的参观者众多，成为史学家杰伦·德克尔（Jeroen Dekker）口中为儿童再教育所设的"收容之家群岛"的典范，有"成千上万的儿童……住在数千个收容之家中"。[30]在美国，建立收容所的风潮在 1830 年以后席卷全国。到了 1850 年，光是纽约州就有 27 个公共或私人的儿童收容机构。1851 年，全美共有 77 所私立孤儿院，在 1880 年则增加到了 613 所，在接下来的 20 年里还新增了 474 所。到了 1910 年，全美 1151 所机构共收容了超过 15 万名无依无靠或犯了罪的儿童。在讲英语的加拿大地区，1891 年存在的孤儿院数量不少于 41 所，共收容 3 827 名儿童。[31] 在爱尔兰，19 世纪 40 年代末的大饥荒过后，收容机构中涌入了大量儿童，1850 年收容的儿童总数为 12 万。尽管到了 19 世纪 60 年代中期，这一数字急剧下降至 1.8 万，但还有大量儿童处于宗教团体的照看之下。比如，在都柏林，从 1834 年到 1864 年，在 24 个收容孤儿的天主教机构中，儿童的数量从 800 人上升到了 3 500 人。此外，新教组织收容的儿童数量也不相上下。[32]

无论这些机构的收容对象是孤儿、无人照看的儿童还是少年犯，它们都存在许多共同点。孤儿院的服务群体比人们想象得更广泛，在 20 世纪 20 年代，美国中西部一个州的 4 所孤儿院中，约有三分之二被收容的儿童双亲健在。[33] 为已被定罪的少年犯创设的机构和旨在防止儿童犯罪的机构也很难明确区分。可以说，所有机构都将它们的使命视为把儿童安置在能够"避免物资匮乏的危害与邪恶榜样的污染"之地。它们是收容所、避难所，是儿童能受到保护的地方。[34] 这些地方很容易被仅仅视为实行社会控制的机构，然而，父母和其他负有监护责任的成人也常常试图让他们的孩子进入这些机构。例如，在尼德兰的代尔夫特，人们把孩子送到孤儿院既不是由于穷困也不是由于没有亲人照看，而是因为孤儿院为其收容的儿童提供了良好的照顾与前程。[35]

尽管存在这类证据，大部分同时代的人与现代的学者还是都对儿童在收容机构中的生活进行了严厉批评。虽然这些机构表面上效仿基督教家庭的生活，但儿童却处于纪律严明的管制之下。这种管制的首要目的是让儿童学会服从，用一个来访者的话说，"一切活动都机械化地进行，无法在小家庭中生活的一大群儿童总是被这样对待"[36]。对这些机构的批评在 19 世纪后半叶进一步加剧。当时的收容机构存在严重的健康问题，特别是一种眼部炎症

150在其中大肆传播。但更重要的是，人们意识到这些机构把大量儿童聚集在一起，却"不考虑儿童对于家庭生活，对情感，尤其是对父母之爱的天然渴望。当儿童被剥夺了这些东西，便会觉得自己像一个弃儿，而且很有可能在某个时候报复这个伤害了他们的社会。倘若我们从穷人身上夺走了家与爱，我们便把他们的命运降格为牲畜的命运"。美国人显然创造了"不能自理的"（institutionalised）一词，用来特指"因收容机构生活的影响而变得呆板且无助"的儿童。[37]

在 19 世纪末，还出现了许多为收容机构儿童提供某种形式的家庭生活的尝试。他们有时可能会被送回他们本来的家庭，在巴黎，触犯法律的儿童中约有一半被送回了自己家。[38]但对许多儿童来说，他们原本的家庭本就被视为导致其依附他人或走上犯罪道路的原因，因而必须为他们找到代养家庭。有两种主要的途径能实现这一目的。第一种是将年纪小一点的少年犯与年纪大一点的少年犯分开，并设法为前者提供一种与家庭生活较为相似的机构生活。这一运动的起源可以追溯到 18 世纪，如 1788 年在英格兰成立的慈善协会，致力于拯救弃儿和犯罪儿童。但这类寄宿机构的原型还是劳厄之家，法国的梅特赖、尼德兰的梅特赖、比利时的

赖瑟莱德（Ruysselede）以及英格兰的红丘（Red Hill）都是仿照劳厄之家建立的。它们都是为少年犯或贫困儿童设立的聚居农场，有着双重优势：既能让儿童远离城市不良影响的浸染，又可将他们安置于有家庭生活的样子的住处。[39]收容各种类型儿童的机构都开始采用街区或村舍的建筑形态，而不再是营房的样式。也就是说，在一个大型机构中分散着相对较小的居住单元。不过，这样的机构造价昂贵，还有许多人质疑它们能否真的有效地复制出家的感觉。[40]

为青少年单独设立的刑事司法体系直到 20 世纪才开始出现，在此之前则是在定罪后才对儿童区别对待。设立单独的儿童与青少年法庭这一举措起源于美国，1899 年，伊利诺伊州最先通过了《青少年法庭法案》。在此后的 4 年间，威斯康星州、纽约州、俄亥俄州、马里兰州和科罗拉多州纷纷效仿这一举措。1908 年，该举措传到了大洋彼岸的英国和德国。青少年法庭的设立蕴含着四个核心观念。第一，这类法庭的首要目的是使人改过，而非实施惩罚。第二，由此，法庭应当采取预防性措施，且有权处置那些在伊利诺伊州法案中被称为"有犯罪倾向的人"，即还未真正犯罪但被认为有可能犯罪的人。第三，由于目的是使人改过，量刑应当是待定的，刑期的长度应取决于少年犯对改过治疗方案的回应。第四，应当有一套假释制度，对未关入监狱的人员进行指导和监管。[41]

相比于建立有家庭氛围的收容机构这种尝试，第二种针对贫困儿童或犯罪儿童的举措要更为激进：将儿童安置在寄养家庭中。从某种程度上说，如果是在一国范围内采取这种措施，那不过是对几个世纪以来为弃婴设立的乳母代养体系的延伸。儿童会被带离不卫生的城市环境并安置于乡村，这种做法的缺点是监管存在问题。人们认为监管是必要的，但却很难实施，总是存在寄养儿童受到剥削的风险。[42]

如果儿童是被送往海外或者离原籍很远的地方，那么这种断绝孩子与家庭联系的做法所体现出来的"社会操控"意图就更加明显。[43]在19世纪20年代，伦敦和巴黎都出现了类似计划。比如1831年，政府出资让59名来自科克弃婴收容院的女孩前往新南威尔士。不过，这一运动直到19世纪中叶才初具规模。[44]在伦敦，沙夫茨伯里想把他的贫民免费学校的毕业生们送往澳大利亚南部。在纽约，从1854年开始，查尔斯·洛林·布雷斯（Charles Loring Brace）的儿童救助协会（Children's Aid Society）把能靠劳力赚钱的儿童送到了纽约州和中西部的农场，最终安置的儿童人数超过6万。[45]另外，在1870—1914年，大约有8万名儿童被英国"移民"到了加拿大。出现这种情况的一部分原因在于边疆地区的农业或家务劳作需要童工，人们可能会认为这种行为与前面提到的从劳动中解救儿童的运动相悖。然而，只要儿童的农业劳作与其体力相称，这种劳动就可以被说成是自然的，在各方面都有别于儿童在工厂中的劳动。此外，这种劳动有一个额外的关键优势，即儿童被置于一种自然的环境中，远离了城市街道。在改革者看来，也许这些孩子必须工作，但至少他们会在蓝天下而非工厂屋檐下工作，这样便可重拾一些童年的感觉，因此应不遗余力地实现这一目标。在19世纪末、20世纪初，英国儿童移民运动中最重要的人物巴纳多为了把儿童从城市和不称职的家庭中解救出来，甚至采

152

用了"慈善绑架"①的方式。[46]

虐待儿童

人们常说英国人关注虐待动物甚于关注虐待儿童。英国从 19世纪 20 年代起就有了皇家防止虐待动物协会（Royal Society for the Prevention of Cruelty to Animals），而全国防止虐待儿童协会（National Society for the Prevention of Cruelty to Children）则是在 19 世纪 80 年代才成立的。但事实上，在 18 世纪和 19 世纪早期，成人虐待儿童的行为就已经受到来自社区的强有力的制裁，有时还会受到法律的制裁。1785—1860 年，《泰晤士报》报道了385 起忽视和性侵儿童的案件，只有 7% 的案件被判"无罪"。在判决中，地方法官对儿童所遭受的残酷伤害（大部分是父母施加的）表示惊恐和憎恶。[47] 1770—1845 年，在英格兰东北部巡回法庭审理的案件中，儿童受害者的比例越来越突出；1830 年以后，在伦敦和约克郡西区法庭审理的案件中，该比例也出现了类似的上升趋势。这些法律诉讼得到了社区的支持，大多数提交法庭的案件都源于邻居或家庭向警方报案。1830 年，由于证据不足，一个伦敦的法官宣判一个被指控意图虐待女童的鞋匠罪名不成立。但法官在庭上表示，"如果我是那个父亲……手上有条好使的马鞭，我知道我该把它用在哪里"。在庭外，这个鞋匠"碰上了一群女人，她们开始嘲笑他，向他掷石块。一名健壮的搬煤工人绊了他的脚

---

① 这是巴纳多自己的用词，实际上就是以儿童福利的名义，在未经家庭允许的情况下把孩子强行带走。

跟，让他在狗窝里滚了好几下，旁观者们看得甚是高兴"[48]。

在这样的背景下，美国改革者在 19 世纪 70 年代、英国改革者在 19 世纪 80 年代相继成立的防止虐待儿童协会便不像人们通常所认为的那么新颖了。19 世纪 70 年代末，美国有 34 个这样的协会，其他地方有 15 个。[49] 在欧洲大陆，法国和比利时引领着有关儿童保护举措的国际讨论。1872—1914 年围绕这一主题开展的十五次国际会议中，有七次是在比利时举办的，有两次在巴黎举办。特别是在 19 世纪 90 年代，这两个国家率先开展了改革法律和相关机构的行动，并将保护范围扩大到所有处境危险的儿童。[50]

153　这些举措的创新性体现在两个方面。首先，现在有了专门致力于保护儿童的组织。此前的确存在一些先驱，但这些新组织的目标更为广泛：它们力图使现行法律得到执行，使虐待或欺凌儿童的行为构成刑事犯罪，并建立监察制度来对涉嫌忽视或虐待儿童的案件进行调查。到了 1910 年，英国全国防止虐待儿童协会共有 250 名监察人员，他们处理的投诉超过 5 万件。哈里·弗格森（Harry Ferguson）认为，在 1880—1914 年，"现代的'虐童'概念被社会建构起来"[51]。其次，这些协会与相关运动所代表的是一种有意限制父母权力尤其是父权的尝试。这并不是一个新问题，英国在父母对孩子的惩罚问题上长期以来都存在公认的限制。1850 年，一名律师因逾越这些限制而被判入狱，这也提醒了父母"在责罚孩子时，须注意不要超出适度的范围"[52]。在法国，父母权力——更准确地说是父权——引发了最为深刻的冲突。根据《拿破仑法典》的规定，如果父亲对孩子的"不满理由充分……16 岁以下的孩子可以被监禁 1 个月，16 岁以上的可以被监禁 6 个月"[53]。不过，在

19世纪后期，《拿破仑法典》中蕴含的父权开始受到挑战。为保护儿童建立的慈善机构在19世纪60年代开始出现，在19世纪80年代又出现了"道德上被遗弃"的儿童这一概念，这类儿童既是一种威胁也是受害者，需要被拯救。如果父亲申请把孩子关进监狱，社会工作者就会开始进行常规的调查，看究竟是父母还是孩子需要受到惩罚。而在经历了许多父母前来领回由政府机构收容的儿童之后，法国1889年的一项法律威胁说，如果"父母……因为惯常酒醉，品行臭名昭著或是虐待行为，损害了子女的安全、健康或德行"，将永久丧失父母的权利。在接下来的二十五年间，所有西欧国家都效仿法国的这一法条，通过了限制父母权力的法律。截至1899年，法国本土已有超过2万名"道德上被遗弃"的儿童被置于政府的照看之下。[54]同样是在1889年，英国的《防止虐待儿童法》(Prevention of Cruelty to Children Act)即所谓的《儿童宪章》(Children's Charter)，也包含了从父母身边带走儿童的条款。该法最热忱的拥护者本杰明·沃(Benjamin Waugh)①认为这标志着"议会开始为儿童争取他们作为儿童的基本人道权益……于是，国家的专制战胜了父母的专制"[55]，旨在从成人的虐待中解救儿童的体制至此就位。

慈善团体、政府与儿童

　　各国的防止虐待儿童协会在某种意义上是由私人出资并运营

---

　　① 本杰明·沃(1839—1908年)，英国社会改革家，是英国全国防止虐待儿童协会创始人之一。

的政府机构。例如，纽约州的防止虐待儿童协会是一个私营机构，但其办事人员却是"正式的执法人员"。好像政府本身不愿意被看到它过多地干预人们的日常生活，因而宁可让一个私人机构代表它行事。与美国的其他许多防止虐待儿童协会不同的是，纽约州的该协会坚持实施将儿童送入收容机构的政策，并因该政策本身及其普遍缺乏问责而受到了大量批评。[56]可见，慈善事业与政府在照管儿童方面的关系也充满了障碍。

从一个角度看，慈善事业为日后的政府干预奠定了基础，当儿童事业的规模超出慈善资源的限度时，很容易将其从慈善机构转交给政府。但从另一个更为现实的角度看，可以发现慈善人士在为自己划定的领域中也在抵制政府的干预。在 20 世纪初，作为处理与童年相关的事务的专门机构，慈善机构受到的批评越来越多。尽管慈善机构坚持奉行谨慎的个案工作，坚决区分值得帮助与不值得帮助之人或是可救助与不可救助之人，它们仍因另一种盲目的行径受到指责：根本没有覆盖全部人口，或是在局部地区覆盖情况较好，其他地区却未被覆盖到。[57]在政府内部，人们对所谓的利用慈善事业解决社会问题的方案仍存在相当多的支持，甚或以支持为主。但在 20 世纪的第一个十年，对慈善事业的公开批评开始出现，这种批评通常还伴随着一种对慈善人士的良好意图表示肯定的高傲姿态。[58]人们开始提出，政府必须充当为儿童利益服务的中央协调机构。在美国和英国，"国家的儿童"一词在过去只用来指涉由政府机构直接照管的儿童。如今，倡导政府发挥更广泛作用的人开始用该词来指涉所有的儿童。伊利诺伊州的洛伊德·詹金斯·琼斯牧师（Rev. Lloyd Jenkins Jones）在 1898 年称，"要么所有儿童都是国家的儿童，要么就都不是"[59]。

将童年事务视为政府政策既定领域的看法与人们对家庭的信心下降有关，在一定程度上还是由此引起的。有些人认为，倘若家庭能够恰当履行其职责，就不需要政府的儿童政策，而对此的解决之道并不是诉诸政府政策，而是迫使家庭正视其职责。另一些人则认为，许多家庭并不能妥善照顾子女，所以政府应当为儿童采取积极的措施，同时敦促家庭更为有效地运行。因此，一些地方政府提供学校餐食的政策既可被看作是为家庭去除了一项恰当而重要的职责，也可被视为一种受欢迎的家庭救济，从而让家庭将贫乏的资源集中用于其他事务。但在这两种情况下，家庭都会受到慈善人士或是政府的某种形式的审查。人们当然不再相信可以把养育儿童的工作只交给家庭，再由政府或志愿组织来接管为家庭所害的儿童。

许多国家的婴儿死亡率在19世纪末与19世纪初时一样高，这为政府干预提供了最显而易见的领域。在20世纪初，"一场声势浩大的国际性婴儿福利运动"由此展开，在丹麦、德国、意大利、卢森堡、尼德兰、挪威、罗马尼亚、俄国、西班牙、瑞士、英国和美国都有相应的全国性组织。[60]尽管各国政策在倡导降低婴儿死亡率上的侧重点有所不同，但更值得注意的是，由一国开创的解决方案很快便被其他国家采纳。因此，法国的"奶滴"（*Gouttes de Lait*）①——牛奶分发站点也在加拿大、尼德兰、瑞典、英国、美国试行，无疑还包括其他地区。相关信息于1905年和1907年分别

155

---

① 19世纪末在法国创立的服务机构，免费或低价供应经杀菌消毒后的牛奶，并为母亲提供婴儿护理知识。

在巴黎和布鲁塞尔举行的国际会议上得到了传播。

国际婴儿福利运动的实质在于把婴儿期视为一个医学问题，而母亲则身处抵御病菌的前线。[61]医生们在推广卫生准则时为自己确立了新的身份，1904 年，《英国医学期刊》（*British Medical Journal*）称"种族的未来……主要取决于医学专业人士"[62]。该文指出，母亲们往往粗心大意、漠不关心，这是造成婴儿死亡率高的原因。而医生的任务是与护士和巡回医务人员等助手一道帮助母亲明确其职责，这不仅是对她们自己的后代的责任，也是对种族的未来的责任。

改革者以极大的热情推进这一工作，并伴有明确的社会行动。例如，当时存在一些坚持不懈的努力，一方面，鼓励母乳喂养，并通过诸如美国联邦儿童局（Children's Bureau）提供的数据来证明，未使用母乳喂养所造成的婴儿死亡率比母乳喂养要高出三四倍。[63]另一方面，人们也为不使用母乳喂养的母亲们改善其牛奶供应的品质。向母亲或未来的母亲传授卫生和育儿知识的运动也随之开展，人们认为仅靠母亲的本能是不够的。1912 年，美国的全国母亲代表大会（National Congress of Mothers）便要坚决"打倒旧有观念之壁垒，对母亲的本能足以让女人掌握她所需的全部育儿知识这种说法进行反驳"[64]。该组织坚称，作为母亲要承担沉重的责任，其中包括她退出劳动力市场的义务，除非有极强的不退出理由与之相抗衡。为母亲开设的学校开始大量涌现。护士们得以接触工人阶级家庭，并尝试向其推广卫生准则。[65]初等学校的女生要学习如何照看婴儿。在"育儿"（*puériculture*）的大旗下，法国女孩为自己的生育使命接受训练。美国的"小母亲联盟"（Little

Mothers' Leagues)为 12 岁及以上的女孩们而设,以便让她们将卫生的讯息传递给她们的移民父母。1911 年,单是纽约市就有 239 个"小母亲联盟";到了 1915 年,全美 44 个城市都有其分支机构。[66]

宣传是这些活动的关键要素。在美国,从 1916 年起,原本在 1912 年和 1913 年举行的"优胜宝宝"竞赛(Better Baby contests)变成了非商业性但极为成功的"婴儿周"(Baby Week)活动;英国也在 1917 年 7 月举办了首届全国婴儿周。[67] 很少有母亲能完全躲开这些活动传递给她们的一连串育儿建议。1929 年,据美国联邦儿童局估计,有半数的美国婴儿受益于政府发布的育儿信息。1918 年,英国有 700 个市政妇幼福利中心、578 个由志愿团体组织的妇幼福利中心,自 1914 年第一次世界大战开始以来,这组数字几乎翻了一番。[68]

对婴儿死亡率的关注是国际性的,各国提出的解决方案也大同小异,但在行动动机和运动结构上,国与国之间却存在很大不同。在法国,这些运动具有强烈的民族主义色彩,旨在增加法国人口;而在美国,人们更关心的是如何使新的移民美国化,以及如何提升经济效率。医生在所有国家试图降低婴儿死亡率的行动中都发挥了关键作用,但在法国,他们的权威从一开始就得到了认可,而在其他地方,例如美国和尼德兰,医生在某种意义上是借着人们对婴儿死亡率的关注来提升自己的地位。正如一位美国医生在 1913 年所言,医生们急于避免"向社会工作者和慈善人士打开通往预防医学这一重要领域的大门"[69]。事实上,慈善人士已经打入了这一领域,其中一些人接受了医学专业的领导,另一些人试图推进的政策不仅包括传授卫生知识,还包括为母亲提供物

157

质支持。然而，除非政府（往往出于自身考虑）认为应向母亲提供支持，否则很难取得什么成果。

在普及义务教育的过程中，政府的作用无疑更为显著。许多国家在 19 世纪 80 年代以前就制定了学校教育法，这些法律旨在为所有儿童提供学校网络。正如我们所看到的，其中一些法律可以追溯到 18 世纪。然而，在 19 世纪 80 年代以前，几乎每部学校法都在立法意图与实施现状之间存在偏差。以法国 1833 年通过的《基佐法》(the Guizot law) 为例，它规定每个市镇或是由几个市镇组成的联合体至少要有一所小学，该学校须得到官方认证；它还对培训学校教师作出了规定。从一个层面来看，这项法律取得了巨大成功，在 19 世纪 30 年代和 40 年代，法国的学校数量和入学人数都迎来了很大的增长。但需要指出的是，这种增长趋势在 1833 年以前就已经开始了。据称，截至 1850 年，"即使学校教育尚未完全普及，但普及学校的原则可以说已经确立了"，在接下来的二十五年里，"儿童全面入学的做法成为了公认的准则"。[70] 然而，1876 年，在 450 万学龄儿童中，仍有近 80 万（占 18%）未在任何学校注册。此外，学校及其教师的情况也不尽如人意。欧根·韦伯(Eugen Weber)写道，"黑暗、潮湿、拥挤、不通风、无家具、无照明、无暖气，或是在点起火或生起炉子后臭气熏天，室内阴冷、丑陋、毫不惬意，这就是 19 世纪 70 年代以前绝大多数学校的样子"。教师都是兼职的，用其他工作来贴补他们不充足的工资。[71] 许多农村学校只在冬季开学，因为它们知道孩子们在夏季得干农活，直到进入 20 世纪，夏季入学率仍不足冬季入学率的四分之三。此外，学校距离远、道路不畅以及缺乏鞋子等因素也意味着许多儿童并不上学，或者哪怕在学校开学的季节也不经常去上学。[72]当然，上述说法也有可能过于消极。在19世纪80年代之前，绝大多数儿童确实都上过一些学。而且有证据表明，他们上学是因为父母和当地社区期望他们这样做，并不是因为中央政府试图强迫他们入学。另外，学校体系本身也存在内生机制。即使如此，19世纪80年代的新一轮改革还是在法国产生了显著的影响，尽管这种影响主要体现在学校数量上而非教育质量上。[73]1881年，公立小学取消了收费；1882年，儿童入学变为强制的要求；1883年，每个学龄儿童超过20人的村庄或小村子都必须有一所公立小学；1885年，学校的建设和维修预算以及教师工资预算得到了大幅提升；1886年，一套详尽的学校督察与管控系统投入运行。[74]在1870—1871年法国被德国打败后，法国的学校可以被看成国家对一种普及法语体系的投资（在19世纪80年代以前法语远未实现普及），并使人们产生一种作为法国人的自豪感。但与此同时，人们也开始出于其他原因接受学校。读、写、算等基本技能越来越明确地变成日常生活必需品，而拥有宝贵的学历证书也能为人们的经济与社会地位的提升创造更多的可能性。[75]

在英格兰和威尔士，学校的发展进程与法国十分相似。针对初等学校教育的公共拨款首次出现于1833年，尽管规模比法国要小得多。不过，当时还存在教会学校、主日学校和廉价的私立学校，这些不同类型的学校加在一起，意味着在19世纪70年代更大规模的政府干预到来之前，有相当多的儿童都接受了一定的学校教育。1870年的法案旨在确保每个社区都有一所学校，但政府直到1880年才规定5至10岁的儿童必须上学，在1891年又取消了学费。国家实行义务教育的目的不仅仅是确保每个孩子都学习读、写、算技能，还希望能培养儿童的德行与爱国主义情感，并训练其习惯的养成。学校的设计也处处体现出秩序感，在19世纪70年代的伦敦，建学校"就像在敌国建一个碉堡……是专制与压迫的象征"。而一些氛围更为平和的私立学校则在这种攻势下被迫关门了。[76]

在许多国家，童年的经历与童年的观念在19世纪最后25年发生了重大转变。儿童此前主要被视为劳动力的一员，而今更多地被视为在校学童。众所周知，对在学人数的统计数据进行分析向来很困难，因为它们有时指的是注册人数，有时指的是出勤人数。不过，还是有一些数据表明了这一阶段发生的巨大变化。比如，在英格兰和威尔士，5岁至14岁儿童的在学比例在1870年为24%，1880年上升到了48%，1900年则上升到了70%；奥地利的涨幅没有这么大，但也较为显著，从1870年的43%上升到了1880年的53%，1900年达到66%。诚然，其他地区的相关数据并不足以支持这一时期发生了巨大转变的说法。如在尼德兰和挪威，1870—1900年5岁至14岁儿童的在学比例一直保持在三分之二，有时稍低于这个水平；而在处于另一个极端的意大利，1900年该年龄段儿童的在学比例仍只有39%。但意大利的较低比例绝不能被理解为该国只有39%的儿童接受过学校教育，倘若当时儿童离校的平均年龄是10岁或11岁，那么5岁至14岁儿童的在学比例便不会很高。[77]此外，即便是在法国，这一时期儿童的在学比例也未出现显著增长，可其他数据还是反映了当时发生的重要变化：该国新郎和新兵的文盲率在19世纪60年代末约为25%，到1900

年则降至 5% 或 6%。[78]

比儿童的在学比例数据更为重要的，也许是这一时期几乎所有国家都开始推行义务教育。例如，在美国，虽然一些地区的童工雇佣者继续与学校教育争夺儿童，但在南北战争之后，有 28 个州通过了义务教育法，学校的入学人数稳步上升。[79]此外，各州还制定了强制入学的措施，这无疑改变了儿童及工人阶级家庭有关学校教育的经历。这些家庭如今受到了一种管控，并导致他们与政府发生了许多冲突。19 世纪 80 年代，英格兰和威尔士每年关于儿童旷学的起诉有将近 10 万起。虽然这一数字在 1910 年降至 3.7 万，但在法庭审理的所有诉讼中，涉及该罪状的案件数目仍仅次于醉酒案件。[80]

工人阶级儿童及其父母意识到自己的生活在更大程度上受到了政府的规约，这不仅涉及是否送孩子上学的问题。学校本身往往把灌输"守序与服从的习惯"作为首要目标，实现该目标常常需要动用体罚，而家庭与学校对体罚的态度可能存在巨大分歧。学校教育还涉及一个问题，正如史蒂芬·西索恩(Stephen Heathorn)在谈到英格兰时所指出的，"在 1880—1914 年，出现了一套近乎系统的国族身份建构流程"。在儿童学习的国族故事中，男孩和女孩所扮演的角色并不相同，而且为女孩准备的课程内容强调针线活、烹饪和洗衣等，从而为她们作为仆人或家庭主妇的生活作准备。这些内容进一步强化了男性和女性不同的角色，在某种程度上也符合工人阶级的需求，因为女孩比男孩更有可能留在家里帮助母亲，而学校则默许了这种需求。[81]

义务教育的强制入学政策并非没有受到抵抗，但抗争较激烈

160

的阶段在 20 世纪 20 年代乃至更早之前就基本结束了，父母和儿童开始把正规学校教育视为一种常态。尽管中央政府强调学校教育要有全国统一的标准和管控，但在地方一级，学校教育的情况却各不相同。一些人在回顾学校经历时心怀愤恨，并尽可能早地离开，这种情绪似乎也是有道理的。但也有一些人的学校经历对他们而言主要是正面的，如果有可能，他们会希望延长这段经历。[82]

从政府的角度来看，义务教育所提供的监控机会，是其在家庭中无法企及的。正如法国精神病学家乔治·厄耶（George Heuyer）在 1914 年所言，学校是"观察反社会倾向的实验室"[83]。从另一个极为不同的角度来看，学校在一段时间内收集的证据，印证了一些人在 19 世纪和 20 世纪初对城市文明可能使种族退化的担忧。英国的一位学校督察艾尔弗雷德·艾霍尔茨（Alfred Eicholz）医生曾向考察体质退化的跨部门委员会（Interdepartmental Committee on Physical Deterioration）提交伦敦南部一所学校的儿童照片（插图 5），他发现儿童体质情况有所改善。他说，在这组拍摄于 1902 年的照片中，"孩子们看起来更加聪慧有礼。他们的身形更为饱满而笔挺"[84]。可见，学校既提供了儿童体质退化的证据，又成为了儿童改进体质的场所。

在 1880—1920 年，政府并不是在简单意义上突然对此前未曾涉足的社会生活领域采取监控与管制。政府对儿童问题的关注由来已久，在一些国家，这种关注在全国层面都高度可见。在另一些国家，这种关注则更为隐晦，但仍存在于地方层面。始于英国、而后遍及其他国家的工业化进程，使得各国政府对童工的管控比从前更加严密。政府开始推行义务教育是各种动机相结合的产物，如应对儿童失业问题等，义务教育也极大地扩展了政府活动的程度与范围。与此同时，19 世纪的慈善事业在规模和范围上都超出了此前数个世纪的想象，各种慈善项目试图解决的首要问题是由城市化带来的社会问题。到了 20 世纪初，人们越来越感到这一命题超出了慈善事业自身可解决的限度，政府必须发挥更为积极的作用。接踵而来的是慈善事业与政府之间的竞争，但并非所有竞争都由政府的更多参与取胜，因为慈善人士仍得到强大实体的支持。不过，毫无疑问的是，政府的作用越来越大，它正逐渐从慈善事业手中接过"救助儿童"的关键角色。

政府关切与儿童权利

试图使所有儿童享有童年经历并非推行义务教育的唯一目的或主要目的。必须在更大的背景下理解义务教育的实施，即国家间的竞争以及国家对于社会秩序再生产过程中儿童社会化效果的担忧。安排儿童移民海外或是将他们安置于本土机构的计划也产生于相同的背景。那么，影响儿童的各种政策到底在多大程度上是以儿童为中心的呢？所谓的"儿童救助"到底在多大程度上是为了使儿童享有童年呢？通过考察捍卫儿童权利的运动，我们或许能找到答案。

改革者与慈善人士深受浪漫主义观念的熏陶，认为童年应是幸福的，是人生最美好的时光。在 19 世纪 40 年代，一位苏格兰福音派教徒写道："上帝要童年幸福。"童年是人们日后不断追忆的时光，也是寻求灵感的源泉。凯特·威金（Kate Wiggin）①在1892年写道："快乐的童年是一种难以言喻的珍贵记忆。当世事给满怀欢愉的生活蒙上阴影，我们回首往事，儿时景象能让我们疲惫的心灵焕然一新。"[85]如果要实现这种幸福的童年，就必须将童年期与成年期截然分开，必须认识到童年的特点与需求。在这种思想中，童年与成年几乎成为了彼此的对立面：如果说成人肩负了各种责任，那么儿童就应是无忧无虑的；如果说成人要工作，那么儿童就该玩乐。正如福禄贝尔（Froebel）所说，"游戏是儿童发展的最高阶段"[86]。如果说性是成人生活的一部分，那么儿童生活中就不应有性的成分——在英格兰与威尔士，女孩的法定性同意年龄（age of consent）从12岁提高到了16岁。如果说成人不得不在城镇生活，那么儿童则有权接触自然。

面对许多儿童实际上在城市街道上度过童年的现实，全心全意接受了上述童年观念的慈善人士开始构想儿童权利的理论，提出儿童理应享有属于自己的权利。我们在上文已经看到，在19世纪30年代，英格兰开始出现一种观念，认为相对于父母或雇主，儿童应享有一定权利。到了19世纪末，人们认为这些权利不仅涵盖儿童受到抚养、教育与保护的权利，还应是专属于童年的权利。本杰明·沃写道："儿童的权利是其与生俱来的，保障这些权利的伟大宪章正是儿童的天性，其作者便是造物主本人。"上帝与自然在他们之间为童年画下蓝图，成人若擅加干涉便要自负后果。凯特·威金写道，儿童具有"享有童年的权利，这一权利不可剥

---

① 凯特·威金（1856—1923年）是美国作家、作曲家和教育家，是美国幼儿园运动的重要推动者之一。

夺"[87]。这些权利恰恰与成人所要求的独立或自由的权利相反，正如伊利诺伊州的公共慈善委员会（Board of Public Charities）所称："依附性是儿童的自然状况。"[88] 1913 年，美国限制童工运动的领导者亚历山大·麦凯尔韦（Alexander McKelway）起草了一份《美国矿场、工厂、作坊童工联合依附宣言》（Declaration of Dependence by the Children of America in Mines and Factories and Workshops Assembled）。在宣言中，儿童"声明我们自己是无助的、依附于他人的，且我们是有权依附的，我们之所以在此声明我们的无助，是为了使我们享有童年的权利受到保护"[89]。因此，儿童的权利指的是其受到保护的权利，这一说法十分吻合儿童救助运动的主旨。

有证据表明，相对而言，儿童并不觉得自己在这种权利话语中是受益者。在儿童权利的名义下，他们中的一些人被带离自己的家庭、被关进收容所、被送到大洋彼岸。有些人无疑觉得这是在对他们进行救助，但大多数受到救助的人发现，他们很难适应收容机构中的规范与做法，而这些规范现在决定着他们生活的走向。遭受性虐待的女孩们发现，她们被认为是堕落的，并且可能使人堕落，因而被藏了起来。在被送到收容机构接受救助的儿童中，许多人并未犯下任何罪行，他们认为把自己关进来是"一种惩罚"。接受寄养和移民海外的儿童常常受到虐待，即使人们希望农业环境能拯救他们，他们也难以适应所在社区和农业环境。由于这些儿童被阻止与过去的生活维持任何联系，他们本可从自己家庭中获得的自我认同感被一步步地削弱。[90]

不过，在 20 世纪初，国际上涌现出越来越多来自成人的声音，他们为儿童的受保护权而奔走呼号。瑞士官员在 1912 年写道，"在许多……国家，保护儿童与青少年这一强有力的观念正逐渐成为官方领域和各阶层人士的主要关注点"，他们希望创建一个国际保护儿童办公室。第一次世界大战及其后果所带来的冲击，最终使各方力量汇聚起来，试图起草儿童权利宣言。相互角力的组织纷纷开始游说新成立的国联（League of Nations），要求其在统筹维护儿童权利方面发挥核心作用。英国的埃格兰泰恩·杰布（Eglantyne Jebb）女士为该行动的成功打下了基础。杰布在"一战"后为战败国的儿童事业奔走，她指出，儿童几乎不可能对战争负有责任，因而他们也不应承受战败带来的苦难。因此，她成立了救助儿童基金（Save the Children Fund）。杰布并未在短期的危机过去后关闭该组织，而是不断遇到种种需要救助儿童的新情况。她进而起草了一份简单的儿童权利宣言，该宣言在 1924 年被国联采纳。这些儿童权利实际上划定了成人的职责，"人类有责任给予儿童以必须给予的最好待遇"这一说法也被正式采纳。[91]

尽管国际组织在确立讨论基调方面发挥了重要作用，立法并采取相应行动仍是在国家层面发生的。在 19 世纪末、20 世纪初的思想中，儿童获得权利与政府在儿童生活中发挥更多作用是相辅相成的，因为只有政府才能确保这些权利的行使。倘若像人们所说的那样，雇用儿童造成的首要后果是"他们几乎立刻不再是儿童"，那么政府就有责任防止过早雇用现象的发生。[92]倘若只有家庭和学校是适于儿童的环境，那么政府就必须确保儿童真正生活在像样的家庭或学校中。而保护所有新界定的儿童权利都符合国家的更大目标，那便是确保繁衍出的社会能够在 20 世纪的严酷环境中角逐。用当时的话来说，儿童的利益与国家的利益是合而为一的。以儿童为中心的政策对于国家来说只会给其带来好处，家庭却有可能吃亏。虽然家庭有时会主动把他们的孩子交给政府照管，但正如唐泽洛指出的，儿童权利越是得到宣扬，"对贫困家庭监护权的束缚就越是收紧"[93]。儿童救助的目的既是使儿童享有其应有的童年，也是为了保证社会的未来，这两个目的在当时被看作是完全一致的。

注　释

[1] H. Cunningham，*The Children of the Poor：Representations of Childhood since the Seventeenth Century*（Oxford，1991），p. 86；J. Dekker，*The Will to Change the Child：Re-education Homes for Children at Risk in Nineteenth Century Western Europe*（Frankfurt am Main，2001），p. 69.

[2] *The Morning Chronicle Survey of Labour and the Poor：The Metropolitan District*，Vol. 4（Horsham，1981），pp. 34～78，131～153；G. Wagner，*Barnardo*（London，1979），pp. 86～172；G. K. Behlmer，*Child Abuse and Moral Reform in England*，*1870-1908*（Stanford，1982），pp. 119～160.

[3] 引自 D. J. Rothman，*The Discovery of the Asylum：Social Order and Disorder in the New Republic*（Boston and Toronto，1971），p. 213。

[4] F. K. Prochaska，*Women and Philanthropy in Nineteenth-Century England*（Oxford，1980），pp. 30～32，224～245.

[5] 迪瓦恩之言引自 R. A. Meckel，*Save the Babies：American Public Health Reform and the Prevention of Infant Mortality 1850-1929*（Baltimore and London，1990），p. 103；F. Davenport-Hill，*Children of the State*（2nd edn，London，1889），p. 22。

［6］P. T. Rooke and R. L. Schnell, 'Childhood and charity in nineteenth-century British North America', *Histoire Sociale — Social History*, XV (1982), pp. 157～179.

［7］B. Finkelstein, 'Casting networks of good influence: the reconstruction of childhood in the United States, 1790-1870', in J. M. Hawes and N. R. Hiner (eds), *American Childhood: A Research Guide and Historical Handbook* (Westport, CT and London, 1985), pp. 111～152.

［8］引自 Cunningham, *Children of the Poor*, p. 31。

［9］H. Cunningham, 'The employment and unemployment of children in England c. 1680-1851', *Past and Present*, 126 (1990), pp. 129～130.

［10］Cunningham, *Children of the Poor*, pp. 53～64.

［11］Ibid., pp. 64～76.

［12］Ibid., pp. 70～83.

［13］Ibid., pp. 94～95.

［14］Ibid., pp. 83～95; 有关对童工的需求, 参见 C. Tuttle, *Hard at Work in Factories and Mines: The Economics of Child Labor During the British Industrial Revolution* (Boulder, 1999)。

［15］C. Nardinelli, *Child Labor and the Industrial Revolution* (Bloomington and Indianapolis, 1989), p. 109; C. Goldin and K. Sokoloff, 'Women, children, and industrialization in the early Republic: evidence from the manufacturing censuses', *Journal of Economic History*, XLII (1982), p. 743; British Parliamentary Papers, *Industrial Revolution: Children's Employment* (Shannon, 1968), Vol. 3, C1, p. 96.

［16］E. P. Thompson and E. Yeo (eds), *The Unknown Mayhew* (Harmondsworth, 1973), pp. 477～478.

［17］H. Silver, 'Ideology and the factory child: attitudes to half-time education', in P. McCann (ed.), *Popular Education and Socialization in the*

Nineteenth Century （London，1977），pp. 141～166. 有关在瑞典出现的类似顾 *165*
虑，参见 B. Sandin,'"In the large factory town"：child labour legislation,
child labour and school compulsion'，in N. de Coninck-Smith，B. Sandin and
E. Schrumpf（eds），*Industrious Children：Work and Childhood in the Nordic
Countries 1850-1990*（Odense，1997），pp. 17～46。

［18］Cunningham，*Children of the Poor*，pp. 88～94.

［19］Ibid.，pp. 51，83～96.

［20］L. S. Weissbach，*Child Labor Reform in Nineteenth-Century
France*（Baton Rouge and London，1989），pp. 84，140，xiii.

［21］Nardinelli，*Child Labor and the Industrial Revolution*，pp. 127～129.

［22］V. A. Zelizer，*Pricing the Priceless Child：The Changing Social
Value of Children*（New York，1985），p. 55；R. H. Bremner（ed.），*Children and Youth in America：A Documentary History*，2 vols（Cambridge,
MA，1971），Vol. 2，p. 653.

［23］J. M. Hawes，*Children in Urban Society：Juvenile Delinquency in
Nineteenth-Century America*（New York，1971），p. 91；Cunningham，Children of the Poor，p. 106；L. Chevalier，*Labouring Classes and Dangerous
Classes in Paris During the First Half of the Nineteenth Century*（London,
1973），pp. 117～120.

［24］J. E. Zucchi，*The Little Slaves of the Harp：Italian Child Street
Musicians in Nineteenth-Century Paris*，London，and New York（Montreal,
1992）.

［25］C. Nilan，'Hapless innocence and precocious perversity in the
courtroom melodrama：representations of the child criminal in a Paris legal
journal，1830-1848'，*Journal of Family History*，22（1997），pp. 256～260.

［26］Cunningham，*Children of the Poor*，pp. 106～108；Chevalier，*Labouring Classes and Dangerous Classes in Paris*，pp. 115～116.

[27] H. Shore, *Artful Dodgers: Youth and Crime in Early Nineteenth-Century London* (Woodbridge, 1999); L. R. Berlanstein, 'Vagrants, beggars, and thieves: delinquent boys in mid-nineteenth century Paris', *Journal of Social History*, 12 (1978-1979), pp. 531～552; I. Pinchbeck and M. Hewitt, *Children in English Society*, 2 vols (London, 1969-1973), Vol. 2, pp. 431～478.

[28] Cunningham, *Children of the Poor*, pp. 106～112. 有关这一著名采访的进一步讨论，参见 C. Steedman, *Strange Dislocations: Childhood and the Idea of Human Interiority, 1780-1939* (London, 1995), pp. 117～129。

[29] Cunningham, *Children of the Poor*, p. 112.

[30] Dekker, *The Will to Change the Child*, 见于多处，引文见 p. 237。

[31] P. F. Clement, 'The city and the child, 1860-1885', in Hawes and Hiner, *American Childhood*, p. 252; Bremner, *Children and Youth in America*, Vol. 2, pp. 283～284; Rothman, *Discovery of the Asylum*, pp. 206～236; N. Sutherland, *Children in English-Canadian Society: Framing the Twentieth-Century Consensus* (Toronto, 1976), p. 12.

[32] J. Robins, *The Lost Children: A Study of Charity Children in Ireland, 1700－1900* (Dublin, 1980), pp. 119, 192～193, 275～276, 294.

[33] Bremner, *Children and Youth in America*, Vol. 2, pp. 272, 426; B. Bradbury, 'The fragmented family: family strategies in the face of death, illness, and poverty, Montreal 1860-1885', in J. Parr (ed.), *Childhood and Family in Canadian History* (Toronto, 1982), p. 128; L. Abrams, *The Orphan Country: Children of Scotland's Broken Homes from 1845 to the Present Day* (Edinburgh, 1998), p. 86.

[34] Rothman, *Discovery of the Asylum*, p. 210, 引用来自 1831 年费城孤儿协会(Orphan Society of Philadelphia)的言论。

[35] H. van Solingo, E. Walhout and F. van Poppel, 'Determinants of

institutionalization of orphans in a nineteenth-century Dutch town', *Continuity and Change*, 15 (2000), pp. 139~166；类似的对弃婴收容院儿童生活的正面评价可参见 D. I. Kertzer, 'The lives of foundlings in nineteenth-century Italy', in C. Panter-Brick and M. T. Smith（eds）, *Abandoned Children* (Cambridge, 2000), pp. 41~55。

[36] Rothman, *Discovery of the Asylum*, pp. 210~236，引自 p. 229。

[37] Davenport-Hill, *Children of the State*, pp. 72~86, 222；1886 年，威廉·P. 莱奇沃斯(W. P. Letchworth)指出收容机构的儿童正变成"不能自理的"人，参见 Bremner, *Children and Youth in America*, Vol. 2, p. 296。

[38] Berlanstein, 'Vagrants, beggars, and thieves', pp. 532~533.

[39] Pinchbeck and Hewitt, *Children in English Society*, Vol. 2, pp. 468, 474, 518, 525; Dekker, *The Will to Change the Child*.

[40] L. D. Murdoch, 'From barrack schools to family cottages: creating domestic space for late Victorian poor children', in J. Lawrence and P. Starkey（eds）, *Child Welfare and Social Action in the Nineteenth and Twentieth Centuries: International Perspectives* (Liverpool, 2001), pp. 147~173.

[41] A. M. Platt, The Child Savers: *The Invention of Delinquency* (2nd edn, Chicago and London, 1977), pp. 133~139; S. Schlossman and S. Wallach, 'The crime of precocious sexuality: female juvenile delinquency in the Progressive era', *Harvard Educational Review*, 48 (1978), pp. 65~92; E. R. Dickinson, *The Politics of German Child Welfare from the Empire to the Federal Republic* (Cambridge, MA and London, 1996), pp. 20~22, 50.

[42] Abrams, *Orphan Country*, pp. 35~77.

[43] Ibid., p. 247.

[44] J. Parr, *Labouring Children: British Immigrant Apprentices to Canada, 1869-1924* (London, 1980), pp. 28~29; Chevalier, *Labouring Classes and Dangerous Classes in Paris*, p. 456; Robins, *Lost Children*, p. 198.

167

［45］Cunningham，*Children of the Poor*，p. 106；Hawes，*Children in Urban Society*，pp. 87～111.

［46］Parr，*Labouring Children*，pp. 62～81.

［47］L. A. Pollock，*Forgotten Children：Parent-Child Relations from 1500 to 1900* (Cambridge，1983)，pp. 92～95；另见 J. Warner and R. Griller，'"My pappa is out，and my mamma is asleep"：minors，their routine activities，and interpersonal violence in an early modern town，1653-1781'，*Journal of Social History*，36 (2003)，pp. 561～584。关于16世纪德意志政府对不良父母的担忧的证据，参见 J. F. Harrington，'Bad parents，the state，and the early modern civilizing process'，*German History*，16 (1998)，pp. 16～28。

［48］L. A. Jackson，*Child Sexual Abuse in Victorian England* (London，2000)，pp. 20～21，38.

［49］L. Gordon，*Heroes of Their Own Lives：The Politics and History of Family Violence* (London，1989)，p. 27.

［50］M-S. Dupont-Bouchat，'Du tourisme pénitentiaire à "l'internationale des philanthropes". La création d'un réseau pour la protection de l'enfance à travers les congrès internationaux (1840-1914)'，*Paedagogica Historica*，XXXVIII (2002)，pp. 533～563.

［51］Behlmer，*Child Abuse and Moral Reform*，pp. 162，239；H. Ferguson，'Cleveland in history：the abused child and child protection，1880-1914'，in R. Cooter (ed.)，*In the Name of the Child：Health and Welfare，1880-1940* (London，1992)，pp. 148～149.

［52］Report of the Prosecution of Dr Kenealy for Cruelty to a Child with the Sentence (London，n. d. ［1874］). 另见 C. A. Conley，*The Unwritten Law：Criminal Justice in Victorian Kent* (Oxford，1991)，p. 107。

［53］J. Donzelot，*The Policing of Families* (London，1980)，p. 85.

［54］Ibid.，pp. 30，83～88；S. Schafer，*Children in Moral Danger and the*

Problem of Government in Third Republic France (Princeton, 1997), pp. 67 ~ 86, 100 ~ 102, 130; Dekker, *The Will to Change the Child*, p. 104.

[55] R. Waugh, *The Life of Benjamin Waugh* (London, 1913), p. 306.

[56] Bremner, *Children and Youth in America*, Vol. 2, pp. 117 ~ 118, 185 ~ 222.

[57] S. Tiffin, *In Whose Best Interest? Child Welfare Reform in the Progressive Era* (Westport, CT and London, 1982), pp. 187 ~ 214; B. Harrison, *Peaceable Kingdom* (Oxford, 1982), pp. 240 ~ 259.

[58] J. E. Gorst, *The Children of the Nation: How their Health and Vigour should be Promoted by the State* (London, 1906), pp. 12 ~ 14.

[59] Cunningham, *Children of the Poor*, p. 211; Tiffin, *In Whose Best Interest?*, p. 218.

[60] Meckel, *Save the Babies*, pp. 101 ~ 109.

[61] P. Wright, 'The social construction of babyhood: the definition of infant care as a medical problem', in A. Bryman, B. Bytheway, P. Allatt and T. Keil (eds), *Rethinking the Life Cycle* (London, 1987), pp. 103 ~ 121.

[62] 引自 D. Dwork, *War is Good for Babies and Other Young Children: A History of the Infant and Child Welfare Movement in England 1898-1918* (London, 1987), p. 21。

[63] S. H. Preston and M. R. Haines, *Fatal Years: Child Mortality in Late Nineteenth-Century America* (Princeton, 1991), p. 27.

[64] 引自 A. Klaus, *Every Child a Lion: The Origins of Maternal and Infant Health Policy in the United States and France, 1890-1920* (Ithaca and London, 1993), pp. 142 ~ 143。

[65] J. Lewis, *The Politics of Motherhood: Child and Maternal Welfare in England, 1900-1939* (London, 1980), pp. 27 ~ 113; C. Dyhouse, 'Working-class mothers and infant mortality in England 1895-1914', *Journal of So-*

168

cial History, 12 (1978), pp. 248~267; Dwork, *War is Good for Babies and Other Young Children*.

[66] Meckel, *Save the Babies*, pp. 144~145; Klaus, *Every Child a Lion*, pp. 77~80.

[67] Klaus, *Every Child a Lion*, pp. 144~154; Dwork, *War is Good for Babies and Other Young Children*, p. 211.

[68] T. Skocpol, *Protecting Soldiers and Mothers: The Political Origins of Social Policy in the United States* (Cambridge, MA and London, 1992), p. 481; Dwork, *War is Good for Babies and Other Young Children*, p. 211.

[69] Klaus, *Every Child a Lion*, 见多处, 引文见 p. 88; H. Marland, 'The medicalization of motherhood: doctors and infant welfare in the Netherlands, 1901-1930', in V. Fildes, L. Marks and H. Marland (eds), *Women and Children First: International Maternal and Infant Welfare, 1870-1945* (London, 1992), pp. 74~96。

[70] R. Grew and P. J. Harrigan, *School, State, and Society: The Growth of Elementary Schooling in Nineteenth-Century France: A Quantitative Analysis* (Ann Arbor, 1991), pp. 31~89, 引文见 pp. 78~79。

[71] E. Weber, *Peasants into Frenchmen: The Modernization of Rural France 1870-1914* (London, 1977), pp. 304~308.

[72] Ibid., pp. 318~323; Grew and Harrigan, *School, State, and Society*, pp. 67, 270.

[73] Grew and Harrigan, *School, State, and Society*.

[74] Weber, *Peasants into Frenchmen*, pp. 308~309.

[75] Ibid., pp. 328~338.

[76] D. Rubinstein, 'Socialization and the London School Board 1870-1904: aims, methods and public opinion', in McCann (ed.), *Popular Education and Socialization in the Nineteenth Century*, pp. 231~264; J. S. Hurt,

169

Elementary Schooling and the Working Classes 1860-1918 (London，1979)；P. Gardner，*The Lost Elementary Schools of Victorian England：The People's Education* (London，1984)．

［77］此处估算所依据的数据来自 B. R. Mitchell，*European Historical Statistics* (2nd edn，London，1981)，pp. 38~66，785~806。

［78］C. M. Cipolla，*Literacy and Development in the West* (Harmondsworth，1969)，p. 119。

［79］J. P. Felt，*Hostages of Fortune：Child Labor Reform in New York State* (Syracuse，1965)，p. 7；W. I. Trattner，*Crusade for the Children：A History of the National Child Labor Committee and Child Labor Reform in America* (Chicago，1970)；D. I. Macleod，*The Age of the Child：Children in America，1890-1920* (New York，1998)，p. 76。

［80］Hurt，*Elementary Schooling and the Working Classes*，p. 203。

［81］A. Davin，*Growing Up Poor：Home，School and Street in London 1870-1914* (London，1996)，pp. 85~153，引文见 p. 134；S. Heathorn，*For Home，Country，and Race：Constructing Gender，Class，and Englishness in the Elementary School，1880-1914* (Toronto，2000)，引文见 p. ix；N. de Coninck-Smith，'Copenhagen children's lives and the impact of institutions，c. 1840-1920'，*History Workshop*，33 (1992)，pp. 57~72。

［82］Rubinstein，'Socialization and the London School Board'，pp. 250~258；J. Rose，'Willingly to school：the working-class response to elementary education in Britain，1875－1918'，*Journal of British Studies*，32 (1993)，pp. 114~138。

［83］Donzelot，*Policing of Families*，p. 132。

［84］Interdepartmental Committee on Physical Deterioration，British Parliamentary Papers，1904，vol. xxxii，p. 179。

［85］T. Guthrie，*Seed-Time and Harvest of Ragged Schools* (Edinburgh，

1860), pp. 7~8; K. D. Wiggin, *Children's Rights: A Book of Nursery Logic* (London, n. d., c. 1892), p. 31; 参见 R. Bray, 'The children of the town', in C. F. G. Masterman (ed.), *The Heart of the Empire* (1901; Brighton, 1973), p. 127。

[86] F. Froebel, *The Education of Man* (New York and London, 1887), p. 54.

[87] Waugh, *Life of Benjamin Waugh*, p. 296; Wiggin, *Children's Rights*, p. 10.

[88] Platt, *Child Savers*, p. 135.

[89] Trattner, *Crusade for the Children*, frontispiece.

[90] Jackson, *Child Sexual Abuse in Victorian England*, pp. 86~89, 135; L. Mahood, *Policing Gender, Class and Family: Britain, 1850-1940* (London, 1995), p. 148; Abrams, *Orphan Country*, pp. 35~77, 122~161, 251~254.

[91] D. Marshall, 'The construction of children as an object of international relations: the Declaration of Children's Rights and the Child Welfare Committee of League of Nations, 1900-1924', *The International Journal of Children's Rights*, 7 (1999), pp. 103~147, 引文见 p. 115; F. M. Wilson, *Rebel Daughter of a Country House: The Life of Eglantyne Jebb, Founder of the Save the Children Fund* (London, 1967), 见多处, 引文见 p. 224。

[92] Bremner, *Children and Youth in America*, Vol. 2, p. 658.

[93] Mahood, *Policing Gender*, pp. 141, 143; Donzelot, *Policing of Families*, p. 103.

第七章

"儿童的世纪"？

　　　1900 年，瑞典女权主义者爱伦·凯（Ellen Key）出版了一本名为《儿童的世纪》（*The Century of the Child*）的书。这本书的想法来自戏剧《狮子的幼崽》（*The Lion's Whelp*），其中一个角色表示："下个世纪将会是儿童的世纪，就像本世纪是女性的世纪一样。当儿童获得其权利，道德将得到完善。"爱伦·凯对未来的设想是：儿童将由身体健康、关系融洽的父母孕育，在儿童成长过程中母亲永远陪伴于家中。女性的角色无疑是养育儿女，她们应从事一段时间的"儿童保育、卫生及护理病人的工作"，从而为当母亲作准备。诸如托儿所或幼儿园这样的儿童保育系统顶多是次好的选择，学校自身也应努力"使自己成为不甚必要的存在"。育儿的成功在于大人自己要变得"像孩子一样"，如此一来，"孩子的单纯性格就会被大人保留下来，由此旧的社会秩序将实现自我更新"。对于爱伦·凯来说，社会的未来无疑将取决于人们养育儿童的方式，她把育儿的失败归咎于她所认为的现代世界三大创伤——资本主义、战争和基督教。因此，如果 20 世纪成为"儿童的世纪"，这将不仅仅是为了儿童的利益，也是为了全人类的利益。[1]

　　爱伦·凯的这本书既反映了她所处的时代的一些普遍观念，比如她对优生学（eugenics）的强调，也阐述了 19 世纪末的一个信条，即"救助儿童"具有最根本的政治和社会意义。该书在全世界成了畅销书，书名"儿童的世纪"这一叫法也流行起来，成为在美国的进步时代司空见惯的用语。[2]这一用语可能也很快摆脱了爱伦·凯的一些本会被认为古怪的想法，比如她对学校或基督教的反对。在20世纪上半叶，"儿童的世纪"凝结为一个坚定的信念，即"在国家所拥有的全部财富中，没有什么比儿童更加宝贵"，或者说儿童是"任何文明中最大的财富"。[3]儿童须受到应有的重视，国家确保所有儿童享有适宜的童年的职责也比以往更加突出。如莉莲·诺尔斯（Lillian Knowles）在20世纪20年代的一本历史教科书中所写，"对工厂的限制最终引发对儿童的国家教育，这种教育的范围不断扩大，同时，旨在帮扶儿童的各种保护措施的范围也不断扩大。20世纪的确有望成为儿童的世纪"。[4]正如我们在第六章看到的，这涉及慈善机构与政府关系的部分重构。对童年真正本质的探寻也拉开帷幕，因为人们越来越相信，成功的儿童政策有赖于"科学的"知识。

在20世纪上半叶的大部分时间里，"儿童的世纪"这一愿景吸引了许多改革者。他们的首要目标是划定一块被称为"童年"的领地，并设下边防哨所，防止儿童过早地逃离他们应得的乐园。在这个乐园里，儿童会得到照顾，并将获得"幸福的习性"。[5]而他们的前路布满青春期和成年期的荆棘，正如画作《二十世纪的儿童》（*The Twentieth Century Child*，插图6）描绘的那样。在画中，赤脚女孩沐浴在阳光下的童年即将结束，她手中握着几朵百合，象征着纯洁，但它们似乎不足以为她的前路保驾护航。到了20世纪下半叶，一种童年被侵蚀甚至消逝的看法主导着人们的讨论，儿童开始要求并被赋予了能让他们冲出这个乐园的权利。其中一些孩子令人瞠目地违背了所有儿童本该具有的纯真本性，比如杀死英国男孩詹姆斯·布尔格（James Bulger）的孩子们[①]。而更多的人甚至全部儿童，似乎也在媒体与大众消费的双重夹击下早早失去了他们的童年。

科学、专家与童年

1731909 年，美国国会在一份设立联邦儿童局的提案中强调，需要"获取有关儿童的科学数据、准确事实，以及最佳科学方法所取得的成效"[6]。人们相信科学是为儿童带来更好童年的关键，这一观念在 19 世纪末和 20 世纪上半叶达到了鼎盛。一些杂志以母亲为目标读者，依靠刊登科学认可的婴儿产品的广告发家，"科学育儿成了中产阶级日常生活的一部分"[7]。人们相信，科学可以改善儿童的生存机会。不仅如此，科学还有助于揭开儿童思维运作的奥秘，能够测量儿童的智力，告诉母亲如何养育儿女，并为发育情况或行为表现不符合常规的儿童提供指导。

20 世纪初，最为紧迫的考验仍是确保儿童能存活下来。正如我们所看到的，许多国家的婴儿死亡率在 19 世纪始终居高不下。在 19 世纪下半叶，北欧的婴儿死亡率率先开始下降；20 世纪伊始，几乎所有国家的婴儿死亡率都开始下降，且一直保持下降趋势。20 世纪初，大多数国家的婴儿死亡率是每 1000 名活产儿中有

---

① 1993 年 2 月 12 日，在英国默西赛德郡，两个年仅 10 岁的男孩诱拐了一个 3 岁男孩詹姆斯·布尔格，并将其虐待致死。

100 到 250 人死亡。到了 1950 年，在 26 个欧洲国家中只有 3 个国家的比率超过 100‰，有 14 个国家低于 60‰。1975 年，有半数欧洲国家的比率低于 20‰，只有 4 个国家高于 30‰。到了 20 世纪末，整个欧洲的婴儿死亡率下降到了 11‰，北美的比率则是 7‰。[8] 这种下降趋势本身就已将 20 世纪与整个童年史的其他时段区别开来，其重要性不言而喻。到了 20 世纪中叶，婴儿的死亡只是很少的父母会经历的事，而在之前的所有世纪里，未经历婴儿死去的父母是很幸运的。这并不意味着他们对此无动于衷，我们已经看到有许多证据表明父母面对婴儿之死的悲痛。婴儿死亡率下降带来的实质性改变是父母现在可以合理地假定他们生下的孩子全都能活到成年，因此家庭生育计划（family planning）的概念可能也具有了新的内涵。并不意外的是，伴随着婴儿死亡率的下降，生育率也急剧下降。相比于从前，20 世纪儿童的兄弟姐妹更少。这些兄弟姐妹们可能年龄相近，而不像此前世纪的兄弟姐妹的年龄间隔可能多达 20 岁，这种间隔也有可能是中间其他兄弟姐妹去世造成的。

既然婴儿死亡率的下降趋势如此明显，人们可能会认为其成因很容易就能确定，但事实上情况远非如此。我们在第六章中已看到，为降低婴儿死亡率所采取的社会行动相当多，但我们并不清楚它们对婴儿死亡率的下降发挥了什么作用。20 世纪上半叶，死亡率降低的主要人群是出生一个月及以上的婴儿。在炎热的夏天，他们特别容易死于腹泻，因为苍蝇会把粪便中的污物带到食物中来，而严守卫生准则有助于减少这种风险。然而，腹泻致死的婴儿数量之所以变少，更有可能是因为卫生条件得到了改善，

174

而非教师、医生、护士和社会工作者的行动。比如，20世纪早期英国的许多城镇都装了冲水厕所，1899年曼彻斯特只有26.4%的房屋有冲水厕所，在1913年则达到了97.8%。[9]这种变化使合理卫生标准的达成变得可能。还有人提出，婴儿死亡率的下降在很大程度上归功于生活水平的提升，不管是否存在医疗干预或社会行动。[10]

总之，用任何单一的因素来解释婴儿死亡率的急剧下降必将是错误的，尽管有些因素如卫生条件的改善可能比其他因素更为重要。例如，近来对英格兰和奥地利的研究"强有力地表明，（20世纪上半叶）婴儿死亡率的长期下降主要是通过在婴儿死亡率较高的地区（英格兰的城镇，奥地利的低地地区）改善环境来实现的"。在更晚近的时期，医疗科学成为了婴儿死亡率不断下降的主要动力，对特别幼小的婴儿来说尤为如此。[11]

对死亡率与发病率的关注自然也延伸到了婴儿期之后的时段。在许多欧洲国家（如英国、芬兰、意大利、西班牙和瑞典），1岁至5岁儿童的死亡率似乎最早在1840年左右开始下降，到19世纪60年代中期又有所恶化，而后几乎处于稳步下降中。在英国，1861—1900年1岁至5岁儿童的死亡率下降了33%；在美国，白人儿童的死亡率在1900年以前的20年也持续下降。[12]母亲的作用再度被认为是至关重要的，人们敦促母亲让幼儿待在家中。在英格兰，3岁到5岁儿童的在学比例从1899年的43.5%下降到1906年的33.8%。[13]与此同时，儿童医学的专业化程度越来越高。但也不能夸大这一领域的创新性，因为正如我们在前几章所看到的，医学界一直以来都对一些儿童特有的疾病有所认识。此外，早在

1802 年，巴黎就有了一所专门的儿童医院。随后，德国在 19 世纪 40 年代出现了创办儿童医院的浪潮，伦敦的大奥德蒙街儿童医院在 1852 年创立，纽约和费城的儿童医院也在 19 世纪 50 年代中期开办。不过，这些早期的儿童医院基本上都是用于隔离的传染病院，直到 19 世纪末，特别是在 19 世纪 90 年代用于治疗白喉的血清被研制出来后，这些医院才开始转向治疗功能。儿科教席分别于 1879 年和 1894 年在巴黎和柏林设立。1888 年，美国儿科协会成立，儿科医生通过他们在医院从事的工作，也从原本质疑儿科是不是一个独立医学分支的人那里取得了认可。在美国，下一阶段迎来了专攻儿科的医疗机构的发展，其数量从 1914 年的 138 家发展到了 1955 年的 6567 家，到 1966 年又增加了近一倍。一个新的职业就此形成。[14]

一旦儿童到了开始接受义务教育的年纪，便有可能或是有必要对其身心能力进行某种评估。把儿童按智力分类的方法已经出现，根据新形成的发展指标来测量儿童身体发育状况的手段也已出现。这两方面的方法都源于一种认识，即相当一部分儿童由于心理或身体上的缺陷，无法从义务教育中获益。就心理方面的能力而言，人们的首要考虑是鉴别出心智不健全或"弱智"（feeble-minded）儿童，并把他们分离出来。在 19 世纪末、20 世纪初，最受欢迎的办法是将这些儿童送到"特殊学校"，最好将其终身隔离在收容机构中。[15]法国的维克多·西蒙（Victor Simon）与阿尔弗雷德·比奈（Alfred Binet）开发了智力测验，1905 年以后，该测验迅速成为国际上公认的可预测任何一个儿童的发展能力的工具之一。

儿童身体发育的指标往往是参照农村地区中上层阶级儿童制

定的，城市工人阶级的孩子达不到相应的标准也就不足为奇了，但他们与相应指标的差距却还是让人大开眼界。以 1905 年的格拉斯哥为例，在下层阶级内部，住两居室的男孩比住四居室的男孩平均要轻 11.7 磅、矮 4.7 英寸，住一居室的女孩比住四居室的女孩平均要轻 14 磅、矮 5.3 英寸。[16]为了改善这些孩子的体质，学校课程中出现了操练和其他体育锻炼项目，还有了学校餐食和体检。有组织的学校医疗服务可追溯到 19 世纪 70 年代的布鲁塞尔、瑞典和巴黎，美国的学校体检在 19 世纪 90 年代开始形成。在英格兰和威尔士，任何超出地方层面的举措都要等到 20 世纪的头十年才出现。不过自此之后，大量基于学校的体检和治疗计划开始发展起来。在 1910—1935 年，这两个地区学校牙医的数量从 27 人上升到 852 人，学校护士的数量从 436 人上升到 3 429 人，学校诊所的数量从 30 个上升到 2 037 个。公费的学校餐食也开始广泛出现，特别是在两次世界大战之间的经济萧条时期。20 世纪 30 年代，美国学校在五年内提供了 130 000 000 份餐食；1938 年，英格兰和威尔士有近 9% 的小学生享有免费学校午餐，而这一数字在"二战"期间急剧增加。[17]所有这些举措都意味着工人阶级人口所受监控的程度空前，因为它们超越了课堂的范围、延伸到了家庭中。而实行这种监控的专家也应运而生，这些专家越来越多地由受过医学训练的人士组成。正如罗杰·库特（Roger Cooter）所写，"在 1880 年，儿童健康与福利尚未被医学化……但到了 20 世纪 20 年代，儿童的健康与福利事业不但被医学化了，还为更普遍的健康与福利领域内的政府作用的增强提供了强有力的依据"[18]。

科学为理解童年所作出的贡献绝不仅限于正统医学，它至少在其他三大方面发挥了关键作用。首先，它声称要理解儿童的心智，如儿童是在生理上已设定好能说自己的母语还是需要被教导？他们如何学习？这些问题对于理解整个人类来说都十分重要，但对它们的最初探究主要以儿童研究的形式发表。1877 年，英国的《思想》（*Mind*）期刊发表了伊波利特·泰纳（Hippolyte Taine）的《论儿童的语言习得》（*On the Acquisition of Language*）和查尔斯·达尔文（Charles Darwin）的《一个婴儿的小传》（*A Biographical Sketch of an Infant*），这两篇文章在热心的父亲们中间引发了一系列业余科学探究活动。正如 1881 年詹姆斯·萨利（James Sully）在《康希尔杂志》（*Cornhill Magazine*）上向读者所宣布的，"摇篮里的小住客也不得不承受科学之眼的敏锐扫视"。在德国，威廉·普赖尔（Wilhelm Preyer）的《儿童的心灵》（*Die Seele des Kindes*）一书激励人们进一步开展这类探究。[19] 在美国，G. 斯坦利·霍尔（G. Stanley Hall）1883 年的研究《儿童心理的内容》（The Contents of Children's Mind）取得了经典地位，并激发了大西洋两岸儿童研究协会的成立。霍尔不加辨别地从父母所填写的问卷中取材，这一点最终使他受到批评。但同时，心理学家们也畅通无阻地将儿童研究领域归为自己的专业。心理学在 20 世纪初努力尝试确立自己的专业地位，而教育者们对在校儿童评估手段的渴求对心理学的发展起到了不可估量的作用——心理学家设计的测验为此提供了方法。在心理学的指导下，教育可以变成一门科学。1916 年，英

177

国的西里尔·伯特(Cyril Burt)①在伦敦郡议会(London County Council)任心理学家,他得以着手建立"一个科学的教学职业"。同年,伊利诺伊州的一位官员称,"从对心理及其形成机制的科学解释入手来研究儿童是一门新的学科,但它将会延续下去"。[20]他的预测是正确的,无论作为集体还是个人,儿童都受到了来自心理学家的科学的凝视。

其次,人们认为科学不仅有助于理解儿童的心智,还有助于理解其本能。这是一个更有争议的研究领域,因为在19世纪,儿童纯真无邪的观念几乎打倒了儿童天生邪恶的理论。然而,科学研究的结果却很难与儿童纯真无邪的观念达成一致。19世纪的精神科医生(psychiatrist)们曾遇到过一些儿童,在他们的描述下,这些儿童的行为很难说是纯真的。但他们并不确定其行为失调究竟是源于遗传因素还是由儿童成长过程中的某些因素引发的,他们也并未提出正常成熟与发展的概念。但众所周知的是,他们在传播儿童手淫的不自然性与固有危险这一观点上起到了重要作用。[21]因此,尽管精神科医生们很清楚儿童可能是有性的生物,他们却倾向于将儿童的性表达视为一种不正常现象。[22]弗洛伊德给"儿童的世纪"带来的贡献很难定义,他在20世纪初便声称,每个儿童都存在固有的性特性(sexuality),这种特性从婴儿期起便通过可预见的方式表现出来。

从某种意义上说,弗洛伊德摧毁了儿童纯真无邪的观念,因

---

① 西里尔·伯特(1883—1971年)是英国心理学家,在心理测量学、教育心理学方面作出了开创性研究。伯特认定智力是由遗传因素决定的,但后来他在这方面的研究被人指责存在数据造假。

为在 19 世纪，纯真无邪与没有性活动是紧密相连的。但同样也可以说，婴儿的性本能是其天性的一部分，只有当成年人以笨拙的方式干预儿童的性游戏与享乐时，其纯真状态才被打破。除了 5 岁的小汉斯（Little Hans）①外，弗洛伊德只接收成年病人，但他显然有能力将成年期遇到的困难追溯到童年时期的创伤，特别是成人对儿童性特性的不当处理。这使得养育子女看起来像是一项困难重重的考验，无论常识还是传统都无法为此提供可靠的指导。父母们需要专家的指导，他们也确实得到了大量的指导。这些专家大多数都受过医学训练。

最后，相关从业人员开始将犯罪的起因追溯到童年期，以及通常被视为心理失调（psychological maladjustment）的状况。此前人们对于犯罪的起因的解释至少有一部分是来自环境和贫困，现在犯罪的起因开始被认为是心理上的。这种变化的一个来源是德国与尼德兰"教育病理学"（pedagogical pathology）的发展，它尖锐地提醒人们儿童纯真无邪的观念并不是普世的。"教育病理学"的关注点是儿童的缺陷，它确认并列出了 300 种缺陷，如固执、短视和撒谎等。[23] 另一个来源是威廉·希利（William Healy）的芝加哥青少年精神失常研究所（Chicago Juvenile Psychopathic Institute），该研究所创办于 1909 年，在鼓励人们从童年期中发现犯罪的种子方面具有巨大影响。因此，并不意外的是，1918 年成立于美国的联众基金（Commonwealth Fund）在"为人类的福祉做点贡献"

178

---

① 小汉斯是弗洛伊德的精神分析经典案例之一，弗洛伊德在 1909 年发表的《对一名 5 岁男童恐惧症的分析报告》（Analysis of a Phobia in a Five-year-old Boy）中系统讨论了该案例，并借此阐述了幼儿性行为等理论。不过弗洛伊德只见过小汉斯一次，更多时候是小汉斯的父亲在弗洛伊德的指导下记录并提供了相关材料。

的宗旨下，将资源投入建立儿童指导诊所（Child Guidance Clinic）的活动，从而为预防犯罪做贡献。"问题儿童"是这些活动的焦点所在，不过人们很快发现，一些"问题儿童"并不会走上犯罪的道路，但会表现出轻微的情绪或行为症状，让父母与老师难以应对。在儿童指导诊所，由精神科专家、心理学家和社会工作者组成的团队为这些"问题儿童"以及照看他们的人提供专业的帮助。到1942 年，美国已经有 60 家这样的诊所。[24]

一国在儿童养育方面的新举措极少局限于该国境内。伦敦和巴黎分别在 1907 年和 1910 年举行了有关学校卫生的国际会议。德国率先为不健康的城市儿童开办露天学校（open-air school），德国的"口腔卫生运动"也成为牙科发展的典范。安大略省 1893 年的《儿童宪章》大部分内容直接摘自英国 1889 年的《儿童宪章》。[25] 童工问题是国际劳工立法协会（International Association for Labour Legislation）关注的议题之一，该协会成立于 1900 年，在第一次世界大战前每两年举行一次会议。[26] 美国的儿童指导诊所模式在 20世纪 20 年代中期就传入了英国。[27] 虽然各国改革活动之间显然存在差异，但国际网络的存在提供了一种共同的标准化的儿童事业发展框架，这种框架可以用来评估 20 世纪究竟在多大程度上是"儿童的世纪"。

儿童与社会政策

在整个 20 世纪，民主国家的政府和新闻工作者时常将儿童形容成"未来"。当下儿童事业办好了，未来便是一片光明；而一旦办砸，则灾难将至。一方面，这种说法使得国家对儿童的支出合理化；另一方面，它把儿童描述为事实或潜在的危险。无论如何，童年的重要性不容否认。这种重要性也带来了困惑，并时常引发有关政府、志愿组织、家庭或个人各方作用的激烈辩论。一些政党在 20 世纪初将与童年有关的议题放在它们的政治主张的首位，如英国的独立工党与社会民主联盟。这不仅仅涉及内政问题，因为童年也卷入了各国在国际上的竞争。儿童被视为一国所拥有的最宝贵财富，倘若未能对儿童进行适当的培育，国家将陷入退化的进程，并失去相较于他国的权力与地位。因此，各国几乎不可避免地更多涉足与儿童政策相关的事务。

哈里·亨德里克（Harry Hendrick）认为，20 世纪许多政策的制定存在着三组对立或者说分歧：强调儿童的身体或心智；强调儿童是受害者或威胁；强调儿童是正常的或不正常的。在 20 世纪初，首先受到关注的是（工人阶级）儿童的身体：他们营养不良，身型太小，容易生病。这些儿童是其生长环境或父母的受害者，若不加治疗的话又会成为一种威胁。因此，体检和学校供餐受到了推崇。有些儿童的身体（和心智）受到损伤的程度极不寻常，需要特殊对待，也许是监禁，甚至是绝育。到了 20 世纪中期，人们的关注点从儿童的身体转移到了儿童的心智与情感上，这在第二次世界大战时期达到了顶峰，当时英国的撤离儿童（evacuated children）①表现出心理困扰的症状。从 20 世纪 60 年代开始，人们

---

① "二战"爆发后，出于安全考虑，英国政府组织生活在城镇的儿童离开家并撤离到乡下，以避开德军空袭。从 1939 年到 1945 年，共有三次大规模的撤离。在此期间，有上百万儿童经历了撤离。

又重新强调儿童的身体。"受虐婴儿综合征"（battered baby syndrome）①以及接二连三的虐待儿童身体的丑闻引起了公众的关注，各国政府也纷纷对此作出了回应。[28]

　　在贫困人口数据中，儿童所占的比重依然很大。儿童从劳动力市场的退出，导致他们作为家庭持续开支而非潜在收入来源的年龄上限较此前高了许多。1901年，B. 西伯姆·朗特里（B. Seebohm Rowntree）在对约克的著名研究《贫困——城镇生活研究》（*Poverty：A Study of Town Life*）中展示了年幼的儿童如何使一个家庭陷入贫困，也展示了生活在贫困中的儿童数量之巨，许多进一步的研究证实了这些情况。在第一次世界大战爆发时，英格兰南部的雷丁镇有近一半的学龄儿童生活在初级贫困（primary poverty）②中，当地以及其他地方的儿童占所有初级贫困人口的一半以上。1936年，朗特里在对约克的随访研究中发现，仍有近一半的初级贫困人口是14岁以下的儿童。[29]摆在政客、官员、社会工作者和新闻工作者面前的难题是：如何不让工人阶级家庭的贫困剥夺儿童享有其应得的童年的机会？是否应该通过提供餐食或衣物等方式向贫困儿童提供直接的福利？或者是否有必要开始考虑"家庭捐赠"，由政府或雇主向父母提供资助？20世纪上半叶，除美国以外的其他地方几乎都开始向有子女的家庭提供某种形式的资助。各国政府之所以愿意支付这些家庭补助，并不完全或并不

---

　　① 受虐儿童综合征是身体遭受严重虐待的幼儿表现出的临床症状，是造成幼儿永久性伤害或死亡的常见原因。

　　② 朗特里在《贫困——城镇生活研究》中将贫困划分为初级贫困和次级贫困（secondary poverty）。初级贫困指家庭收入不足以获取维持生活最低水平的必需品；次级贫困指家庭收入足以维持身体机能所需水平，但却用在了非必需品的消费上。

主要是因为它们认可了从儿童中心角度进行游说的压力团体的论点。相反，各国政府认为家庭补助是用以稳定雇主与劳工关系、控制工资通胀或促进生育率上升的手段。[30]不过，儿童无疑从这些举措中受益，因为它们减少了儿童在贫困中度过童年的可能性。

然而，一代人所取得的进步可能会在另一代人那里遭遇挫折：贫困儿童人数并未持续减少。无可否认的是，英国在这方面的成绩比美国以外的其他地方都要糟糕。20世纪末英国的儿童贫困数据表明，经济发展趋势（尤其是高失业率）、人口结构变化以及政府政策的影响相互交织，可能波及数以万计的儿童的生活：在20世纪80年代和90年代，英国贫困儿童占儿童总数的比例从十分之一上升到了约三分之一。[31]自那以后，该比例有所下降，但21世纪仍有过多的儿童生活在贫困之中，这对他们的生活造成了损害，也使"儿童是未来"这一论调陷入难堪与挑战。

在改革者那里，几乎不言自明的一点是：若要让儿童享有适宜的童年，就必须防止他们过早进入劳动力市场。正如我们在前面所见，19世纪末，几乎所有国家都通过了禁止或限制雇佣童工的法律。在国家层面的立法上，美国是个例外，要等到20世纪初，在美国成立的全国童工委员会（National Child Labor Committee）才试图推进州一级的行动与立法，并最终推动联邦立法，但该组织取得的成效有限。对全国童工委员会的参与者而言，有一点是毫无疑问的，用其中一位改革者的话来说："当劳动开始时……儿童便不再是儿童了。"但一直到20世纪20年代，他们遇到的反对力量都很大，特别是在南部，当地纺织业对童工存在需求。然而，反对限制童工的势力比这更为广泛，其中包括天主教神父，他们为雇佣童工的行为辩护，因为童工能为贫困的移民家庭带来收入；也包括希望让子女从事季节性劳动的农民，他们称这种劳动对身体健康有积极作用；还包括一些工人，他们反感政府介入自己家庭的劳作传统。[32]这些因素与美国对州权的坚决捍卫相叠加，意味着全国童工委员会不得不满足于以零碎而渐进的方式缓慢减少雇佣童工现象。毫无疑问的是，这种减少的最终发生不仅是由于舆论和法律的变化，在很大程度上还要归功于技术的变革。[33]

在美国以外的地区，20世纪初有关工作和义务教育的国家立法限制了雇佣童工的范围，但还有一些经济领域是法律很难触及的，比如家庭生产，人们对学童在课余时间劳作的担忧仍持续存在。1908年，一项对奥地利40万在校学生的调查显示，三分之一的学生都有工作，尤其是家庭生产中的工作。在20世纪20年代，据称工人阶级家庭的儿童每天工作时长为4到6小时。[34]在第一次世界大战前夕，据估计，英国有超过50万名14岁以下的儿童受雇，其中大部分是在校学生从事兼职工作，通常是当送信员或送报员。在斯堪的纳维亚半岛的劳动力市场中，同样的差使也被学童所占据，不过童工现象在此遭到的反对比在英国要少，在农业和渔业社区尤其如此。比如，在丹麦，全日制的义务教育直到20世纪50年代才开始实行。[35]

第一次世界大战催生了市场对童工的需求，也带动了童工数量的增长。但此后童工数量似乎有所减少，且愈加处于经济的边缘地带。不过，大多数学童仍继续从事一些工作，既为家庭经济也为自己的消费提供资金，后者自20世纪中期以来尤为多见。尽管官方否认童工现象的广泛存在，并过度自信地认为童工问题已经解决了，但强有力的证据表明，儿童仍在继续工作。[36]

人们认为，儿童不在家时的恰当去处应该是学校，而不是工作场所。许多人将学校教育的结束视为童年的终结。当各国政府不断提升法定的离校年龄时，童年期也被逐步延长了。在 1880 年英格兰和威尔士开始实施义务教育时，离校年龄被定为 10 岁。这一年龄限制逐步提升，但直到"一战"前都可得到地方豁免。1918年，法定离校年龄被统一为 14 岁，1944 年为 15 岁，1972 年为 16岁。在 1900 年，两个地区 12 到 14 岁的儿童中只有不到一半在上学；而到了 20 世纪中叶，该年龄段几乎所有人都在上学。在 20 世纪头二十五年里，15 到 18 岁的人中约有 5% 在上学；1972 年离校年龄提升到 16 岁后，该年龄段有 37% 的人在上学。到了 20 世纪中叶，在欧洲大部分地区，从入学年龄（5 至 7 岁不等）到至少 14岁这个年龄段的所有儿童都有望在校读书。但南欧是个例外，西班牙和葡萄牙的情况滞后于其他国家，这两国 5 到 14 岁的儿童中只有不到一半在上学。但它们很快便赶了上来，西班牙的统计数据显示，1970 年该国在校儿童的总数比 5 至 14 岁的儿童的总数还要多，这有点不可思议。[37]具体的数字可能值得怀疑，但它们表现出来的趋势却不会有错：各国政府正在确保学校教育能够在一个人的一生中占据越来越多的时间。而学校教育的时间越长，人们认为自己是儿童并被当作儿童看待的时间也就越长。

贫困问题、童工问题与学校教育是儿童政策制定中的核心要素，但它们并不能涵盖所有政策问题。政府活动的另一个广大而无形的领域涉及政府、父母与儿童三者的关系。对于政府来说，其关注点是"困境中的"儿童，包括从家庭转移给政府照管的儿童、与刑事司法系统打过交道的儿童以及在家庭中受到虐待的儿童。针对这些问题的专门立法不断增多，这表明了上述问题的重要性。例如，在英格兰和威尔士，仅列举最重要的一些立法，"儿童的世纪"就已见证了1908年的《儿童法案》，1933年的《儿童与青少年法案》，1948年的《儿童法案》，1963年与1969年分别出台的《儿童与青少年法案》，以及1975年与1989年分别出台的《儿童法案》。所有这些法案都试图疏导两方面的利害关系：一是为了"儿童的最大利益"，二是为了让整个社会不受当下与未来的问题儿童的威胁。在"二战"中及战后，福利国家政策的主要目的是让儿童与家人在一起，哪怕是"问题家庭"。这些政策很大程度上受到了撤离儿童研究的影响，也受到了约翰·鲍比(John Bowlby)[①]关于"母爱剥夺"(maternal deprivation)对儿童的危害的理论的影响。人们认为，这些贫困家庭需要的是帮扶，而社会工作者是提供这种帮扶的政府人员。在20世纪60年代末和70年代，对福利国家政策的反抗以及对家庭中虐童现象的关注引发了人们对这些政策的重新审视。在20世纪的最后25年里，政府试图找到一种有助于调解多方关切的体系。这些关切包括：被视为"至高无上的"儿童的福利，父母养育子女的职责，以及媒体与公众所关注的问题——借用《每

---

① 约翰·鲍比(1907—1990年)是英国发展心理学家、儿童精神病学家。1949年，鲍比受世界卫生组织之邀对"二战"后欧洲无家可归儿童的心理健康进行研究，研究报告《母爱关怀与心理健康》(Maternal Care and Mental Health)于1951年出版。鲍比在该报告中讨论了"母爱剥夺"等现象，研究发现：儿童在年幼时若没有母亲照料，或者说被剥夺了母爱，将无法发展出与他人建立关系的能力。在该报告影响下，许多婴幼儿收容机构开始改变父母探视政策。鲍比还在20世纪50年代提出了著名的依恋理论(attachment theory)，认为婴儿在早期与其照料者之间形成的关系将决定其一生中各种关系的发展。

日星报》(*Daily Star*)的话来说，问题在于"英国大部分地区正面临着极为骇人的儿童犯罪大爆发"。虽然各种立法对儿童的权利表示充分认可，但强调得最多的还是父母的权利与义务。在"儿童的世纪"即将结束之际，社会仍在试图解决在 19 世纪 80 年代首次凸显的问题，即政府、父母和儿童之间的恰当关系。[38]

父母与儿童

自从印刷术发明以来，写给家长的育儿指导便一直存在，但在 20 世纪，这类出版物的数量开始增多且不断上升。在 20 世纪上半叶的大部分时间里，育儿指导文学的基调对任何以"儿童的世纪"自居的人提出了相当大的挑战。科学产生的影响是鼓励父母疏远子女，正如莱因哈德·施普雷（Reinhard Spree）在提及德国育儿指导文学时所说："在 19 世纪末，儿童的日常养护应服从精确而有科学依据的规则这种想法变得越来越普遍。人们试图把亲子互动变为一门科学，从而达成将儿童生活变成严格可控的科学这一目的。而应当被取代的是自发性、情感与个性。"[39] 施普雷想知道这是不是德国特有的情况，答案是否定的。在 1914 年，美国的联邦儿童局建议道，"不让父母和婴儿玩耍这条规则看似冷酷，但它无疑是可靠的"[40]。20 世纪 20 年代的主要科学资源是行为主义（behaviourism），该学说认为，通过适当的奖惩可以训练儿童养成良好的举止。对西里尔·伯特来说，"监督人类的成长就像栽培植物或训练赛马一样，是科学的事务"[41]。父母并不总是最能胜任该事务的人，美国的约翰·华生（John Watson）①毫不怀疑有"（比父母在个体家庭中）更加科学的育儿方式，这些方式可能造就更为优秀、幸福的儿童"。假设父母依然负责育儿，他的建议也并不妥协："对待儿童有合理的方式。把他们当作年轻人来看待……永远不要拥抱和亲吻他们，永远不要让他们坐在你的腿上。"在英国，从 1923 年到 1954 年，《母婴手册》（*Mothercraft Manual*）一书共出版了 12 版。该手册嘱咐母亲们，"自制，服从，对权威的认可，以及日后对长辈的尊重，都是对婴儿第一年的训练应有的成果"。特鲁比·金（Truby King）②的意见在英国特别具有权威性，他在 1937 年告诉读者："当前无论是来自英国、美国还是其他国家的权威，都认同在生活中首先应树立的是有规律的习惯……完美而有规律的习惯的养成从'按时吃饭和睡觉'开始，这种习惯是使儿童全面服从的根本基础。"在这里，我们看到了洛克与清教理念的结合：洛克坚持通过习惯的养成来学习，清教徒则坚信服从的重要性。正如学者纽森夫妇（the Newsons）所言，"我们看到以敬神为中心的道德观逐渐让位于以科学为中心的道德观，但二者在谈及父母行为的口吻中却有着出奇相似的结论"[42]。

对这种主流的行为主义观念的挑战在 20 世纪 30 年代开始出现，精神分析学家强调儿童的意志、情绪和激情。他们认为，如果这些因素受到压抑，它们便会在以后的青春期或成年期浮出水面。人们开始将压抑的育儿模式或者说"训练"和法西斯主义联系

---

① 约翰·华生（1878—1958 年）是美国心理学家，20 世纪初行为主义心理学的代表人物。

② 特鲁比·金（1858—1938 年）是新西兰著名的内科医生和新生儿养护专家。

在一起，并试图理解儿童，与之民主地相处。在美国，安德森·奥尔德里奇和玛丽·奥尔德里奇（Anderson and Mary Aldrich）出版于 1938 年的《婴儿是人类》（*Babies are Human Beings*）标志着行为主义主导地位的终结。在"二战"后，父母得到的育儿建议是：享受养育子女的乐趣，不要将其视为一项令人生畏的科学任务。[43]人们对育儿指导文学的需求极大：20 世纪 20 年代末，《父母杂志》（*Parents' Magazine*）的月销量在创刊不到一年内就达到了 10 万册；斯波克医生（Dr Spock）①所著的《婴幼儿保育常识》（*The Common Sense Book of Baby and Child Care*）在 1946 年首次出版，它在此后 30 年里卖出了 2800 万本，成为了 20 世纪销量仅次于《圣经》的畅销书。[44]

不过，人们依旧认为育儿对于儿童和人类的未来都极为重要，父母也并未摆脱这样的认识。正是从这种对育儿重要性的坚持来看，"儿童的世纪"这个称号才显得恰如其分。马克斯·勒纳（Max Lerner）在评价 20 世纪 50 年代的美国时说："很明显，这里对儿童养育的文化焦虑比在其他任何一种文化中都更普遍。"[45]行为主义者与精神分析学家可能在对儿童的理解和育儿指导的性质上存在差异，但二者都认同童年的重要性。父母必须得极度自信，才有可能完全无视各种渗透于杂志、广播和诊所的育儿建议。[46]

以上所有的发展给儿童的生活带来了什么影响呢？对绝大多数儿童来说，20 世纪上半叶的主要变化是：他们在经济中不再扮演任何生产性角色，却逐渐获得了新的消费者角色。这无疑改变

185

---

① 本杰明·斯波克（1903—1998 年）是美国著名的儿科医师，其《婴幼儿保育常识》的基本理念是父母要相信自己——"你知道的比你认为的多"。

了父母看待儿童的方式。这并不是说以往的儿童之所以受到重视首先是由于他们对家庭经济的贡献，而是说这种贡献在此前被视为一种常态。一旦这种常态消失，父母就不得不适应一种新的评估儿童价值的方式。他们对此的回应是减少所生子女的数量，但更重视每个个体。并且父母重视儿女只出于情感的原因，而不再是出于他们自己也很少区分的情感和经济因素的混杂。

这一转变可能是童年史上发生的最重要的变化，它在 19 世纪末和 20 世纪上半叶完成，但儿童自己所体验到的并不一定是一种解放。有许多证据表明，当儿童开始贡献于家庭经济时，他们的自尊心也相应提高。比如，克利福德·希尔斯(Clifford Hills)出生于东安格利亚的一个务农家庭，他自豪地回忆起自己 9 岁时的兼职收入足够支付家中的周日烤肉开销。罗伯特·罗伯茨(Robert Roberts)曾在索尔福德的一所贫民区学校上学，他回忆自己曾在一次学校辩论中提议将法定离校年龄提高到 15 岁，以便给儿童更多机会进入专业领域，但却遭到对手的嘲笑并输给了他们，对手只不过说了一句"我们应该在 14 岁就开始工作，为我们的父母挣点钱"，便迎来了雷鸣般的掌声。玛戈·亨托夫(Margot Hentoff)回忆起美国大萧条的年代，表示"身为孩子，有份能赚钱的工作，有一种巨大的满足感"[47]。

对于享受学校生活或是在校表现良好的儿童来说，当感受到尽早离校并为家庭经济做贡献的压力时，他们可能会心存怨恨。但大多数人都接受了这么做的必要性，有时甚至会故意考试不及格，从而缩短他们的求学生涯。社区和家庭所施加的压力胜过了儿童接受更多教育的愿望。在新英格兰的纺织业中，"大多数家庭都希望孩子一旦有能力或被允许进入劳动力市场，就马上开始工作"。有些家庭为了加快这一进程，还会伪造出生证明，或是在孩子的年龄上撒谎。当儿童开始工作时，他们的收入主要留给了家里而不是自己。在 20 世纪 20 年代的美国，男孩收入的 83% 和女孩收入的 95% 都给了家里。[48]

在 20 世纪上半叶，这种让孩子较早结束学校教育并立刻开始贡献于家庭经济的期望逐渐消失，其速度因国家而异。这一转变并不是毫无中断的，比如在美国的大萧条时期，家庭重新开始依赖儿童给家庭经济带来的贡献，子女众多的家庭尤其如此。通常男孩会给家里带来一些收入，女孩则负责越来越多的家务劳动。[49]不过，随着生活水平的提高以及政府对家庭投入的增多，转变的趋势还是明确无误的。儿童不再具有任何经济价值，即使他们在兼职工作中赚到了钱，也会把钱留给自己。更重要的是，他们成为了家庭开支的重点，父母决心让子女的童年比自己曾经拥有的更好，并通过在孩子身上的各种开销来实现这一点。[50]

对于工人阶级家庭的儿童来说，20 世纪的另一个巨大变化是他们的生活重心从街头转向了家庭。此前，工人阶级家庭的逼仄环境意味着：除了睡觉或许还有进食，家庭并非开展其他活动的理想场所。有人说，在 19 世纪、20 世纪之交的维也纳，"我们都曾是街头的孩子。当时每个人都不过是个街头小孩，我们成长于小巷里、街道上……"同样，对于伦敦的大多数工人阶级来说，"男孩生活的中心是街头，他的闲暇时光都花在了那儿"。女孩们也都在街上，但她们不敢像男孩那样离家太远，因为她们通常背负着照顾家中小孩的责任。[51]随着住房条件的改善，家庭能够提供更为舒适的环境，街道则可能丧失一部分吸引力。伴随而来的是家庭中社会组织形态的变化：父母（尤其是父亲）对孩子变得不那么疏远与专横，他们在家时也并不总是关注的焦点。

童年遭受威胁

在战争中，捍卫童年领地的难度最为突出。从积极的方面来看，战争驱使各民族国家关注作为国家未来的儿童，也更加重视降低婴儿死亡率的改革活动，为防止儿童贫困提供了一定的保障。[52]但战争使儿童暴露于危及生命的险境，如在第二次世界大战中，有 150 万儿童死在了纳粹政府的灭绝政策下。儿童在战争中的脆弱性首次显现于"一战"结束时东欧的混乱局面。为应对这种情况而出现的一个积极成果是"拯救儿童基金"的成立，它秉持在战争中保护儿童优先的理念。可是，在"二战"期间，该基金以及其他为儿童而采取的国际主义和人道主义举措都未能得到德国及其所控制国家的认可。

犹太儿童甚至在战前就遭受着严重的隔离与歧视。战争开始后，他们变得越来越孤立无援。他们先是躲在家里或藏起来，接着被送到过渡营或是犹太区，最后成为被奴役的劳工，并陷入死亡集中营。在犹太区非法开办的学校上学的一些儿童欣喜地发现了彼此共同的犹太民族根源与文化，但极度的贫困与饥饿才是更为普遍的经历。16 岁的玛丽·贝格（Mary Berg）这样描写华沙的犹太区："那里有非常多几乎裸着的孩子，父母都已经死了，他们衣不蔽体地坐在街上。他们的身体极度消瘦，透过他们身上像羊皮纸一样的黄色皮肤，都可以看到骨头……有些孩子失去了脚趾，他们翻来覆去地呻吟……他们不再乞求面包，只求一死。"如果这些孩子没有死于饥饿或是营养不良引起的疾病，那么他们中年纪最小的人会因为无法做工而最先被送进毒气室。只有11%的犹太儿童活过了这场战争。有一些非凡的证据表明，儿童能够在犹太区甚至是毒气室外利用游戏和想象力来维持某种孩童的生活，但这些游戏或他们画的图画反映出来的往往不是他们逃往某种更幸福的世界的尝试，而是他们所经历的可怕生活以及等待着他们的死亡。[53]如此多的儿童因政府的政策被杀害，这时再提及"儿童的世纪"则仿佛一种嘲讽。

在20世纪后半叶，出于比上述悲剧要平淡一些的原因，"儿童的世纪"这一愿景逐渐消失。这并不是说人们不再重视童年——事实远非如此，相反，人们开始怀疑是否有可能完整地保留被划定为童年的这片净土。对其造成侵蚀的威胁来自四面八方，因而人们认为童年已无法完好保存。结果，儿童本身倒变成了外来生物、变成了对文明的威胁，而不再是文明的希望与潜在的救赎。

反映这种趋势的一个典型文本是尼尔·波兹曼（Neil Postman）1982年的著作《童年的消逝》（*The Disappearance of Childhood*）。波兹曼是在加利福尼亚州完成的这本书，他宣告，专门为儿童准备的游戏、食物或服装已不复存在。儿童对其长辈毫无敬意，在犯罪数据中占据很大比例。最重要的是，他们缺乏羞耻感，特别是在性方面，而这在波兹曼的童年观念中是最基本的。从某种程度来说，我们仿佛被带回了阿里耶斯想象中的中世纪世界，在那里，成年期和童年期之间的界限尚不稳定或并不存在。有趣的是，在 20 世纪 50 年代的法国，阿里耶斯把分隔童年视为现代世界的特性。而在二十五年后的加利福尼亚州，波兹曼则为这种分隔的消失扼腕。

若非波兹曼对童年的消逝作出的解释，他所唱的这曲挽歌本不值得特别关注。波兹曼认为，人们对童年的意识随着印刷术的发明而出现，阅读成为了一项宝贵的技能，而且越来越被认为是每个人都应掌握的技能。童年则被指定为掌握该技能的时段，学校是实现该目标的场所。为了学会阅读，儿童要具备特定的品质：延迟满足，坚持不懈，静坐和守序。相比之下，以电视为代表的视觉文化则不需要这类特质，我们不需要被教导怎样观看。因此，童年随着一种传播方式的出现而兴起，又因视觉文化取代印刷文化而消退。技术决定论的极端也不过如此。

从波兹曼那里还能提取出两个有意思的观点。第一，他想象中的美好童年本质上并非自由而幸福的时光，而是有着良好的行为、对成人的尊重以及学习成人世界所必需技能的决心。第二，电视并不仅仅是一种传播媒介，它还蕴含着把儿童变为消费者的商业主义。对某种传播形式会腐蚀儿童的恐惧源远流长，阅读"低俗怪谈"（Penny Dreadfuls）①在维多利亚时代就被认为是有害的，而视觉文化一直以来可能都被视为更糟糕的形式。在整个 20 世纪，许多人害怕电影会腐蚀年轻一代。可至少电影能被审查（事实上也受到了审查），人们能够对特定类别电影的观影年龄作出一定的限制。至于电视乃至更多的录像带以及后来出现在 20 世纪末的

---

① 指 19 世纪英国流行的廉价惊悚和恐怖故事，人们花一便士就可以买到刊登这些故事的便宜小报，因此被称为"Penny（便士）Dreadfuls"。

互联网，这些内容都不容易受到与电影审查级别相同的管控。在一定程度上，人们担心的是儿童会看到色情与暴力的画面并受到干扰。不过，视觉文化更为隐蔽的影响在于广告和有奖游戏节目所反映的价值观，它们给儿童展现的美好生活的样貌并不符合波兹曼以及在他之前的基督教的悠久传统所推崇的延迟满足的品质。儿童成为了消费者，他们想要购买的商品并不是为了家庭经济，而是为了自己。

189

无论政治倾向偏左还是偏右，悲观主义者们[54]都认为童年已经被商业主义所侵蚀。在 20 世纪末、21 世纪初，传媒技术的迅速变革更是加强了这种与波兹曼类似的恐慌，但同时也引来了乐观的解读：互联网向儿童提供了从专断的成人控制中解放出来的手段。人们认为，"精通于传媒"的儿童能够利用互联网的"交互"特性开创自己的文化。说来也怪，人们对传播媒介寄予的希望与抱有的恐惧存在许多共同点，二者以不同的方式夸大并简化了媒介的影响。它们都笼统地讨论各年龄段、各社会阶层的"儿童"，并曲解了儿童对媒介的复杂反应方式。但二者也都表明了对现代世界的希望和焦虑是如何集中反映在儿童身上的。[55]

波兹曼的相关批评凸显了在 20 世纪上半叶牢牢确立的童年观念——儿童应与成人世界隔绝开来，这种观念表明成年人自身将成年期视为从伊甸园堕落的时光，童年则是幸福而安全的时光。因而应尽可能地延长。当波兹曼解释说儿童对他而言是 7 到 17 岁的人时，他的悲叹进一步体现出：在他的想象中，童年开始得晚，结束得也晚。

童年独特世界的瓦解之路似乎在美国走得最远，这并不奇怪。

因为在欧洲人看来，美国儿童总是表现出令人担忧的早熟倾向。在 19 世纪末、20 世纪初，人们时常讨伐这一倾向。比如，1875 年特雷瑟·耶尔弗顿（Therese Yelverton）①在美国旅行时曾感叹："我从未发现美国有任何的儿童。我遇到过小个子的男男女女，他们正在长大长高；但儿童一词在英格兰具有的全部意义——脸颊红润、笑声爽朗的孩子，温顺听话、朴实无华，玩有益于健康的游戏、训练有素地工作，这些在美国几乎看不到。"[56]美国儿童与法国儿童形成了鲜明的对比，法国儿童被养在家中，但却生活在一个与成年人包括自己父母分隔的世界。[57]20 世纪 30 年代末，J. B. 普里斯特利（J. B. Priestley）②在亚利桑那州看到了美国儿童的"一些令人不安之处"：

> 他们的生活节奏似乎太快了，他们还不够踏实，显得过度兴奋……比起我们自己的孩子，以及其他我认识的英格兰孩子，他们所有人在品位和生活方式上都更加趋于成人化，尽管在性情上并非如此。他们中大多数人都极为早熟，时而令人捧腹，时而令人不安。他们对外人还算有礼，对自己的父母却往往十分粗鲁。这些父母已经远离旧式的家长权威观念，以至于现在他们对待这些孩子的态度中带有古怪的愧疚之意与安抚之情，哪怕这些孩子提的要求极为苛刻又不依不饶。[58]

---

① 特雷瑟·耶尔弗顿（1833—1881 年）是英国小说家。
② J. B. 普里斯特利（1894—1984 年）是英国小说家、剧作家、广播主持人、社会评论家。

普里斯特利主要活动在职业人士和中产阶级圈子里，正是在这一社会阶层，美国儿童表现出的不恭敬最令欧洲人惊讶。因为在欧洲，中产阶级的儿童被隔绝于仆人与学校的世界里，成人的权威在此是不容置疑的。父母与孩子也保持着一定的距离，这使他们保有一种不容挑战、不可动摇的气质。在英国，因为有寄宿学校的传统，这种成人权威无疑表现得最彻底，但整个欧洲都有这种情况。该权威的瓦解主要是出于经济原因，人们很难再雇佣保姆和其他必要的仆人来维持这种生活方式。父母（特别是母亲）被迫与孩子们更为密切地接触，这也改变了他们的行为方式。

　　成人权威的瓦解速度不一。在 20 世纪 50 年代的法国，大多数父母仍希望对孩子施加更多而不是更少的管教。[59]但在 20 世纪 60 年代的诺丁汉，当工人阶级母亲被问及这样一个问题："你认为自己抚养孩子的方式与你自己被带大的方式相同还是不同?"她们毫不犹豫地选择了不同。这在很大程度上源于生活水平的提高，人们因此有能力为儿童提供更多物质上的东西。正如一位母亲所言："我自忖对于从前得不到的东西，你会向自己的孩子妥协——你会对自己说，好吧，我当初没有这些东西，现在我要确保他能得到。我觉得这就是很多人的整体态度。"但这种对孩子的"妥协"不仅仅体现在物质条件的满足上，受访者们毫不怀疑他们的父母在管教孩子上比自己要严格得多。许多人觉得她们的母亲孤僻、死板、难以沟通，因此在自己养育子女的过程中，她们会试图与孩子结成更为亲密的伙伴关系。但她们也意识到，来自社会的压力也会使她们"妥协"，反而有违自己更好的判断："电视广告歌取代了童

191

谣；超市把诱人的包装放在孩子能平视到的地方，利用孩子作为高效的中间人，来榨取母亲钱包里的钱；而每座廉租房周围的路上似乎都至少有三家冰淇淋公司的车在来回转悠。"[60]

这导致成人与儿童之间权力平衡关系的转变，这种转变在经济层面最明显。在 20 世纪 50 年代，一位来自伦敦东部贝丝纳尔格林（Bethnal Green）社区的工人阶级母亲解释说："当我还是个孩子的时候，我的爸爸总是拥有最好的一切。现在则变成了孩子们会得到最好的东西。如果家里还剩下一块猪排，就一定会给孩子。"[61] 不工作的孩子每周会收到零花钱，在圣诞节和生日的时候，他们得到的礼物也越来越昂贵。在 19 世纪末、20 世纪初，零花钱问题曾使中产阶级的评论家们大伤脑筋，因为零花钱给予儿童一定程度的独立性，可他们的行为却表明他们并不适于承受这种独立。1899 年，美国儿童天性研究协会（the American Society for the Study of Child Nature）就对零花钱表达了许多保留意见。[62] 在 20 世纪 40 年代一项对英国城镇的调查中，人们发现"贫困地区学龄儿童的零花钱远远多于更高阶层的儿童"，而且他们把钱"主要花在了糖果、冰淇淋和漫画上"，他们买的糖果"往往是质量最差的"，漫画也"在一定程度上质量低劣"。[63] 显然，调查者们认为这些钱花得不值，在教给孩子一些基础的经济学知识方面也没有任何连带好处。

在第二次世界大战以前，儿童显然已经构成一个具有强大购买力的市场。利润最大的是电影和动画片的衍生产品，截至 1933 年，迪士尼公司销售的商品价值已超过 1000 万美元，其中主要是著名卡通人物的模型。[64] 电视的出现使商品营销的机会急剧增加，以至于这些商品开始影响儿童电视节目的形式和内容。正如史蒂芬·克莱恩（Stephen Kline）所说，"电视使儿童形成一个观众群体，这样儿童就能成为市场的一员"[65]。到了 20 世纪 80 年代末，迪士尼公司在全球范围内从卡通和奇幻形象的授权中赚取了 34.4 亿美元。在美国，授权形象的玩具市场规模达到了 82 亿美元，这些玩具本身占整个玩具市场近 70% 的份额。在 20 世纪末，英国儿童消费品市场每年的估值超过 100 亿英镑。[66]

在 20 世纪初，玩具的选购主要由成人掌控。他们已经认识到儿童是通过游戏学习的，并利用相应的玩具（给男孩玩的机械物件，给女孩玩的娃娃）来让儿童为成年期作准备。育儿指导手册也鼓励消费：在 20 世纪初以前，指导手册认为儿童应该设法控制诸如忌妒等情绪；在 1915—1930 年，父母则开始被告知，要通过给孩子买他们想要的东西来对其嫉妒情绪作出回应。[67]这意味着儿童更进一步地参与到玩具的选购中来。在美国，最早是在 20 世纪 30 年代，玩具购买的决定权更为果断地向儿童倾斜。这一转变在 20 世纪 60 年代又迎来新一轮高潮，父母逐渐被排除在玩具制造商与儿童所建立的直接联系之外。芭比娃娃（自 1959 年起）和格斗男孩成为新时代的玩具标杆，儿童在这个时代的玩具购买中有着关键的决定权。[68]

父母在孩子身上的花销只能部分地得到福利政策的补贴。一直以来，儿童都给家里制造开销，养孩子的花费比人们通常所意识到的还要多。但此前，儿童在给家里带来开销的同时也感到自己对父母有经济义务，当他们把自己的工资交给母亲时，便是开始履行这项义务。而在 20 世纪后半叶，儿童鲜少再贴补家庭经济。在开始工作后，他们也默认赚来的钱只归自己使用。父母可能会希望在自己年老时子女能够予以一定的照顾，但在那之前他们都有责任供养孩子，以至于到了 20 世纪 90 年代，在英国养一个孩子的花费超过了 10 万英镑（到 2004 年则是 16.4 万英镑）。[69] 当然，儿童并没有绝对的权利让大人花这笔钱，他们可能还会觉得自己处于相对无助的境地。可即便父母可能会感叹儿童如何"被宠坏"，他们所处的文化中竞相效仿的威力还是如此强大，以至于父母一旦未能给孩子提供其同龄人拥有的东西，他们便可能心生愧疚。

成人与儿童之间权力平衡关系的转变不仅仅体现在经济上，还体现在情感上。父母如今期望从孩子身上得到情感的满足，这一点在 20 世纪领养行为的发展中体现得最为清晰。此前，每个社会都存在某种把儿童从亲生父母手中移交给非亲生父母的制度，但这种做法的原因主要是经济上的——领养的家庭要这个孩子有用，他们之间有可能发展出情感关系，但这并非领养行为发生的理由。在 20 世纪，一些已婚夫妇选择领养，他们通常自己没有孩子，领养的孩子只会给家里带来开销。有时他们的动机是为了救助孩子，但从他们常常提出偏好金发女孩来看，他们也在试图使自己感到高兴。成人需要儿童来满足自己的情感需求，并准备好为此付出大笔钱财。美国的父母为自己的孩子购买死亡保险，他们投保的理由不再像过去那样是怕损失孩子的赚钱能力，而是怕他们会遭受情感上的损失。根据后者所能得到的保险赔偿金，大大超过了此前赔付给前者的金额。[70] 儿童可能只会隐约地意识到人们赋予自己的价值，但实际上，这样一种经济上和情感上的转变意味着。父母很容易成为 20 世纪早期美国人口中的"孩奴"。换个角度来看，用维维安那·泽利泽（Viviana Zelizer）的话来说，童年被神圣化了。也就是说，儿童被"赋予了情感或是宗教的意涵"[71]。儿童形象所具有的力量反映了这种趋势：一方面，美国人每年为儿童拍摄的快照多达 100 亿张；另一方面，使用儿童形象能让商品畅销，约有一半带图像的广告用的是儿童形象。[72]

儿童也开始在 20 世纪末享有更接近成人的权利。正如我们在第六章所见，在人们最初主张儿童应享有权利时，他们所设想的权利是童年受到保护的权利。1989 年联合国的《儿童权利公约》不仅提出了对儿童的保护，还提出了儿童有权对可能影响其生活的任何决定表达意见。在国家立法方面，比如在美国和英国，儿童获得了对自己父母提起诉讼的权利。这表明，父母与子女之间权力平衡关系的转变已经超出了经济和情感的范畴。

与这种权力向儿童倾斜的趋势相抗衡的，是两个互相关联、强化的因素。一来，父母们越来越急于做在他们看来对子女最好的事；二来，本地和全球性的事件又似乎使做到这一点难上加难。这两个因素叠加带来的结果是人们转而向儿童提供更大程度的保护，同时伴生的是对一个曾使儿童安全的世界的怀念。这个世界当然只存在于人们的想象中，童年面临的威胁似乎是多方面的。尽管家庭和学校在 20 世纪初已然在人们心中成为适合儿童活动的空间，到了 20 世纪末，这两个空间却一点儿都不安全。随着虐童问题被提上政治议程，家庭被看成是除名义上"照看"儿童的"收容之家"外最有可能发生虐童现象的地方。发生在学校的恐怖事件也使学校成为危险之地，比如成年人进入学校无差别地射杀儿童与老师。更糟的情况出现在美国的哥伦拜恩，在这起枪击案中，恰恰是儿童在进行射杀。^① 网络空间也并不比现实空间安全：儿童可能会目睹对其年纪或任何年纪都不宜的暴力场面。同时，在儿童色情影片中，儿童则沦为成人性变态的受害者。童年所面临的危险并不仅仅来自成人世界，还来自儿童自己，比如有关霸凌的报道越来越多。但还有更可怕的：1993 年，3 岁的英国男孩詹姆斯·布尔格被从一家商场（另一种危险空间）拐走，最终被两个 10 岁的男孩杀死。英国媒体把这两个杀手称为"恶魔"，这表明，人们再也不能理所当然地认为儿童都是纯真无邪的。[73]

伴随这种保护儿童的趋势而来的，是大量有关儿童与童年的研究。它们共同表明，20 世纪末"既是童年不断受到侵扰的时代，也是儿童持续受到关注的时代"。这些研究想要传达的信息是：成人应试着通过儿童的眼睛来看世界，而不是只在儿童身上看到他们未来成年的样子。可这些研究呈现出来的实际状况，却是被焦虑的成年人所控制的儿童与童年。从这个角度来看，权力的天平并未向儿童倾斜，反而远离了儿童。[74]

"儿童的世纪"以起初并未预见到的方式结束了。在 20 世纪初，对童年认识的精髓是儿童的无助与依附性，良好的育儿方式意味着父母应维持并延长这种状态，并至少部分地行使其家长权威来促成这一点。在 20 世纪下半叶，父母的权威减弱了，儿童要求并获得了更早进入成人世界的机会，他们不愿接受将童年延长

---

① 1999 年 4 月 20 日，美国科罗拉多州哥伦拜恩中学（Columbine High School）的两名 12 年级的高中生在校内开枪，射杀了十名学生和一位老师，还造成了二十多人受伤。

至青少年晚期的企图。在某种程度上，这代表了一种历史常态的回归——在历史上，儿童期最长不会超过 14 岁。但与历史常态相比，这里存在两个关键的区别。第一，童年已经成为政治事务与日常话语中的一个主要议题，儿童是拥有了更大的自由，但与此相对，成人也更加关注并试图控制他们的时间、空间、身体与思想。第二，在早前的几个世纪里，一个人在 14 岁时就具有经济上的生产力；而到了 20 世纪后期，一个人在 14 岁时最少还有两年不从事生产的时光，甚至还可能有 7 年或更长时间不会进入工作。毫无意外，"青春期"由此被视为父母与子女之间紧张冲突的时期。

注　释

［1］E. Key，*The Century of the Child* （1900；New York and London，1909），见多处，引文见 pp. 45，109，183，257，317。

［2］S. Tiffin，*In Whose Best Interest? Child Welfare Reform in the Progressive Era* （Westport，CT and London，1982），p. 14.

［3］W. Clarke Hall，*The State and the Child* （London，1917），p. xi；C. W. Waddle，*An Introduction to Child Psychology* （London，n. d. ［1918?］），p. 3.

［4］L. C. A. Knowles，*The Industrial and Commercial Revolutions in Great Britain during the Nineteenth Century* （1921；revised edn，London，1926），p. 96.

［5］E. Sharp，*The London Child* （London，1927），p. 37.

［6］R. H. Bremner （ed.），*Children and Youth in America：A Documentary History*，2 *vols* （Cambridge，MA，1971），Vol. 2，p. 763.

［7］L. G. Gurjeva，'Child health，commerce and family values：the domestic production of the middle class in late-nineteenth and early-twentieth century Britain', in M. Gijswijt-Hofstra and H. Marland (eds), *Cultures of Child Health in Britain and the Netherlands in the Twentieth Century* (Amsterdam and New York, 2003), pp. 103~125, 引文见 p. 105。

[8] B. R. Mitchell, *International Historical Statistics: Europe 1750-1988* (3rd edn, Basingstoke, 1992), pp. 116~123; R. Meckel, 'Infant mortality', in P. S. Fass (ed.), *Encyclopedia of Children and Childhood in History and Society*, 3 vols (New York, 2004), Vol. 2, p. 477. 另见 G. Masuy-Stroobant, 'Infant health and infant mortality in Europe: lessons from the past and challenges for the future', in C. A. Corsini and P. P. Viazzo (eds), *The Decline of Infant and Child Mortality: The European Experience, 1750－1990* (The Hague, 1997), pp. 1~34。

[9] M. J. Daunton, *House and Home in the Victorian City: Working-Class Housing 1850-1914* (London, 1983), pp. 246～259; F. Bell and R. Millward, 'Public health expenditures and mortality in England and Wales, 1870-1914', *Continuity and Change*, 13 (1998), pp. 221~249; 有关卫生水平的提高似乎对德国城市婴儿死亡率的降低影响甚小的证据, 参见 J. V. gele, 'Urbanization, infant mortality and public health in Imperial Germany', in Corsini and Viazzo (eds), *The Decline of Infant and Child Mortality*, pp. 109~127。

[10] J. M. Winter, 'Aspects of the impact of the First World War on infant mortality in Britain', *Journal of European Economic History*, 11 (1982), pp. 713~738.

[11] C. A. Corsini and P. P. Viazzo (eds), *The Decline of Infant Mortality in Europe 1800-1950: Four National Case Studies* (Florence, 1993), p. 13. 该书及其续作 Corsini and Viazzo (eds), *The Decline of Infant and Child Mortality* 为近来的相关研究提供了极佳的介绍。另见 Meckel, 'Infant

mortality', pp. 476~477。

[12] D. M. Fariñas and A. S. Gimeno, 'Childhood mortality in Central Spain, 1790-1960: changes in the course of demographic modernization', *Continuity and Change*, 15 (2000), pp. 235~267; A. Hardy, 'Rickets and the rest: child-care, diet and the infectious children's diseases, 1850-1914', *196* *Social History of Medicine*, 5 (1992), p. 391; S. H. Preston and M. R. Haines, *Fatal Years: Child Mortality in Late Nineteenth-Century America* (Princeton, 1991), p. xviii.

[13] P. Wright, 'The social construction of babyhood: the definition of infant care as a medical problem', in A. Bryman, B. Bytheway, P. Allatt and T. Keil (eds), *Rethinking the Life Cycle* (London, 1987), p. 116.

[14] P. Weindling, 'From isolation to therapy: children's hospitals and diphtheria in fin de siècle Paris, London and Berlin', in R. Cooter (ed.), *In the Name of the Child: Health and Welfare, 1880-1940* (London, 1992), pp. 124~145; S. A. Halpern, *American Pediatrics: The Social Dynamics of Professionalism, 1880-1980* (Berkeley, Los Angeles and London, 1988), pp. 35, 40, 53~54, 57~79, 82.

[15] M. Jackson, '"Grown-up children": Understandings of health and mental deficiency in Edwardian England', in Gijswijt-Hofstra and Marland (eds), *Cultures of Child Health*, pp. 149~168.

[16] S. R. S. Szreter, 'The first scientific social structure of modern Britain 1875-1883', in L. Bonfield, R. M. Smith and K. Wrightson (eds), *The World We Have Gained: Histories of Population and Social Structure* (Oxford, 1986), pp. 337~354; 'Report by Dr W. Leslie Mackenzie and Captain A. Foster, on a collection of statistics as to the physical condition of children attending the public schools of the School Board for Glasgow ···', *Parliamentary Papers* 1907 (Cd 3637), p. v.

[17] G. Rosen, *A History of Public Health* (New York, 1958), pp. 365~374.

[18] Cooter, *In the Name of the Child*, p. 12.

[19] D. Riley, *War in the Nursery: Theories of the Child and Mother* (London, 1983), pp. 43, 51~52.

[20] H. Cunningham, *The Children of the Poor: Representations of Childhood since the Seventeenth Century* (Oxford, 1991), pp. 196~200; Tiffin, *In Whose Best Interest?*, p. 267.

[21] N. Rose, *Governing the Soul: The Shaping of the Private Self* (London and New York, 1990), pp. 132~150.

[22] S. Kern, 'Freud and the discovery of child sexuality', *History of Childhood Quarterly*, I (1973), pp. 117~141.

[23] J. Dekker, *The Will to Change the Child: Re-education Homes for Children at Risk in Nineteenth Century Western Europe* (Frankfurt am Main, 2001), pp. 120~128.

[24] M. Horn, *Before It's Too Late: The Child Guidance Movement in the United States*, 1922-1945 (Philadelphia, 1989).

[25] N. Sutherland, *Children in English-Canadian Society: Framing the Twentieth-Century Consensus* (Toronto, 1976), pp. 52~53, 59, 111, 233~236, 258.

[26] A. M. Allen, *Sophy Sanger: A Pioneer in Internationalism* (Glasgow, 1958), p. 54; E. Townshend (ed.), *Keeling Letters and Recollections* (London, 1918), p. 320.

[27] D. Thom, 'Wishes, anxieties, play and gestures: child guidance in inter-war England', in Cooter, *In the Name of the Child*, pp. 200~219.

[28] H. Hendrick, *Child Welfare: Historical Dimensions, Contemporary Debate* (Bristol, 2003), esp. pp. 1~18.

[29]A. L. Bowley and A. R. Burnett-Hurst, *Livelihood and Poverty* (1915; New York and London, 1980), pp. 43~45; J. Macnicol, *The Movement for Family Allowances, 1918-1945: A Study in Social Policy Development* (London, 1980), pp. 48~50; J. Lewis, 'Models of equality for women: the case of state support for children in twentieth-century Britain', in G. Bock and P. Thane (eds), *Maternity and Gender Policies: Women and the Rise of the European Welfare States, 1880s to 1950s* (London, 1991), p. 85.

[30]J. Macnicol, 'Welfare, wages and the family: child endowment in comparative perspective, 1900-1950', in Cooter, *In the Name of the Child*, pp. 244~275.

[31]Hendrick, *Child Welfare*, pp. 181~186, 209~216.

[32]V. A. Zelizer, *Pricing the Priceless Child: The Changing Social Value of Children* (New York, 1985), pp. 55~72.

[33]W. I. Trattner, *Crusade for the Children: A History of the National Child Labor Committee and Child Labor Reform in America* (Chicago, 1970); J. P. Felt, *Hostages of Fortune: Child Labor Reform in New York State* (Syracuse, 1965).

[34]R. Sieder, '"Vata, derf i aufstehn?": childhood experiences in Viennese working-class families around 1900', *Continuity and Change*, I (1986), p. 53.

[35]F. Keeling, *Child Labour in the United Kingdom* (London, 1914); N. de Coninck- Smith, B. Sandin and E. Schrumpf (eds), *Industrious Children: Work and Childhood in the Nordic Countries 1850-1990* (Odense, 1997), esp. pp. 149~150.

[36]P. Horn, 'The employment of elementary school children in agriculture 1914-1918', *History of Education* 12 (1983), pp. 203~216; S. Cunningham, 'The problem that doesn't exist? Child labour in Britain 1918-1970',

in M. Lavalette (ed.), *A Thing of the Past? Child Labour in Britain in the Nineteenth and Twentieth Centuries* (Liverpool, 1999), pp. 139~172; H. Cunningham, 'The decline of child labour: labour markets and family economies in Europe and North America since 1830', *Economic History Review*, LIII (2000), pp. 409~428.

198

[37] H. Halsey (ed.), *British Social Trends since* 1900 (Basingstoke, 1988), p. 230; Mitchell, *International Historical Statistics*, pp. 12~45, 854~877.

[38] Hendrick, *Child Welfare*, 见多处, 引文见 p. 189; 对于更广泛地域的研究以及"在整个欧洲有大量儿童遭受一系列社会压迫的复杂交互影响"这一结论, 参见 K. Pringle, *Children and Social Welfare in Europe* (Buckingham and Philadelphia, 1998), 引文见 p. 181。

[39] R. Spree, 'Shaping the child's personality: medical advice on childrearing from the late eighteenth to the early twentieth century in Germany', *Social History of Medicine*, 5 (1992), pp. 317~335.

[40] Bremner, *Children and Youth in America*, Vol. 2, p. 37.

[41] 引自 Cunningham, *Children of the Poor*, p. 220。

[42] J. Newson and E. Newson, 'Cultural aspects of childrearing in the English-speaking world', in M. Richards (ed.), *The Integration of a Child into a Social World* (Cambridge, 1974), pp. 53~82.

[43] C. Hardyment, *Dream Babies: Child Care from Locke to Spock* (London, 1983), pp. 157~229.

[44] H. Cravens, 'Child-saving in the age of professionalism, 1915-1930' and C. E. Strickland and A. M. Ambrose, 'The baby boom, prosperity, and the changing worlds of children, 1945-1963', both in J. M. Hawes and N. R. Hiner (eds), *American Childhood: A Research Guide and Historical Handbook* (Westport, CT and London, 1985), pp. 441, 538.

294 观念与生活：1500 年以来西方社会的儿童与童年

[45]引自 Strickland and Ambrose，'The baby boom，prosperity，and the changing worlds of children'，pp. 540～541。

[46]Riley，*War in the Nursery*，pp. 80～108；Newson and Newson，'Cultural aspects of childrearing'，pp. 62～63.

[47] T. Thompson，*Edwardian Childhoods* （London，1981），pp. 44，57～58；R. Roberts，*A Ragged Schooling* （1976；London，1979），p. 152；亨托夫的话引自 G. H. Elder，*Children of the Great Depression：Social Change in Life Experience* （Chicago and London，1974），p. 64。

[48]S. Humphries，*Hooligans or Rebels? An Oral History of Working-Class Childhood and Youth* （Oxford，1981），pp. 59～61；T. K. Hareven，*Family Time and Industrial Time：The Relationship between the Family and Work in a New England Industrial Community* （Cambridge，1982），pp. 189，214～216，226～267.

[49]Elder，*Children of the Great Depression*，pp. 64～70；in Canada，'until after the Second World War，most working-class children turned their earnings over to their parents'. N. Sutherland，*Growing Up：Childhood in English Canada from the Great War to the Age of Television* （Toronto，1997），pp. 131～132.

[50]Zelizer，*Pricing the Priceless Child*；J. Seabrook，*Working-Class Childhood：An Oral History* （London，1982），pp. 117～118.

[51]Sieder，'"Vata, derf i aufstchn?"'，pp. 63，68～69；R. A. Bray，'The boy and the family'，in E. J. Urwick （ed.），*Studies of Boy Life in our Cities* （1904；New York and London，1980），pp. 71～73.

[52]参见 D. Dwork，*War is Good for Babies and Other Young Children：A History of the Infant and Child Welfare Movement in England 1898-1918* （London，1987）；Masuy-Stroobant，'Infant health and infant mortality'，p. 26；B. Harris，*The Health of the Schoolchild：A History of the School Medi-*

199

cal Service in England and Wales（Buckingham and Philadelphia，1995），pp. 82～87，165～171. 关于拿破仑战争对儿童政策的影响，参见 Dekker，*The Will to Change the Child*，pp. 47～48。

［53］D. Dwork，*Children with a Star：Jewish Youth in Nazi Europe*（New Haven and London，1991）；G. Eisen，*Children and Play in the Holocaust：Games among the Shadows*（Amherst，1988），引文见 p. 25；N. Stargardt，'Children's Art of the Holocaust'，*Past and Present*，161（1998），pp. 191～235。

［54］Seabrook，*Working-Class Childhood*.

［55］D. Buckingham，*After the Death of Childhood：Growing Up in the Age of Electronic Media*（Cambridge，2000）.

［56］R. L. Rapson，'The American child as seen by British travelers，1845－1935'，*American Quarterly*，17（1965），pp. 520～534，引文见 p. 521。

［57］T. Zeldin，*France 1848-1945*，2 *vols*（Oxford，1973），Vol. I，pp. 328～329，338～342.

［58］J. B. Priestley，*Midnight on the Desert*（London，1940），pp. 150～152.

［59］Zeldin，*France 1848-1945*，Vol. I，pp. 338～342.

［60］J. Newson and E. Newson，*Infant Care in an Urban Community*（London，1963），pp. 219～240，引文见 pp. 223，231。

［61］M. Young and P. Willmott，*Family and Kinship in East London*（1957；Harmondsworth，1968），p. 28.

［62］B. Wishy，*The Child and the Republic：The Dawn of Modern American Child Nurture*（Philadelphia，1968），pp. 117～119；Zelizer，*Pricing the Priceless Child*，pp. 97～112.

［63］Women's Group on Public Welfare，*Our Towns*（Oxford，1943），p. 22.

[64]S. Kline, *Out of the Garden*：*Toys and Children's Culture in the Age of TV Marketing* (London and New York，1993)，p. 136.

[65]Ibid.，p. 74.

[66]Ibid.，pp. 136，138，321；Buckingham，*After the Death of Childhood*，p. 65.

[67]S. J. Matt，'Children's envy and the emergence of the modern consumer ethic，1890-1930'，*Journal of Social History*，36（2002-2003），pp. 283～302. *200*

[68]M. Formanek-Brunell，*Made to Play House*：*Dolls and the Commercialization of American Girlhood*，*1830-1930*（New Haven，1993）；G. Cross，*Kids' Stuff*：*Toys and the Changing World of American Childhood*（Cambridge，MA，1997）.

[69]*Guardian*，5 May 2004.

[70]Zelizer，*Pricing the Priceless Child*，pp. 138～165.

[71]Rapson，'The American child'，p. 523；Zelizer，*Pricing the Priceless Child*，p. 11.

[72]A. Higonnet，*Pictures of Innocence*：*The History and Crisis of Real Childhood*（London，1998），p. 9.

[73]布尔格案及人们对此的回应存在一个先例：1834 年，巴黎的 11 岁女孩奥诺里娜·佩卢瓦（Honorine Pellois）将两个幼童推入井里摔死，她被判刑 20 年。佩卢瓦被形容成一个"小恶魔"，其罪行使人们反思："人类中有一些令人无法理解的生命，他们似乎从邪恶中找到本能的快乐。"参见 C. Nilan，'Hapless innocence and precocious perversity in the courtroom melodrama：representations of the child criminal in a Paris legal journal，1830-1848'，*Journal of Family History*，22（1997），pp. 273～274。

[74]A. James，C. Jenks and A. Prout，*Theorizing Childhood*（Cambridge，1999），p. 3. 有关这一研究传统中的其他重要作品，参见 A. James

and A. Prout (eds), *Constructing and Reconstructing Childhood* (1990；London，1997)；C. Jenks，*Childhood* (London，1996)；Hendrick，*Child Welfare*。

第八章

结论

大卫·罗思曼(David Rothman)曾在 1971 年描述说:"许多历史学家想到自己的研究与小说之间的界限有时竟是如此模糊,都有过夜半时分的恐慌。但在这一点上,研究童年的历史似乎尤为令人焦虑,它可能让我们全都变成小说家。"[1]三十多年①过去了,尽管儿童和童年史研究已出现大量著作,学者们依然可能感受到这种恐慌。并且,当他们知晓在 20 世纪 70 年代仍被接受的结论到了 80 年代又被历史学家推翻,这种恐慌非但没有减少,反而愈加强烈。此外,不仅仅是头一年得出的结论下一年便遭到挑战,我们甚至还不确定应该提出什么样的问题。本书最核心的问题是公共行动、思想与私人经历之间的关系。我认为,这些问题应成为儿童与童年史学者的研究议题。恰好这些也是阿里耶斯曾提出过的问题。

然而,直到最近学界的侧重点都与此不同。人们提出的问题是:历史上的父母是否爱他们的孩子?为了搜寻该问题的答案,人们竭力挖掘出各种日记、自传、书信和遗嘱,以及弃婴收容院档案和《济贫法》执行机构的存单。从许多角度看,这都是一种徒

———————————

① 原著出版于 2005 年。

劳的探索，是在试图回答一个本就错误的问题，因为它假定"爱"是一种只要我们遇上就能识别出来的事物。而且这个问题将父母爱不爱自己的孩子设想得非黑即白，却完全没有意识到：一些父母既可能爱他们的孩子也可能不爱，他们的情感可能是复杂而矛盾的。[2]

人们对这个问题的执着使得儿童史和童年史成为了私人生活史的一部分，私人生活史试图揭示的是过往亲密关系中的情感节奏。在本书中，我认为儿童史和童年史同时也属于公共生活的范畴，这既指针对儿童的公共政策被制定出来并往往得到落实，也指儿童在公共的经济、社会和政治生活中都发挥了作用。在 20 世纪 60 年代和 70 年代初，人们或许有理由抱怨童年史领域充斥着太多关于儿童公共政策的研究。[3]可到了 20 世纪 80 年代和 90 年代，则存在另一种相反的危险趋势，它可能导致研究者忽视私人领域以外的任何因素。本书试图恢复一种平衡，一方面旨在展现经济发展、公共政策与人们想象世界的方式间的相互作用，另一方面也反映童年的观念与儿童自身经历之间的相互关系。

综观全书，我们是否可能勾勒出这段历史中的变化性与连续性呢？处于 20 世纪中叶的阿里耶斯提出，如果说童年的观念与人们对待儿童的方式有一个巨变的时期，那么这个时期便是 17 世纪，尽管他也承认这一变革波及社会各阶层仍花了很长时间。波洛克对此提出反驳，认为在 1500—1900 年，父母对待儿童的方式中的连续性比变化更为显著。阿里耶斯对 19 世纪的关注甚少，波洛克的研究则止步于 20 世纪。我的论点是：恰恰在 20 世纪，童年的观念与儿童自身经历都迎来了最为迅猛的变化，但这种变化有一个漫长的铺垫时期。从长时段来看，即便考虑到我们已点出的一些变化，连续性依然是中世纪和 16 世纪、17 世纪的关键特点，基督教深刻影响了这种连续性。从 18 世纪开始出现的世俗的儿童与童年观念标志着一个重大变革时期的开始，这些变革既体现在童年的观念上，也体现在人们对待儿童的方式上。洛克、卢梭及之后的浪漫主义诗人思想的流行，表明了这个新阶段的开始。儿童不再被视为需要救赎的灵魂化身，而更像家养宠物的幼崽，需要训练其养成习惯，或是更像一粒种子，应该让其自然生长。

有相当多的证据表明，洛克和卢梭深刻影响了富裕阶层的大批父母。这些父母中有一些人以他们的书为育儿蓝图，竭尽全力践行其思想。不过，这些新思想并未自然而然地传播到中产阶级或更往下的社会阶层。相反，实际的情况是工业革命使贫苦孩子的生存境况公之于世。很明显，他们的成长方式完全违背了自然的准则。改革者们奋力终结这种状况，其中一些人还用自然的观点充当武器。各国政府普遍对这类论点不以为然，但还是趋向通过立法来限制童工雇佣，并将最为恶劣的雇佣行为定为违法。

终结童工现象是"救助儿童"的一种方式，这成为 19 世纪和 20 世纪初无数志愿组织努力的目标。该目标同时带有拯救儿童灵魂的意图，因为几乎所有参与这些志愿组织的人都是基督徒。然而，即使在虔诚的基督徒中间，"救助儿童"也开始被另一种意图主导，那便是为儿童保住一个合宜的童年所应具备的要素，这意味着一个与成人世界不同的充满纯真和依附性的童年。对于大多数基督徒来说，儿童不再带有原罪。所有儿童都应享有合宜童年的愿景逐渐开始付诸实践，儿童与成人的世界也尽可能地被分隔开来。

各国引入义务教育制度的原因多种多样，其中一些原因与救助儿童的理念相去甚远。不过，正是这一关键性的变革使得所有儿童都应享有合宜童年的观念传播开来，儿童也不再具有任何经济上的价值。"儿童的世纪"力求使所有儿童享有童年，并在许多方面大获全胜，其中最突出的是儿童存活概率的提升。

"儿童的世纪"在20世纪下半叶出现了转折，儿童开始突破成人为其安排的充满依附性的隔离地带——家庭与学校。相对于父母，他们在情感、经济和法律上获得了一定程度的权利，得以成为以追求利润为导向的商业文化的参与者。大多数成年人认为这是一种异质文化，但他们操控该文化或是控制子女参与度的能力也十分有限。在20世纪末，西方社会许多儿童的童年并不怎么符合人们对"儿童的世纪"所抱有的期望。

不过，在某些方面，"儿童的世纪"却以起初未曾预见的方式达成了人们的期望。儿童开始获得权利，这使他们更接近成年人而不是与成年人隔绝开来。在法律程序与家庭纠纷中，成人试图征求并尊重儿童意见的做法在20世纪初是无法想象的。20世纪末有关儿童权利的声明不仅突出了对儿童的保护，也强调儿童具有一定的自决权利，后者彻底打乱了早先人们分隔成人与儿童世界的企图。

当埃利亚斯和阿里耶斯回顾童年的历史、指出成人与儿童之间的日益分化时，用其所处的20世纪中叶的视角来看，他们所观察到的这一系列变化是颇有道理的。如果我们也像他们一样从当下的视角出发来理解童年史，将看到不同的东西，因为他们笔下几个世纪以来儿童史的发展趋势如今已发生了逆转。近年来，成人虐童事件不断地被揭露出来，如绑架、强奸和谋杀儿童的比利时人马克·迪特鲁（Marc Dutroux）。再回过头看德·莫斯关于童年状况在不断改善的说法，人们很难不惊诧于这种说法的天真。尽管如此，我们仍需进一步探讨埃利亚斯、阿里耶斯的观点与德·莫斯的看法之间存在的明显对立。截至 20 世纪中叶，成年期与童年期到底是越走越远还是越走越近？埃利亚斯和阿里耶斯指出，童年逐渐被分离出来，成为人生中的一个特殊时段。这是对的，但德·莫斯认为父母正不断靠近儿童的世界也并非完全错误。也就是说，童年的观念发生的变化与儿童自身经历的变化看起来并不一致，但这只是表面上的不一致。浪漫主义的一大要义便是将童年视为人生中的一个特殊时期，同时浪漫主义还提倡成人应保有自己的童心，他们应在某种意义上仍是儿童。只要成人做到这一点，他们就能像德·莫斯描述的那样更加靠近真正的儿童。

童年是人生中的一个特殊时期，这种浪漫主义观念已深深渗入西方社会并极富韧性，但它的传播并不局限于西方社会。在 20 世纪，无论是民间还是官方的国际组织都竞相输出西方的童年观念。从 1924 年国联的《儿童权利宣言》到 1959 年联合国的《儿童权利宣言》再到 1989 年联合国的《儿童权利公约》，国际上有关儿童权利的历次声明都体现了西方的童年观念。[4] 国际劳工组织在 1919 年成立时便立志"废除童工"，该组织 1973 年憧憬全世界 16 岁以下的儿童将不再从事任何形式的生产性工作，这种想法显然与西方以外的一些观念与实践存在分歧。[5]

浪漫主义理念曾面临许多挑战，也多半经受住了这些挑战。205 截至 20 世纪中叶，可以说，西方社会童年的实际状况越来越接近这一理念。浪漫主义童年观念的拥护者们能够确信，儿童的境况的确在改善。即使在战争中 1942 年，西尔维娅·林德（Sylvia Lynd）[①]也欣喜地表示"英国儿童的故事……是一个走向美满结局的故事"[6]。不过，20 世纪末迎来的却是浪漫主义理念与儿童生活现实之间的日渐脱节，萨拉热窝围城战役中处于极端境地的少女兹拉塔反映的正是这种脱节。但在其他许多层面，这也影响着所有父母和大多数儿童。

在绝大多数社会里，儿童就像兹拉塔一样，几乎无力使现实更为接近理想。父母有权决定如何抚养孩子。然而，在 20 世纪末、21 世纪初，事态发生了变化。成人把家庭以外的世界描绘得危机四伏，相应地，他们通过剥夺孩子的自主权来对其进行保护。与此同时，他们对自己权威的信心又被商业、法律、心理等多种因素削弱，这使他们很难如愿对儿童施加保护。这样一来，与此前几个世纪相比，养育子女在很大程度上变为了父母与孩子之间的一种协商，而政府与其他社会机构也对协商过程进行监控与检验。在此过程中，公共领域有关童年的观念成为了成人与儿童商定其生活方式时参考的思想框架。20 世纪末、21 世纪初的特殊性则在于公共话语中存在两组互相矛盾的童年观念：一组主张儿童是具有一定自主权利的人；另一组是浪漫主义观念的残余，主张儿童的权利就是当一个儿童。这种矛盾也是当下人们对童年抱有许多困惑和不安的根本原因，前者喻示着成人与儿童世界的融合，后者则意味着这两个世界将保持分隔。

---

① 西尔维娅·林德(1888—1952 年)是英国诗人、散文家、小说家。

注　释

[1] D. J. Rothman，'Documents in search of a historian: toward a history of children and youth in America'，*Journal of Interdisciplinary History*，2 (1971-1972)，p. 369.

[2] A. Farge，*Fragile Lives: Violence，Power and Solidarity in Eighteenth-Century Paris* (Cambridge，1993)，pp. 46～51.

[3]典型的著作有 I. Pinchbeck and M. Hewitt，*Children in English Society*，2 *vols* (London，1969-1973)，以及 R. H. Bremner (ed.)，*Children and Youth in America: A Documentary History*，2 *vols* (Cambridge，MA，1971)。

[4] D. Marshall，'The construction of children as an object of international relations: the declaration of children's rights and the Child Welfare Committee of League of Nations，1900-1924'，*International Journal of Children's Rights*，7 (1999)，pp. 103～147; id.，'The Cold War，Canada，and the United Nations Declaration of the Rights of the Child'，in G. Donaghy (ed.)，*Canada and the Early Cold War 1943-1957* (Ottawa，1999)，pp. 183～212; P. T. Rooke and R. L. Schnell，'"Uncramping child life": international children's organisations，1914-1939'，in P. Weindling (ed.)，*International Health Organisations and Movements，1918-1939* (Cambridge，1995)，pp. 176～202; J. Boyden，'Childhood and the policy makers: a comparative perspective on the globalizationof childhood'，in A. James and A. Prout (eds)，*Constructing and Reconstructing Childhood: Contemporary Issues in the Sociological Study of Childhood* (London，1997)，pp. 190～229.

[5] H. Cunningham，'The rights of the child and the wrongs of child labour: an historical perspective'，in K. Lieten and B. White (eds)，*Child Labour: Policy Options* (Amsterdam，2001)，pp. 13～26.

[6]S. Lynd，*English Children* (London，1942)，p. 8.

306　观念与生活：1500 年以来西方社会的儿童与童年

进一步阅读指南

以下的进一步阅读指南并不是一份儿童与童年史的完整书目，而是有选择的。选择的原则是：一本著作或一篇文章应该以儿童史为主题并对此有重要贡献，而如果研究主题所涉范围更广，在其论及儿童与童年的部分应包含重要信息或是重要论点。

1. 著作

Abrams，L.，*The Orphan Country*：*Children of Scotland's Broken Homes from 1845 to the Present Day* (Edinburgh，1998).

Alexandre-Bidon，D. and Lett，D.，*Children in the Middle Ages*，*Fifth-Fifteenth Centuries* (Notre Dame，IN，1999).

Anderson，M.，*Approaches to the History of the Western Family*，*1500-1914* (London，1980).

Ariès，P.，*Centuries of Childhood* (Harmondsworth，1962).

Ariès，P. and Duby，G. (eds)，*A History of Private Life*，5 vols (London，1987-1991).

Avery，G. and Reynolds，K. (eds)，*Representations of Childhood Death* (Basingstoke，2000).

Bedaux，J. B. and Ekkart，R. (eds)，*Pride and Joy*：*Children's Portraits in the Netherlands, 1500-1700* (Ghent and Amsterdam, 2000).

Behlmer, G. K., *Child Abuse and Moral Reform in England, 1870-1908* (Stanford, 1982).

Behlmer, G. K., *Friends of the Family: The English Home and Its Guardians, 1850-1940* (Stanford, 1998).

Boas, G., *The Cult of Childhood* (London, 1966).

Bolin-Hort, P., *Work, Family and the State: Child Labour and the Organization of Production in the British Cotton Industry, 1780-1920* (Lund, 1989).

Bonfield, L., Smith, R. M. and Wrightson, K. (eds), *The World We Have Gained: Histories of Population and Social Structure* (Oxford, 1986).

Boswell, J., *The Kindness of Strangers: The Abandonment of Children in Western Europe from Late Antiquity to the Renaissance* (1988; London, 1989).

Bottigheimer, R. B., *The Bible for Children: From the Age of Gutenberg to the Present* (New Haven and London, 1996).

Bremner, R. (ed.), *Children and Youth in America: A Documentary History, 2 vols* (Cambridge, MA, 1971).

Brown, M. R. (ed.), *Picturing Children: Constructions of Childhood Between Rousseau and Freud* (Aldershot, 2002).

Buckingham, D., *After the Death of Childhood: Growing Up in the Age of Electronic Media* (Cambridge, 2000).

Calvert, K., *Children in the House: The Material Culture of Early Childhood, 1600-1900* (Boston, 1992).

Casey, J., *The History of the Family* (Oxford, 1989).

Chatellier, L., *The Europe of the Devout: The Catholic Reformation and the*

Formation of a New Society (1987; Cambridge, 1989).

Chisick, H., *The Limits of Reform in the Enlightenment : Attitudes toward the Education of the Lower Classes in Eighteenth-Century France* (Princeton, 1981).

Clement, P. C., *Growing Pains : Children in the Industrial Age 1850-1890* (New York, 1997).

Collinson, P., *The Birthpangs of Protestant England : Religious and Cultural Change in the Sixteenth and Seventeenth Centuries* (London, 1988).

Cooter, R. (ed.), *In the Name of the Child : Health and Welfare, 1880-1940* (London, 1992).

Corsini, C. A. and Viazzo, P. P. (eds), *The Decline of Infant Mortality in Europe 1800-1950 : Four National Case Studies* (Florence, 1993).

Corsini, C. A. and Viazzo, P. P. (eds), *The Decline of Infant and Child Mortality : The European Experience, 1750-1990* (The Hague, 1997).

Coveney, P., *The Image of Childhood* (1957; Harmondsworth, 1966).

Crawford, S., *Childhood in Anglo-Saxon England* (Stroud, 1999).

Cross, G., *Kids' Stuff : Toys and the Changing World of American Childhood* (Cambridge, MA, 1997).

Cunningham, H., *The Children of the Poor : Representations of Childhood since the Seventeenth Century* (Oxford, 1991).

Cunningham, H. and Viazzo, P. P. (eds), *Child Labour in Historical Perspective 1800-1985 : Case Studies from Europe, Japan and Colombia* (Florence, 1996).

Darnton, R., *The Great Cat Massacre, and Other Episodes in French Cultural History* (1984; Harmondsworth, 1985).

Davidoff, L. and Hall, C., *Family Fortunes : Men and Women of the English*

Middle Class, *1780-1850* (London，1987).

Davin，A.，*Growing Up Poor*：*Home*，*School and Street in London 1870-1914* (London，1996).

Davis，N. Z.，*Society and Culture in Early Modern France* (Cambridge，1987).

De Coninck-Smith，N.，Sandin，B. and Schrumpf，E. (eds)，*Industrious Children*：*Work and Childhood in the Nordic Countries 1850-1990* (Odense，1997).

Dekker，J.，*The Will to Change the Child*：*Re-education Homes for Children at Risk in Nineteenth Century Western Europe* (Frankfurt am Main，2001).

Dekker，R.，*Childhood*，*Memory and Autobiography in Holland*：*From the Golden Age to Romanticism* (Basingstoke，2000).

De Mause，L. (ed.)，*The History of Childhood* (1974；London，1976).

Demos，J.，*A Little Commonwealth*：*Family Life in Plymouth* Colony (New York，1970).

Dickinson，E. R.，*The Politics of German Child Welfare from the Empire to the Federal Republic* (Cambridge，MA and London，1996).

Dixon，S.，*The Roman Family* (London，1992).

Donzelot，J.，*The Policing of Families* (1977；London，1980).

Dwork，D.，*War is Good for Babies and Other Young Children*：*A History of the Infant and Child Welfare Movement in England 1898-1918* (London，1987).

Dwork，D.，*Children with a Star*：*Jewish Youth in Nazi Europe* (New Haven and London，1991).

Eisen，G.，*Children and Play in the Holocaust*：*Games among the Shadows*

(Amherst, 1988).

Elder, G. H., *Children of the Great Depression*: *Social Change in Life Experience* (London, 1974).

Elder, G. H., Modell, J. and Park, R. D., *Children in Time and Place*: *Developmental and Historical Insights* (Cambridge, 1993).

Elias, N., *The History of Manners*: *The Civilizing Process*, *Vol. 1* (1939; New York, 1978).

Fairchilds, C. C., *Poverty and Charity in Aix-en-Provence*, *1640-1789* (London, 1976).

Farge, A., *Fragile Lives* (Cambridge, 1993).

Farge, A. and Revel, J., *The Rules of Rebellion*: *Child Abductions in Paris in 1750* (Cambridge, 1991).

Fass, P. S., *Kidnapped*: *Child Abduction in America* (New York, 1997).

Fass, P. S. (ed.), *Encyclopedia of Children and Childhood in History and Society*, *3 vols* (New York, 2004).

Felt, J. P., *Hostages of Fortune*: *Child Labor Reform in New York State* (Syracuse, 1965).

Fildes, V., *Wet Nursing*: *A History from Antiquity to the Present* (Oxford, 1988).

Fildes, V. (ed.), *Women as Mothers in Pre-Industrial England* (London, 1990).

Fildes, V. et al. (eds), *Women and Children First*: *International Maternal and Infant Welfare*, *1870-1945* (London, 1992).

Finucane, R. C., *The Rescue of the Innocents*: *Endangered Children in Medieval Miracles* (Basingstoke, 1997).

Flandrin, J. L., *Families in Former Times*: *Kinship*, *Household and Sexual-*

ity (1976; Cambridge, 1979).

Fletcher, A., *Gender, Sex and Subordination in England 1500-1800* (New Haven and London, 1995).

Fletcher, A. and Hussey, S. (eds), *Childhood in Question: Children, Parents and the State* (Manchester, 1999).

Formanek-Brunell, M., *Made to Play House: Dolls and the Commercialization of American Girlhood, 1830-1930* (New Haven, 1993).

Fuchs, R., *Abandoned Children: Foundlings and Child Welfare in Nineteenth Century France* (Albany, 1984).

Gavitt, P., *Charity and Children in Renaissance Florence: The Ospedale degli Innocenti, 1410-1536* (Ann Arbor, 1991).

Gélis, J., *History of Childbirth: Fertility, Pregnancy and Birth in Early Modern Europe* (Cambridge, 1991).

Gijswijt-Hofstra, M. and Marland, H. (eds), *Cultures of Child Health in Britain and the Netherlands in the Twentieth Century* (Amsterdam and New York, 2003).

Gillis, J. R., *A World of Their Own Making: A History of Myth and Ritual in Family Life* (Oxford, 1997).

Gillis, J. R., Tilly, L. A. and Levine, D. (eds), *The European Experience of Declining Fertility, 1850-1970: The Quiet Revolution* (Oxford, 1992).

Golden, M., *Children and Childhood in Classical Athens* (London, 1990).

Goody, J., *The Development of the Family and Marriage in Europe* (Cambridge, 1983).

Gordon, L., *Heroes of Their Own Lives: The Politics and History of Family Violence* (London, 1989).

Graff, H. J. (ed.), *Growing Up in America*: *Historical Experiences* (Detroit, 1987).

Graff, H. J., *Conflicting Paths*: *Growing Up in America* (Cambridge, MA, 1995).

Greven, P., *The Protestant Temperament*: *Patterns of Child-Rearing*, *Religious Experience*, *and the Self in Early America* (New York, 1977).

Grew, R. and Harrigan, P. J., *School*, *State and Society*: *The Growth of Elementary Schooling in Nineteenth-Century France*: *A Quantitative Analysis* (Ann Arbor, 1991).

Haas, L., *The Renaissance Man and His Children*: *Childbirth and Early Childhood in Florence 1300-1600* (Basingstoke, 1998).

Halpern, S. A., *American Pediatrics*: *The Social Dynamics of Professionalism*, *1880-1980* (Berkeley, 1988).

Hanawalt, B. A., *The Ties That Bound*: *Peasant Families in Medieval England* (New York, 1986).

Hanawalt, B. A., *Growing Up in Medieval London*: *The Experience of Childhood in History* (Oxford, 1993).

Hardyment, C., *Dream Babies*: *Child Care from Locke to Spock* (London, 1983).

Hareven, T. K., *Family Time and Industrial Time*: *The Relationship between the Family and Work in a New England Industrial Community* (Cambridge, 1982).

Harris, B., *The Health of the Schoolchild*: *A History of the School Medical Service in England and Wales* (Buckingham and Philadelphia, 1995).

Hawes, J. M., *Children Between the Wars*: *American Childhood 1920-1940* (New York, 1997).

Hawes, J. M. and Hiner, N. R. (eds), *American Childhood : A Research Guide and Historical Handbook* (London, 1985).

Heathorn, S., *For Home, Country, and Race : Constructing Gender, Class, and Englishness in the Elementary Schools of Victorian England, 1880-1914* (Buffalo and London, 2000).

Henderson, J. and Wall, R. (eds), *Poor Women and Children in the European Past* (London, 1994).

Hendrick, H., *Children, Childhood and English Society, 1880-1990* (Cambridge, 1997).

Hendrick, H., *Child Welfare : Historical Dimensions, Contemporary Debate* (Bristol, 2003).

Herlihy, D., *Medieval Households* (London, 1985).

Heywood, C., *Childhood in Nineteenth-Century France : Work, Health and Education Among the 'Classes Populaires'* (Cambridge, 1988).

Heywood, C., *A History of Childhood : Children and Childhood in the West from Medieval to Modern Times* (Cambridge, 2001).

Higonnet, A., *Pictures of Innocence : The History and Crisis of Ideal Childhood* (London, 1998).

Hindman, H. D., *Child Labor : An American History* (Armonk, NY and London, 2002).

Hoffer, P. C. and Hull, N. E. H., *Murdering Mothers : Infanticide in England and New England, 1558-1803* (New York, 1981).

Hopkins, E., *Childhood Transformed : Working-Class Children in Nineteenth-Century England* (Manchester, 1994).

Horn, M., *Before It's Too Late : The Child Guidance Movement in the United States, 1922-1945* (Philadelphia, 1989).

Houlbrooke, R. A., *The English Family 1450-1700* (London, 1984).

Houston, R. A., *Literacy in Early Modern Europe: Culture and Education, 1500-1800* (London, 1988).

Hsia, R. P., *Social Discipline in the Reformation: Central Europe 1550-1750* (London, 1992).

Hufton, O. H., *The Poor of Eighteenth-Century France, 1750-1789* (Oxford, 1974).

Hunt, D., *Parents and Children in History: The Psychology of Family Life in Early Modern France* (New York, 1970).

Hunt, L., *The Family Romance of the French Revolution* (Berkeley, 1992).

Hurt, J. S., *Elementary Schooling and the Working Classes 1860-1918* (London, 1979).

Jackson, L. A., *Child Sexual Abuse in Victorian England* (London, 2000).

Jackson, M., *New-Born Child Murder: Women, Illegitimacy and the Courts in Eighteenth- Century England* (Manchester, 1996).

Jackson, M. (ed.), *Infanticide: Historical Perspectives on Child Murder and Concealment, 1550-2000* (Aldershot, 2002).

James, A. and Prout, A. (eds), *Constructing and Reconstructing Childhood, 2nd edn* (London, 1997).

James, A., Jenks, C. and Prout A., *Theorizing Childhood* (Cambridge, 1998).

Jenks, C., *Childhood* (London and New York, 1996).

Kertzer, D., *Sacrificed for Honor: Italian Infant Abandonment and the Politics of Reproductive Control* (Boston, 1993).

Kertzer, D. I. and Saller, R. P. (eds), *The Family in Italy from Antiquity to the Present* (New Haven, 1991).

Kincaid, J. R., *Child-Loving: The Erotic Child and Victorian Culture* (New York and London, 1992).

Kirby, P., *Child Labour in Britain, 1750-1870* (Basingstoke, 2003).

Klapisch-Zuber, C., *Women, Family and Ritual in Renaissance Italy* (London, 1985).

Klaus, A., *Every Child a Lion: The Origins of Maternal and Infant Health Policy in the United States and France, 1890-1920* (Ithaca, 1993).

Kline, S., *Out of the Garden: Toys and Children's Culture in the Age of TV Marketing* (London, 1993).

Koven, S. and Michel, S., *Mothers of a New World: Maternalist Politics and the Origins of Welfare States* (London, 1993).

Lasch, C., *Haven in a Heartless World: The Family Besieged* (New York, 1977).

Laslett, P. (ed.), *Household and Family in Past Time* (Cambridge, 1972).

Laslett, P., *Family Life and Illicit Love in Earlier Generations* (Cambridge, 1977).

Laslett, P., Oosterveen, K. and Smith, R. M. (eds), *Bastardy and its Comparative History* (London, 1980).

Lavalette, M. (ed), *A Thing of the Past? Child Labour in Britain in the Nineteenth and Twentieth Centuries* (Liverpool, 1999).

Lawrence, J. and Starkey, P. (eds), *Child Welfare and Social Action in the Nineteenth and Twentieth Centuries: International Perspectives* (Liverpool, 2001).

Leith, J. A. (ed.), *Facets of Education in the Eighteenth Century, Studies on Voltaire and the Eighteenth Century, CLXVII* (Oxford, 1977).

Levine, D., *Reproducing Families: The Political Economy of English Pop-

ulation History (Cambridge, 1987).

Lindenmeyer, K., *'A Right to Childhood'*: *The U. S. Children's Bureau and Child Welfare*, *1912-1946* (Urbana and Chicago, 1997).

Lis, C., *Social Change and the Labouring Poor*: *Antwerp*, *1770-1860* (London, 1986).

McCants, A. E. C., *Civic Charity in a Golden Age*: *Orphan Care in Early Modern Amsterdam* (Urbana and Chicago, 1997).

McClure, R. K., *Coram's Children*: *The London Foundling Hospital in the Eighteenth Century* (London, 1981).

Macfarlane, A., *Marriage and Love in England*: *Modes of Reproduction 1300-1840* (Oxford, 1986).

McGavran, J. H. (ed.), *Romanticism and Children's Literature in Nineteenth-Century England* (Atlanta, 1991).

Macleod, D. I., *The Age of the Child*: *Children in America*, *1890-1920* (New York, 1998).

Macnicol, J., *The Movement for Family Allowances*, *1918-1945*: *A Study in Social Policy Development* (London, 1980).

Mahood, L., *Policing Gender*, *Class and Family*: *Britain 1850-1940* (London, 1995).

Matthews Grieco, S. F. and Corsini, C. A., *Historical Perspectives on Breast-feeding* (Florence, 1991).

Maynes, M. J., *Schooling for the People*: *Comparative Local Studies of Schooling History in France and Germany*, *1750-1850* (New York, 1985).

Maynes, M. J., *Schooling in Western Europe*: *A Social History* (Albany, 1985).

Meckel, R. A., *Save the Babies: American Public Health Reform and the Prevention of Infant Mortality, 1850-1929* (Baltimore, 1990).

Medick, H. and Sabean, D. W. (eds), *Interest and Emotion: Essays on the Study of Family and Kinship* (Cambridge, 1984).

Melton, J. van H., *Absolutism and the Eighteenth-Century Origins of Compulsory Schooling in Prussia and Austria* (Cambridge, 1988).

Meyer, P., *The Child and the State: The Intervention of the State in Family Life* (1977; Cambridge, 1983).

Mintz, S., *Huck's Raft: A History of American Childhood* (Cambridge, MA and London, 2004).

Mitterauer, M., *A History of Youth* (Oxford, 1992).

Mitterauer, M. and Seider, R., *The European Family: Patriarchy to Partnership from the Middle Ages to the Present* (Oxford, 1982).

Morgan, J., *Godly Learning: Puritan Attitudes Towards Reason, Learning, and Education, 1560-1640* (Cambridge, 1986).

Mount, F., *The Subversive Family* (London, 1982).

Nardinelli, C., *Child Labor and the Industrial Revolution* (Bloomington and Indianapolis, 1990).

Opie, I. and Opie, P., *The Lore and Language of Schoolchildren* (1959; St Albans, 1977).

Orme, N., *Medieval Children* (New Haven and London, 2001).

Ozment, S., *When Fathers Ruled: Family Life in Reformation Europe* (London, 1983).

Panter-Brick, C. and Smith M. T. (eds), *Abandoned Children* (Cambridge, 2000).

Parr, J., *Labouring Children: British Immigrant Apprentices to Canada,*

1869-1924 (London，1980).

Parr，J. (ed.)，*Childhood and Family in Canadian History* (Toronto，
1982).

Peter，K.，*Beloved Children：History of Aristocratic Childhood in Hungary
in the Early Modern Age* (Budapest，2001).

Phythian-Adams，C.，*Desolation of a City：Coventry and the Urban Crisis of
the Late Middle Ages* (Cambridge，1979).

Pickering，S. F.，Jr.，*John Locke and Children's Books in Eighteenth-Century
England* (Knoxville，1981).

Pinchbeck，I. and Hewitt，M.，*Children in English Society*，*2 vols* (London，
1969-1973).

Platt，A. M.，*The Child Savers：The Invention of Delinquency* (1969；Lon-
don，1977).

Pointon，M.，*Hanging the Head：Portraiture and Social Formation in Eigh-
teenth-Century England* (New Haven and London，1993).

Pollock，L. A.，*Forgotten Children：Parent-Child Relations from 1500 to
1900* (Cambridge，1983).

Postman，N.，*The Disappearance of Childhood* (1982；London，1983).

Preston，S. H. and Haines，M. R.，*Fatal Years：Child Mortality in Late
Nineteenth-Century America* (Princeton，1990).

Pullan，B.，*Rich and Poor in Renaissance Venice：The Social Institutions of a
Catholic State*，*to 1620* (Oxford，1971).

Pullan，B.，*Orphans and Foundlings in Early Modern Europe* (Reading，
1989).

Ransel，D. L.，*Mothers of Misery：Child Abandonment in Russia* (Princeton，
1988).

Rawson, B., *Children and Childhood in Roman Italy* (Oxford, 2003).

Rawson, B. (ed.), *The Family in Ancient Rome: New Perspectives* (London, 1986).

Rawson, B. (ed.), *Marriage, Divorce, and Children in Ancient Rome* (Canberra and Oxford, 1991).

Riley, D., *War in the Nursery: Theories of the Child and Mother* (London, 1983).

Robins, J. A., *The Lost Children: A Study of Charity Children in Ireland, 1700-1900* (Dublin, 1980).

Rose, L., *The Erosion of Childhood: Child Oppression in Britain 1860 — 1918* (London, 1991).

Rose, N., *Governing the Soul: The Shaping of the Private Self* (London and New York, 1990).

Rosenblum, R., *The Romantic Child from Runge to Sendak* (London, 1988).

Rothman, D. J., *The Discovery of the Asylum: Social Order and Disorder in the New Republic* (Boston, 1971).

Schafer, S., *Children in Moral Danger and the Problem of Government in Third Republic France* (Princeton, 1997).

Schama, S., *The Embarrassment of Riches: An Interpretation of Dutch Culture in the Golden Age* (London, 1987).

Schlossman, S. L., *Love and the American Delinquent: The Theory and Practice of Progressive Juvenile Justice, 1825-1920* (Chicago, 1977).

Schultz, J. A., *The Knowledge of Childhood in the German Middle Ages, 1100-1350* (Philadelphia, 1995).

Scott, H. M. (ed.), *Enlightened Absolutism: Reform and Reformers in Later Eighteenth-Century Europe* (London, 1990).

Seabrook, J., *Working-Class Childhood : An Oral History* (London, 1982).

Shahar, S., *Childhood in the Middle Ages* (London, 1992).

Sherwood, J., *Poverty in Eighteenth-Century Spain : The Women and Children of the Inclusa* (Toronto, 1988).

Shore, H., *Artful Dodgers : Youth and Crime in Early Nineteenth-Century London* (Woodbridge, Suffolk, 1999).

Shorter, E., *The Making of the Modern Family* (London, 1976).

Skocpol, T., *Protecting Soldiers and Mothers : The Political Origins of Social Policy in the United States* (London, 1992).

Smith, R. M. (ed.), *Land, Kinship and Life-Cycle* (Cambridge, 1984).

Sommerville, J., *The Rise and Fall of Childhood* (London, 1982).

Steedman, C., *The Tidy House : Little Girls Writing* (London, 1982).

Steedman, C., *Childhood, Culture and Class in Britain : Margaret McMillan, 1860-1931* (London, 1990).

Steedman, C., *Strange Dislocations : Childhood and the Idea of Human Interiority, 1780-1930* (London, 1995).

Steward, J. C., *The New Child : British Art and the Origins of Modern Childhood 1730-1830* (Berkeley, 1995).

Stone, L., *The Family, Sex and Marriage in England 1500-1800* (London, 1977).

Strauss, G., *Luther's House of Learning : Indoctrination of the Young in the German Reformation* (London, 1978).

Sussman, G. D., *Selling Mother's Milk : The Wet-Nursing Business in France, 1715-1914* (Urbana, 1982).

Sutherland, N., *Children in English Canadian Society : Framing the Twentieth-Century Consensus* (Toronto, 1976).

Sutherland, N., *Growing Up: Childhood in English Canada from the Great War to the Age of Television* (Toronto, 1997).

Thomas, K., *Rule and Misrule in the Schools of Early Modern England* (Reading, 1976).

Tiffin, S., *In Whose Best Interest? Child Welfare Reform in the Progressive Era* (London, 1982).

Tilly, L. A. and Scott, J. W., *Women, Work, and Family* (New York, 1978).

Todd, M., *Christian Humanism and the Puritan Social Order* (Cambridge, 1987).

Tosh, J., *A Man's Place: Masculinity and the Middle-Class Home in Victorian England* (New Haven and London, 1999).

Trattner, W. I., *Crusade for the Children: A History of the National Child Labor Committee and Child Labor Reform in America* (Chicago, 1970).

Trumbach, R., *The Rise of the Egalitarian Family: Aristocratic Kinship and Domestic Relations in Eighteenth-Century England* (London, 1978).

Tuttle, C., *Hard at Work in Factories and Mines: The Economics of Child Labor During the British Industrial Revolution* (Boulder, 1999).

Weber, E., *Peasants into Frenchmen: The Modernization of Rural France 1870-1914* (London, 1977).

Weissbach, L. S., *Child Labor Reform in Nineteenth-Century France* (London, 1989).

Wiedemann, T., *Adults and Children in the Roman Empire* (London, 1989).

Wishy, B., *The Child and the Republic: The Dawn of Modern American*

Child Nurture (Philadelphia, 1968).

Wood, D. (ed.), *The Church and Childhood* (Oxford, 1994).

Zeldin, T., *France 1848-1945*, *Vol. I* (Oxford, 1973).

Zelizer, V. A., *Pricing the Priceless Child*: *The Changing Social Value of Children* (New York, 1985).

Zucchi, J. E., *The Little Slaves of the Harp*: *Italian Child Street Musicians in Nineteenth-Century Paris*, *London*, *and New York* (Montreal, 1992).

2. 文章与著作章节

Alter, G., 'Work and income in the family economy: Belgium, 1853 and 1891', *Journal of Interdisciplinary History*, XV (1984), pp. 255~276.

Beales, R. W., 'In search of the historical child: miniature adulthood and youth in colonial New England', *American Quarterly*, XXVII (1975), pp. 379~398.

Bellingham, B., 'The history of childhood since the "invention of childhood": some issues in the eighties', *Journal of Family History*, 13 (1988), pp. 347~358.

Berlanstein, L., 'Vagrants, beggars, and thieves: delinquent boys in mid-nineteenth century Paris', *Journal of Social History*, XII (1979), pp. 531~552.

Bottigheimer, R. B., 'Bible Reading, "Bibles" and the Bible for children in early modern Germany', *Past and Present*, 139 (1993), pp. 66~89.

Boylan, A. M., 'Sunday schools and changing evangelical views of children in the 1820s', *Church History*, 48 (1979), pp. 320~333.

Brewer, J., 'The genesis of the modern toy', *History Today*, 30 (1980), pp. 32~39.

Calvert, K., 'Children in American family portraiture, 1670 to 1810', *William and Mary Quarterly*, XXXIX (1982), pp. 87~113.

Coleman, E. R., 'L'infanticide dans le Haut Moyen Age', *Annales ESC*, 29 (1974), pp. 315~335. *Continuity and Change*, 7, No. 3 (1992) on siblings.

Courtwright, D. T., 'The neglect of female children and childhood sex ratios in 19th century America: a review of the evidence', *Journal of Family History*, 15 (1990), pp. 313~323.

Crown, P., 'Portraits and fancy pictures by Gainsborough and Reynolds: contrasting images of childhood', *British Journal for Eighteenth-Century Studies*, 7 (1984), pp. 159~167.

Cunningham, H., 'The employment and unemployment of children in England, c. 1680-1851', *Past and Present*, 126 (1990), pp. 115~150.

Cunningham, H., 'The decline of child labour: labour markets and family economies in Europe and North America since 1830', *Economic History Review*, LIII (2000), pp. 409~428.

De Coninck-Smith, N., 'Copenhagen children's lives and the impact of institutions, c. 1840-1920', *History Workshop*, 33 (1992), pp. 57~72.

Dekker, J. J. H., 'Rituals and reeducation in the nineteenth century: ritual and moral education in a Dutch children's home', *Continuity and Change*, 9 (1994), pp. 121~144.

Dekker, J. J. H., 'Family on the beach: representations of romantic and bourgeois family values by realistic genre painting of nineteenth-century Scheveningen beach', *Journal of Family History*, 28 (2003), pp. 277~296.

Delasselle, C., 'Abandoned children in eighteenth-century Paris', in R. For-
ster and O. Ranum (eds), *Deviants and the Abandoned in French Soci-
ety* (London, 1978), pp. 47~82.

Dingwall, R., Eekelaar, J. M. and Murray, T., 'Childhood as a social prob-
lem: a survey of the history of legal regulation', *Journal of Law and
Society*, 11 (1984), pp. 207~232.

Dupont-Bouchat, M-S., 'Du tourisme pénitentiaire à "l' internationale des
philanthropes". La création d'un réseau pour la protection de l'enfance à
travers les congrès internationaux (1840-1914)', *Paedogogica Histori-
ca*, XXXVIII (2002), pp. 533~563.

Dye, N. S. and Smith, D. B., 'Mother love and infant death, 1750-1920',
Journal of American History, 73 (1986-1987), pp. 329~353.

Ezell, M. J. M., 'John Locke's images of childhood: early eighteenth century
response to Some Thoughts Concerning Education', *Eighteenth-Centu-
ry Studies*, 17 (1983), pp. 139~155.

Fariñas, D. R. and Gimeno, A. S., 'Childhood mortality in Central Spain,
1790-1960: changes in the course of demographic modernization', *Con-
tinuity and Change*, 15 (2000), pp. 235~267.

Forsyth, I. H., 'Children in early medieval art: ninth through twelfth centu-
ries', *Journal of Psychohistory*, 4 (1976), pp. 31~70.

Fuchs, R. G., 'Legislation, poverty, and child-abandonment in nineteenth-cen-
tury Paris', *Journal of Interdisciplinary History*, 18 (1987),
pp. 55~80.

Fuller, P., 'Uncovering childhood', in M. Hoyles (ed.), *Changing Childhood*
(London, 1979), pp. 71~108.

Garlitz, B., 'The Immortality Ode: its cultural progeny', *Studies in English*

Literature, 6 (1966), pp. 639～649.

Gordon, E. C., 'Accidents among medieval children as seen from the miracles of six English saints and martyrs', *Medical History*, 35 (1991), pp. 145--163.

Grendler, P. F., 'The Schools of Christian Doctrine in sixteenth-century Italy', *Church History*, 53 (1984), pp. 319～331.

Habermas, R., 'Parent-child relationships in the nineteenth century', *German History*, 16 (1998), pp. 43～55.

Hammel, E. A., Johansson, S. R. and Ginsberg, C. A., 'The value of children during industrialization: sex ratios in childhood in nineteenth-century America', *Journal of Family History*, 8 (1983), pp. 346～366.

Hanawalt, B. A., 'Childrearing among the lower classes of late medieval England', *Journal of Interdisciplinary History*, VIII (1977-1978), pp. 1～22.

Hardy, A., 'Rickets and the rest: child-care, diet and the infectious children's diseases, 1850-1914', *Social History of Medicine*, 5 (1992), pp. 389～412.

Harrington, J. F., 'Bad parents, the state, and the early modern civilizing process', *German History*, 16 (1998), pp. 16～28.

Hedenborg, S., 'To breastfeed another woman's child: wet-nursing in Stockholm, 1777-1937', *Continuity and Change*, 16 (2000), pp. 399～422.

Helmhloz, R. H., 'Infanticide in the province of Canterbury during the fifteenth century', *History of Childhood Quarterly*, II (1974-1975), pp. 379～390.

Herlihy, D., 'Family', *American Historical Review*, 96 (1991), pp. 1～16.

Heywood, C., 'On learning gender roles during childhood in nineteenth-century

France', *French History*, 5 (1991), pp. 451~466.

Horrell, S. and Humphries, J., '"The exploitation of little children": child labor and the family economy in the industrial revolution', *Explorations in Economic History*, 32 (1995), pp. 485~516.

Hunecke, V., 'Les enfants trouvés: contexte européen et cas Milanais (XIIIe— XXe siècles)', *Revue d'histoire moderne et contemporaine*, 32 (1985), pp. 3~29.

Johansson, S. R., 'Centuries of childhood/centuries of parenting: Philippe Ariès and the modernization of privileged infancy', *Journal of Family History*, 12 (1987), pp. 343~365.

Jordanova, L., 'New worlds for children in the eighteenth century: problems of historical interpretation', *History of the Human Sciences*, Vol. 3 (1990), pp. 69~83.

Kern, S., 'Freud and the discovery of child sexuality', *History of Childhood Quarterly*, I (1973), pp. 117~141.

Kertzer, D. I., 'Gender ideology and infant abandonment in 19th century Italy', *Journal of Interdisciplinary History*, XXII (1991), pp. 1~26.

Kroll, J., 'The concept of childhood in the middle ages', *Journal of the History of the Behavioral Sciences*, 13 (1977), pp. 384~393.

Kuefler, M. S., '"A wryed existence": attitudes toward children in Anglo-Saxon England', *Journal of Social History*, 24 (1991), pp. 823~834.

Larquié, C., 'La mise ennourrice des enfants madrilènes au XVIIe siècle', *Revue d'histoire moderne et contemporaine*, 32 (1985), pp. 125~144.

Levene, A., 'The origins of the children of the London Foundling Hospital, 1741-1760: a reconsideration', *Continuity and Change*, 18 (2003), pp. 201~236.

McLoughlin, W. G., 'Evangelical child-rearing in the age of Jackson: Francis Wayland's view on when and how to subdue the willfulness of children', *Journal of Social History*, 9 (1975), pp. 21~43.

Marshall, D., 'The construction of children as an object of international relations: the Declaration of Children's Rights and the Child Welfare Committee of League of Nations, 1900-1924', *The International Journal of Children's Rights*, 7 (1999), pp. 103~147.

Matt, S. J., 'Children's envy and the emergence of the modern consumer ethic, 1890-1930', *Journal of Social History*, 36 (2002-2003), pp. 283~302.

Mechling, J., 'Advice to historians on advice to mothers', *Journal of Social History*, 9 (1975-1976), pp. 44~64.

Medick, H., 'The proto-industrial family economy: the structural function of household and family during the transition from peasant society to industrial capitalism', *Social History* (1976), pp. 291~315.

Mentzer, R. A., 'Organizational endeavour and charitable impulse in 16th century France: the case of Protestant Nîmes', *French History*, 5 (1991), pp. 1~29.

Newson, J. and Newson, E., 'Cultural aspects of childrearing in the English-speaking world', in M. Richards (ed.), *The Integration of a Child into a Social World* (Cambridge, 1974), pp. 53~82.

Nilan, C., 'Hapless innocence and precocious perversity in the courtroom melodrama: representations of the child criminal in a Paris legal journal, 1830-1848', *Journal of Family History*, 22 (1997), pp. 251~285.

Ogilvie, S. C. (ed.), 'Proto-industrialization in Europe', *Continuity and Change*, 8, No. 2 (1993), pp. 151~155.

Pelling, M., 'Child health as a social value in early modern England', *Social*

History of Medicine, I (1988), pp. 135~164.

Peyronnet, J-C., 'Les enfants abandonnées et leurs nourrices à Limoges au xviii siècle', *Revue d'histoire moderne et contemporaine*, XXIII (1976), pp. 418~441.

Pfister, U., 'Work roles and family structure in proto-industrial Zurich', *Journal of Interdisciplinary History*, XX (1989), pp. 83~105.

Plumb, J. H., 'The new world of children in eighteenth-century England', *Past and Present*, 67 (1975), pp. 64~93.

Rapson, R. L., 'The American child as seen by British travellers, 1845-1935', *American Quarterly*, XVII (1965), pp. 520~534.

Rooke, P. T. and Schnell, R. L., 'Childhood and charity in nineteenth-century British North America', *Histoire Sociale/Social History*, XV (1982), pp. 157~179.

Rooke, P. T. and Schnell, R. L., '"Uncramping child life": international children's organisations, 1914-1939', in P. Weindling (ed.), *International Health Organisations and Movements, 1918-1939* (Cambridge, 1995), pp. 176~202.

Rose, C., 'Evangelical philanthropy and Anglican revival: the Charity Schools of Augustan London, 1698-1740', *London Journal*, 16 (1991), pp. 35~65.

Rose, C., '"Seminarys of Faction and Rebellion": Jacobites, Whigs and the London Charity Schools, 1716-1724', *Historical Journal*, 34 (1991), pp. 831~855.

Rose, J., 'Willingly to school: the working-class response to elementary education in Britain, 1875-1918', *Journal of British Studies*, 32 (1993), pp. 114~138.

Rudolph, R. L., 'The European peasant family and economy: central themes and issues', *Journal of Family History*, 17 (1992), pp. 119~138.

Sá, I. d. G., 'Child abandonment in Portugal: legislation and institutional care', *Continuity and Change*, 9 (1994), pp. 69~90.

Saller, R., 'Patria potestas and the stereotype of the Roman family', *Continuity and Change*, I (1986-1987), pp. 7~22.

Sandin, B., 'Education, popular culture and the surveillance of the population in Stockholm between 1600 and the 1840s', *Continuity and Change*, 3 (1988), pp. 357~390.

Schlossman, S. L., 'Before home start: notes toward a history of parent education in America, 1897-1929', *Harvard Educational Review*, 46 (1976), pp. 436~467.

Schlumbohm, J., 'Constructing individuality: childhood memories in late eighteenth-century "empirical psychology" and autobiography', *German History*, 16 (1998), pp. 29~42.

Sieder, R., '"Vata, derfiaufstehn?" Childhood experiences in Viennese working-class families around 1900', *Continuity and Change*, I (1986), pp. 53~88.

Spree, R., 'Shaping the child's personality: medical advice on child-rearing from the late eighteenth to the early twentieth century in Germany', *Social History of Medicine*, 5 (1992), pp. 317~335.

Stargardt, N., 'Children's art of the Holocaust', *Past and Present*, 161 (1998), pp. 191~235.

Stearns, P. N., 'Girls, boys, and emotions: redefinitions and historical change', *Journal of American History*, 80 (1993), pp. 36~74.

Stearns, P. N. and Haggerty, T., 'The role of fear: transitions in American emotional standards for children, 1850-1950', *American Historical Review*, 96 (1991), pp. 63~94.

Strickland, C., 'A transcendentalist father: the child-rearing practices of Bronson Alcott', *History of Childhood Quarterly*, I (1973), pp. 4~51.

Swanson, J., 'Childhood and childrearing in ad status sermons by later 13th century friars', *Journal of Medieval History*, 16 (1990), pp. 309~331.

Thomas, K., 'Children in Early Modern England', in G. Avery and J. Briggs (eds), *Children and Their Books* (Oxford, 1989), pp. 45~77.

Thompson, E. P., 'Happy Families', *Radical History Review*, No. 20 (1979), pp. 42~50.

Tilly, L. A. et al., 'Child abandonment in European history: a symposium', *Journal of Family History*, 17 (1992), pp. 1~23.

Trexler, R. C., 'The foundlings of Florence, 1395-1455', *History of Childhood Quarterly*, I (1973-1974), pp. 259~284.

Tudor, P., 'Religious instruction for children and adolescents in the early English Reformation', *Journal of Ecclesiastical History*, 35 (1984), pp. 391~413.

Ulbricht, O., 'The debate about Foundling Hospitals in Enlightenment Germany: infanticide, illegitimacy, and infant mortality rates', *Central European History*, XVIII (1985), pp. 211~256.

van Solingo, H., Walhout, E. and van Poppel, F., 'Determinants of institutionalization of orphans in a nineteenth-century Dutch town', *Continuity and Change*, 15 (2000), pp. 139~166.

Vann, R. T., 'The youth of Centuries of Childhood', *History and Theory*, XXI (1982), pp. 279~297.

Vassberg, D. E., 'Juveniles in the rural work force of sixteenth-century Cas-
tile', *Journal of Peasant Studies*, 11 (1983), pp. 62~75.

Vinovskis, M. A., 'Family and schooling in colonial and nineteenth-century
America', *Journal of Family History*, 12 (1987), pp. 19~37.

Walinski-Kiehl, R. S., 'The devil's children: child witch trials in early modern
Germany', *Continuity and Change*, 11 (1996), pp. 171~189.

Wall, R., 'The age at leaving home', *Journal of Family History*, 3 (1978),
pp. 181~202.

Wall, R., 'Leaving home and the process of household formation in pre-indus-
trial England', *Continuity and Change*, 2 (1987), pp. 77~101.

Weisbrod, B., 'How to become a good foundling in early Victorian London',
Social History, 10 (1985), pp. 193~209.

Wilson, A., 'The infancy of the history of childhood: an appraisal of Philippe
Ariès', *History and Theory*, 18 (1979), pp. 103~126.

Wilson, S., 'The myth of motherhood a myth: the historical view of European
childrearing', *Social History*, 9 (1984), pp. 181~198.

Wilson, S., 'Infanticide, child abandonment, and female honour in nineteenth-
century Corsica', *Comparative Studies in Society and History*, 30
(1988), pp. 762~783.

Wright, P., 'The social construction of babyhood: the definition of infant care
as a medical problem', in A. Bryman, B. Bytheway, P. Allat and T.
Keil (eds), *Rethinking the Life Cycle* (London, 1987), pp. 103~121.

索引①

A

abandonment 遗弃

    in antiquity 在古典时期　18～20，22

    Christian attitudes to 基督教对此的态

    度　25，35

    1500—1900　1500—1900 年　91～

    95，104，114，115～116，125～127

    See also foundling hospitals 另见"弃婴

    收容院"

Abbott，Jacob 雅各布·阿伯特　66

adolescence 青 春 期　63，97，172，

    184，194

adoption 领养　192

advice books 指导手册　4～5

    Catholicism and 与天主教教义　55

    in eighteenth and nineteenth centuries

    在 18、19 世纪　62，70，72

    humanism and 与人文主义　42～43

    Protestantism and 与清教主义　46，

    48～49

    as source 用作史料　2～3，12～

    13，43

    in twentieth century 在 20 世纪

    183～185，192

    See also child－rearing 另见"儿童养

    育"

age of leaving home 离家年龄　2，13，

    96～97

ages of life 生命的阶段　28～29

Aix-en-Provence 普罗旺斯地区艾克斯

    115，117，118

Alberti，Leon Battista 莱昂·巴蒂斯塔·

    阿尔伯蒂　42

Alcott，Bronson 布朗森·奥尔科特　69

Alcott，Louisa 路易莎·奥尔科特　71

Aldrich，Anderson and Mary 安德森·奥

    尔德里奇和玛丽·奥尔德里奇　184

Allingham，Mrs 阿林厄姆夫人　71

Anderson，Michael 迈克尔·安德森　11，

    13，103

---

① 本索引的每个条目后所附数码为原文页码，即中文版边码。

pellier，Normandy，Orléanais，Paris，
Pyrenees，Rheims，Tarbes，Toulouse
另见"普罗旺斯地区艾克斯""利摩日"
"利穆赞""里昂""蒙塔尤""蒙彼利
埃""诺曼底""奥利亚奈""巴黎""比利
牛斯""兰斯""塔布""图卢兹"

Frederick the Great 腓特烈大帝
124，129

Frederick William I 腓特烈·威廉一世
123

French Revolution 法国大革命　127，
130～131

Freud，Sigmund 西格蒙德·弗洛伊德
69，177，190

G

Gainsborough，Thomas 托马斯·甘斯伯勒
65

Garlitz，Barbara 芭芭拉·加里茨　69

Gaskell，Mrs 盖斯凯尔夫人　72

Gaskell，Philip 菲利普·盖斯凯尔
144～145

Gataker，Thomas 托马斯·加塔克　48

Germany 德国　34，138，158，176
　　advice literature in 的育儿指导文学
　　183
　　autobiography in 的自传　70
　　children's courts in 的儿童法庭　150
　　children's hospitals in 的儿童医院
　　174
　　execution for infanticide in 的处决杀婴

行为　118
foundling hospitals in 的弃婴收容院
126～127
infant mortality in 的婴儿死亡率　90
open-air schools in 的露天学校　178
orphanages in 的孤儿院　126，129
'pedagogical pathology' in 的"教育病
理学"　178
Protestant family in 的新教家庭　54
schooling in 的学校教育　99，101，
105，119～120
social policy in 的社会政策　116，155
See also Bavaria，Berlin，Bonn，Bran-
denburg，Braunschweig，Hamburg，
Nordhausen，Potsdam，Prussia，
Strassburg，Wurttemberg 另见"巴伐
利亚""伯林""波恩""勃兰登堡""布伦
瑞克""汉堡""诺德豪森""波茨坦""普
鲁士""斯特拉斯堡""符腾堡"

girls 女孩，
　　age of leaving home 离家年龄　97
　　attitudes to birth of 对生女儿的态度
　　50，104
　　child-minding responsibilities of 照顾
　　小孩的责任　186
　　dowries for 嫁妆　116～117
　　inside home 在家中　34，186
　　more likely than boys to be abandoned
　　比男孩更有可能被遗弃　19，104
　　romanticism and 与浪漫主义　70
　　schooling and 与学校教育　44，49，

图书在版编目(CIP)数据

观念与生活：1500年以来西方社会的儿童与童年 /（英）休·坎宁安著；王慧敏译. —北京：北京师范大学出版社，2023.12
（儿童研究译丛 / 张斌贤，祝贺主编）
ISBN 978-7-303-28636-2

Ⅰ. ①观⋯　Ⅱ. ①休⋯ ②王⋯　Ⅲ. ①儿童－研究－西方国家
Ⅳ. ①C913.5

中国国家版本馆 CIP 数据核字（2023）第 005646 号

北京市版权局著作权合同登记号：图字：01-2019-1598 号

图 书 意 见 反 馈　gaozhifk@bnupg.com　010-58805079

GUANNIAN YU SHENGHUO：1500NIAN YILAI XIFANG SHEHUI DE
ERTONG YU TONGNIAN
出版发行：北京师范大学出版社　www. bnupg.com
　　　　　北京市西城区新街口外大街 12-3 号
　　　　　邮政编码：100088
印　　刷：北京盛通印刷股份有限公司
经　　销：全国新华书店
开　　本：890 mm×1240 mm　1/32
印　　张：11.5
字　　数：250 千字
版　　次：2023 年 12 月第 1 版
印　　次：2023 年 12 月第 1 次印刷
定　　价：86.00 元

策划编辑：周益群　　　　　责任编辑：林山水
美术编辑：陈　涛　李向昕　装帧设计：陈　涛　李向昕
责任校对：丁念兹　　　　　责任印制：马　洁